名师工作室成果文库

寻找教育教学
回家之路

XUNZHAO JIAOYU JIAOXUE

HUIJIA ZHI LU

曹 刚 著

光明日报出版社

图书在版编目（CIP）数据

寻找教育教学回家之路 / 曹刚著 . -- 北京：光明
日报出版社，2019.4

（名师工作室成果文库）

ISBN 978 - 7 - 5194 - 5297 - 1

Ⅰ.①寻… Ⅱ.①曹… Ⅲ.①英语—教学研究 Ⅳ.
①H319.3

中国版本图书馆 CIP 数据核字（2019）第 081481 号

寻找教育教学回家之路

XUNZHAO JIAOYU JIAOXUE HUIJIA ZHI LU

著　者：曹　刚

责任编辑：许　怡　　　　　　责任校对：赵鸣鸣
封面设计：中联学林　　　　　　责任印制：曹　净

出版发行：光明日报出版社

地　　址：北京市西城区永安路 106 号，100050

电　　话：010 - 63139890（咨询），010 - 63131930（邮购）

传　　真：010 - 63131930

网　　址：http：//book. gmw. cn

E - mail：xuyi@ gmw. cn

法律顾问：北京德恒律师事务所龚柳方律师

印　　刷：三河市华东印刷有限公司

装　　订：三河市华东印刷有限公司

本书如有破损、缺页、装订错误，请与本社联系调换，电话：010 - 63131930

开　　本：170mm×240mm

字　　数：348 千字　　　　　　印　　张：20

版　　次：2019 年 10 月第 1 版　　印　　次：2019 年 10 月第 1 次印刷

书　　号：ISBN 978 - 7 - 5194 - 5297 - 1

定　　价：79.00 元

为教育教学找一条回家之路

（前言）

当前，基础教育课程改革主导着我国教育教学发展的方向。在这一庞大的改革体系中，有很多崭新的观念，全新的做法。我们看到了很多教育教学思想在闪烁：建构、互动、对话、创造；每一个人都有自己独特的观点，并且敢于表达；课堂上教师尊重学生的各种想法而惧于指出其中的"错误"；集体讨论中一片表扬之声，你对他对全都对。没有挫折，只有成功……当然，这些局面在改革之初都是"喜人的"，都是对传统课程与教学的"变革"，我们对此不应过早地争论、评价，而应以热情、宽容的态度让实践去检验。不过，中小学教育改革正在通过新一轮基础教育课程改革向纵深发展，在实施一套又一套措施的过程中，我们绝不能丢弃理性精神，不应找不到教育教学的回家之路。

课程改革呼唤的就是理性精神。就是要求我们实事求是，按科学规律办事，把课程改革看成既是合乎目的性的实践活动，更是合乎规律性的实践活动。

那么我们的教育教学回家之路到底在何方？我想，路就是"学生的学习"，这既是教育教学的出发点，也是教育教学的最终归宿。学生的学习是教育教学的本体、本源。无学生的学习，教改也就失去了它的存在价值。教育教学首先是学生的学习。研究学习必须要研究学习方式，而学习方式的内核是自主、快乐、探究，这既是一种学习动力，也是一种学习精神。

上海教育学会曾在广大中小学生中开展过一次问卷调查，问"目前你最需要的是什么？"，有74.7%的被调查者填写的竟然是"睡觉、玩耍"。可见我们的学生连他们最原始的学习动力都已经失去，他们也该到了跟老师抢夺睡觉权、玩耍权的时候了。

的确，现行的教育体制下，统一的办班模式、统一的学习要求、统一的训练方式制造出了一批批"高分低能或高分高能、失去精神"的工厂铸件。因此，教师一定要重视引导学生做"学习的主人"，而不是"学习的仆人"，引导学生自觉主动地参与到学习中去，使学生通过主体探究的途径达到全面发展并彰显个性，最终成长为"乐于学习、善于沟通、勇于承担、敢于创新"的具有灵性的"艺术品"。这样教育教学才真正打开其理想局面，那就是：在尊重学生的差异性、多样性、独特性的基础上，通过师生、生生之间的互动、对话，帮助学生建构意义，而这样的"意义"虽因人而异，但应该具有不同程度的"真理""规律"的成分，甚至"达成一致"。学生在学习中找到了"自我"，激发了学习兴趣，培养了独力意识和创新能力，进而形成了终生学习的良好品质。教师的责任就是要让"自主、快乐、探究"的学习精神洋溢在校园里，就是要让"自主、快乐、探究"的学习精神弥散在每一个学生的心中。到那时我们的教育教学才能真正找到一条回家之路。

载 2007 年 3 月 2 日《扬州日报》

目　录
CONTENTS

01

英语教学探究

教学研究

初中英语教学中存在的问题及对策

随着经济全球化的发展、我国综合国力提升以及改革开放的不断深入，我国在政治和经济上都在不断地与国际接轨，这保证了国家人才和资源能力的加强以及经济的快速发展。英语作为国际通用语言是与国际沟通的桥梁，因此对人才英语方面能力的要求也越来越高。初中是培养学生英语能力的一个重要阶段，是英语学习打基础的阶段，因此需要重视。在传统的英语教学中还存在着一定的问题，学生的学习积极性不高，课堂效率低。因此本文着重对初中英语教学中存在的问题进行分析，并提出相应的解决对策。

一、初中英语教学中存在的问题

（一）教学方式与模式单一陈旧

在目前的初中英语教学中，大多数教师还是采用传统的教学方式。传统的教学方式是指在课堂上以教师为单一主体，对学生进行填鸭式教学。一个人完成所有知识点的讲解和传授，没有在课堂上与学生进行互动，没有让学生参与到课堂中，课堂缺少活力。单一的知识讲解，向学生灌输大量的知识，没有给予学生运用语言的机会，无法使学生发挥学习主动性，这就造成了学生课堂学习积极性低和学习效率低的问题。

（二）教学目标缺少系统性，教学资源稀缺

在目前的初中英语课本上所涉及的知识都有一定的局限性，这就造成了教师在教学过程中缺少系统性的教学。给学生设置的教学目标也较为单一，对学生整体素质的提升效率较差。如译林版英语七年级下册 Unit 4 "*Finding your way*"，这个单元的话题是 How do I get there? 这个话题过于单一，学生对于学习

3

内容无法产生系统的认识，这就容易在学习过程中出现误区。而在目前，我国的初中英语教学水平和参考资源分布是不均匀的。很多初中学校不能给学生提供足够的学习参考资料。教师在课堂上教学的时间有限。如果学生不能在课后对知识进行补充和消化，要培养英语能力是有较大困难的。

（三）教学的应用性不强，教学评价不科学

传统的英语教学的应用性不强，多以"哑巴式教学"为主。教师在教学时只注重书本内容，将课本知识讲解完就认为完成课堂任务，没有注重将知识点与实际生活相结合。而学生也认为记住课本知识可以得高分。英语的口语能力薄弱，英语的应用极差，无法流畅应用英语交流。

目前对于英语教学能力的评价依据是学生的考试成绩。这就导致了学生只注意单词和语法的复习，忽略了英语的应用和听说能力。这样学生无法达到社会对英语人才的需要，实际英语应用差。

二、提升初中英语教学效果的对策

（一）改变体统的教学模式和方法

对以往传统的教学模式与方法进行改变，在教学过程中要以学生作为课堂的主体，让学生能够更快更好地掌握英语知识点，让学生能够针对问题主动地思考，培养良好的学习习惯。让学生在课堂上多讲英语，充分表达自己的看法和意见。通过口语锻炼的形式让学生用英语描述生活现象，并要求学生分组用英语进行讨论，如译林版英语九年级上册 Unit 2 "*Colours*"，可以让学生用英语举例生活中所见到的颜色，还可以让学生指出其他同学身上的着装颜色。通过课堂互动与生活实例结合的方式来调动学生的学习积极性，让学生的英语综合能力得到提升。

（二）学习目标系统化，学习任务分配合理化

教师在教学时要制定系统性的学习目标，需要对课文内容进行完全的把握，对学习任务进行合理的分化，提出清晰的学习框架及分段性的学习目标是可以让学生对课文内容快速掌握，并且对他们的英语学习十分有益。学生在这种分段性的系统学习目标下能够获得心理上的满足感，有利于树立英语学习的自信心。例如，译林版英语八年级上册 Unit 8 关于 when 的使用，例句 "A：Jack has read the book. B：When did he read it? A：Last weekend." 中有 when 时不能用完成时。很明显，这是一个关于 when 结构的句型练习。学生在学习这一单元时，只要牢牢把握这一重点，就能快速掌握本单元的学习内容。

（三）完善初中英语课程的设置

初中英语课程的设置影响着英语教学的效率。因此在课程安排中要增加英语教学的时间，同时也要合理安排。课程的设置不能过于集中，也不能过于分散。英语和数学、语文等课程都为重要的科目，在课程分配上要相等。

（四）坚持英语授课，利用现代化教学手段

教师在英语教学中需要坚持用英语讲课，这样能够有效提升学生的英语口语水平和听力水平。给学生提供大量的示范，激发学生使用英语的欲望。从各个方面来培养学生的听力水平和口语的表达能力，提高学生的学习兴趣。在教学过程中多运用现代化的教学手段，如通过多媒体的展示来吸引学生的注意力，提高学生学习英语的积极性，展现英语课堂教学的趣味。

英语是一门多样化的学科，同时也是一门实践性很强的学科，因此在英语教学中应该不断地创新。英语作为国际上通用的语言将会更加流行，因此英语的教学变得更加重要，这要求每位教师积极参与教学方式的改革，提升课堂的互动性，提升英语学习的质量和效率。

载 2015 年第 4 期《教学研究》

初中英语教学中学生基本能力的培养

摘　要： 新课改背景下，随着素质教育理念的不断深入，初中英语课堂对学生基本能力的培养也提出了更高方面的要求。那么怎样才能促进初中英语教学课堂中学生基本能力的培养呢？具体来说，初中英语教师应该从听、说、读、写四个方面和学生自主学习、文化意识入手，通过一系列的强化教学，进一步提高学生的基本能力。

关键词： 初中英语教学；基本能力；培养措施

一、初中英语教学中学生能力培养的重要性

随着新课改的进一步实施，初中英语教学不管是在课堂教学结构，还是教师教学理念方面都发生了较大的变化。然而，受传统应试教育思想的影响，依然存在着重应试、轻应用、重知识、轻能力的教学局面，严重阻碍了学生基本能力和综合素养的提高。现阶段的初中英语教学中，过分强调应试的重要性，只要求学生具备在试卷上答题的能力，而不注重学生听说读写的能力，这就导致了中国的英语课堂上常常出现"中国式"英语或"哑巴式"英语的现象。尤其是在"听""说"能力方面，许多中学生对自己的英语听力水平缺乏足够的信心，而且受汉语思维的影响而缺乏专业的英语表达能力，甚至对于某些单词的发音也读得不够准确。另外，学生的读写能力也令人担忧，许多教师在批改学生的英语作文时常常发现学生的作文错误百出。因此，加强学生这四项基本技能的培养，必将有利于学生英语水平的提高，为今后的英语学习打下牢固基础。

二、初中英语教学中学生基本能力培养的目标

（一）听说会话的能力

英语学习的目的自然是熟练地运用英语和他人进行友好交往。作为学生学

习英语的指导者，初中英语教师在日常的英语教学中，应该优先注重学生听说能力的培养，让学生能够听懂课文的朗读材料，让学生敢于开口表达，能够与同学展开简单的英语对话等。

（二）阅读能力

掌握一定的阅读能力，是学生能够读懂英语读物、认识英语标识的重要前提。从语言习得的规律来看，英语应用能力的提高应该建立在广泛的阅读基础之上，因此阅读是提高和掌握英语知识的关键。在初中英语教学中，教师应该从词汇积累、学习语法结构和相关的文化知识等方面来提高学生的阅读能力。

（三）写作能力

英语写作过程既是运用已掌握的语言知识来表达个人思想的过程，也是一个语言输出的过程。为了加强学生的英语写作能力，教师要强化学生的语言积累，这也是英语写作的基础。万丈高楼平地起，只有有了根基，上层建筑才能稳固。鼓励学生平时加强词汇积累，通过大量的阅读训练来拓宽自己的知识视野，增强语感等，还有就是加强基本的写作训练，争取做到活学活用。

三、初中英语教学中学生基本能力培养的措施

（一）设计情境化教学活动，强化听力训练

为了培养学生听说会话的能力，教师要精心设计好课堂教学活动，对教学内容合理安排，并且选择一些难度比较适中的阅读篇目作为学生锻炼听力的材料，以供学生开展听力训练。另外，教师还要在学生听短文的基础上，针对文章内容设置一定的教学问题，逐步启发学生思考。当学生对教师提出的问题表现出极大的兴趣时，就能在听懂文章内容的基础上对所听内容展开复述了。而在这一过程中，教师还可以从中挑选一些重点段落或者中心大意，作为训练学生听力的内容，以此检查学生的记忆效果。为了提高学生的口头表达能力，教师还可以在学生阅读材料的时候，设置一些预测性的问题，让学生通过口头交流的方式各抒己见，从而达到充分锻炼口头表达能力的效果。此外，教师还可以把这种训练方式进一步生活化，指导学生自己撰写对话或者以小组讨论、小品表演的方式，来发展学生的英语思维能力。

（二）运用多媒体教学设备，提高阅读实效

要想提高学生的阅读能力，就得先提高学生阅读的有效性。以译林版英语八年级下册第八单元的 *Green Switzerland* 为例，我们可以对如何提高阅读的有效性展开分析。首先，教师可以利用多媒体设备对瑞士的风景图片进行展示，通

过风景如画的图片激发学生想要了解瑞士的兴趣，同时也启发学生关于美丽瑞士、绿色瑞士、环保瑞士的思考。接着，教师可以指导学生对文章进行快速阅读，以期对文章的整体内容有一个大致的把握。然后，教师可以根据文章内容提出几个关键性的问题，标注出现的关键词以及生词，让学生带着问题去原文中寻找答案。其次，就是让学生详细阅读文章的内容，根据教师针对不同段落设置的不同问题进行详细分析，注意细节部分的研究。再次，教师可以将文章中出现的重点语句点拨给学生，实现学生对文章中心思想的准确把握。鼓励学生争取用自己的话复述文本，锻炼学生的口头表达能力。最后，就是布置与课文内容相关的作文随笔，让学生吃透课堂内容。

（三）养成常态化素材积累，提升写作能力

在英语写作训练中，教师常常可以发现学生普遍存在着内容贫乏、思路不顺畅、文章句法混乱的问题，这令批改作文的老师极为头疼。为了解决这一问题，首先，教师应该指导学生平时加强写作素材的积累，通过大量听读语言素材的训练来丰富自己的素材宝库。其次，引导学生在阅读的过程中有意识地揣摩作者的写作用意，积极加入作者的角色构造中，学会运用作者的写作手法和技巧来谋篇布局，为自己所用。再次，教师还要定期安排学生进行创造性思维的训练。比如撰写文章的读后感、改写文章某一段落或续写故事结尾，等等。要鼓励学生养成写英语日记或英语书信的好习惯，加强优秀英语习作的分享与阅读，通过写作辅导、集体修改等方式，全面提高学生的写作能力。

（四）倡导自主性学习方式，培养文化意识

要想提高学生的自主学习能力，首先就要激发学生的学习动机，使学生的学习动机从"要我学"转变为"我要学"。教师要加强对学生的正面引导，多表扬和鼓励学生所取得的每一次进步。其次，就是要培养学生的自觉性，让学生在学习英语的过程中充分发挥自己的主观能动性，自觉运用所学知识去认知新的知识。而培养学生的文化意识，也是为学生其他能力的培养打下基础。只有当学生对英语本身承载的文化内涵有了一定的了解后，才能转变自己的语言思维，真正了解英语国家的思维方式。比如，在学习英语单词的时候，教师可以从深层次的角度对英语单词的文化内涵进行分析，以加深学生对英语语境的理解。这样做的好处是，无论是在英语阅读还是英语写作中，都能根据具体语境的需要巧妙地运用好每一个单词。

四、结语

就目前来看，许多教师已开始重视初中生英语学习能力的培养，但培养的形式仍过于表面化，并没有发挥多少实际作用。相反，学生在教师的这种培养"重压"下反而学得越来越疲惫，越来越没有激情。所以，注重学生基本能力的培养一定要从学生的认知水平出发，结合学生的差异性，做到因材施教。这样才能够实现快乐学习，有效学习。

参考文献：

［1］董丙领．论初中英语教学中学生自主学习能力的培养［J］．新课程（中学版），2009（12）.

［2］张红军．初中英语教学中的听写策略［J］．山东教育，2010（22）.

载 2016 年第 5 期《祖国》

基于新课程理念下的初中英语教育评价的探索

摘　要：本文结合新课程改革的有关理论，阐述了初中英语教育评价的原则和初中英语教育评价的方式，讨论了如何在初中英语教育过程中运用评价机制的问题。

关键词：新课程，探索，评价

新课程改革是我国全面实施素质教育的关键环节。它将实现课程从学科本位、知识本位向关注每一个学生发展的历史性转变。对于发展中的学生，考虑其发展的过程性，应当留给他们充足的发展空间、发展余地、发展可能。考虑其本质特征，应当充分尊重他们具有可变性、可塑性、可改造性的成长过程。而建立新的课程评价制度正是遵循"以人为本"的教育原则，正是顺应学生发展的客观需求。

我们针对初中英语学科进行评价的探索与实践，在现有考评的基础之上，对学生、教师、课程实施进行全方位、多元化、激励性评价，积极倡导发展性评价，切实提高初中学生的英语素质。我们把初中英语学科评价的功能和评价的方式定位为充分发挥评价的教育功能，在承认其甄别选拔作用的同时也进一步削弱其原有的主导地位，使得我们对初中生英语素质的评价更加全面化、人性化、科学化。

一、遵循评价原则，给初中生提供持续不断的英语学习动力

学生的英语学习活动可分为初一、初二、初三不同的年级段，在不同的年级段里，对学生英语学习的评价要注重整体性。要注重对学生综合英语素质的考查，要从"英语知识与运用能力、学习过程与学习方法、情感态度与价值观"三个维度全面地进行评价，既要关注学生的英语学习成绩，也要关注学生英语实际运用能力的发展，更要关注学生学习英语的兴趣和成功运用英语的情感体验等方面的发展，帮助初中生建立学习英语的自信、自强心态。初中生学习英语的最终结果既存在必然性，也存在偶然性。传统英语教育活动中，学生主要是以测验为本位，以英语考试成绩来预测学生未来能否成功。这种狭隘的教育观直接导致了悲观的学习观，即只有一部分学生在学习上是成功的，而大部分学生的学习是失败的。实践证明，采用描述性评价话语来反映学生英语学习的参与程度、交际运用的主动性、交流方式的创新性等，可以更加真实地反映我们目前的初中英语教育现状。例如，有些学生在听力方面存在问题，而语言基础知识却掌握得很牢靠。有些学生在书面表达上用词准确、语句流畅，而面对面实际交流时却面红耳赤、拙于言辞。对于他们，要尽量使用个体内差异评价，关注他们在英语学习过程中的进步程度，这符合学生成长的实际，也有助于学生创新能力的培养。

英语教育的任务是教会学生一门语言，其结果是静态的，而教学语言的过程却是动态的。只有对初中英语教育进行动态的过程评价，才能真正有效地调控学生学习英语的行为，使学生积极、主动地提高自己的英语素质。要十分关注学生英语学习的过程，加强形成性评价，把平时的测验、作业哪怕仅仅只是一次口语操练都作为评价的机会适时地对学生进行评价，促进学生的转变与发展。要把评价自始至终贯穿于平时的英语教学过程中，以发展的眼光来客观地评价学生英语智能的发展。同时，初中英语教育评价不是单纯的教师对学生的学习评价或学生对教师的教学评价，而应是学生和教师之间的双向选择、互相沟通和彼此协商。这样，评价才能真正成为教师、学生、教育部门管理者、家长或社会其他人士共同积极参与的互动性活动。

二、完善评价方式，为初中生营造更具人文气息的英语学习环境

如何使目标评价达到最优化的效果呢？我们在这方面也进行了尝试，如在对话课上引导学生从感知对话到熟悉对话，从练习对话到尝试对话，从表演对话到自由对话逐步转变，这一过程其实就是教师对学生、学生对学生、学生对自己目标评价的过程。实际上就是弱化了对目标的整体性评价，而强化了对目标的过程性评价。这是目前初中英语教育中最传统、最常用的评价方式。在倡导"自主、合作、探究"学习方式的今天，我们对这一评价方式进行了全新的诠释，摈弃以往那种以"Right or Wrong"衡量学生英语学习行为的做法，代之以将激情、激趣融入评价。在组织英语课堂教学的过程中，有意识地实施学习效果的比较，让基本功扎实的与扎实的比，让基础薄弱的与薄弱的比，激发学

生学习英语的竞争欲。引导学生评价自身的优势，或口语流利，或语音纯正，或交际大方，或词汇量大；引导学生正视自己的劣势并发现自己进步的迹象或趋势。让学生真正成为英语学习的主人，成为课堂即时评价的主人。

现代教学论指出，教学过程是师生交往、积极互动、共同发展的过程。以往在一堂课结束后，也有一定的评价方式，或找学生座谈，或写篇教后记，但这仅仅是流于形式或粗线条的评课，并未真正切中肯綮。寄语评价主要是围绕师生之间、生生之间展开的互动式评价。我们根据初中英语学科的特点设计了专门的评价表。试以译林版《英语》八年级上册 Unit 3 *Reading* 一课为例：

初中英语课堂教学评价表

Name	Sun Cheng	Class	Class 7，Grade 8	Number	Twenty－seven
My gains	了解了许多关于北京世界公园的知识和近百个世界著名景观				
Best Student	Zhang Ke	Reason	知识面宽，老师问的问题基本都能回答		
Teacher's Merits	讲解生动，使用了大量的景观图片，融历史、地理、宗教、文化等于教学中				
My Proposal	1. 容量太大，有点儿跟不上 2. 讲课的语速尽可能慢一点				
Comments	谢谢 Sun Cheng 同学。这节课我做了精心准备，由于教学任务重，语速快了些，老师以后会注意的。另外你课上的表现也不错啊。如果发言再自信一点，那你就是下一个 Best Student。 　　　　　　　　　　　　　　　　　　　　　　*James* 　　　　　　　　　　　　　　　　　　　　　　10/8/2013				

学生通过这张表评价了自己和其他同学在课堂上的表现，了解了教师对自己课堂表现的评价，真正体现出学生才是课堂学习的主体。同时学生有了选择教师教学内容、评判教师教学得失的权力。而教师在以寄语式评价表为载体的交流过程中，很好地营造出平等、民主的评价氛围，学生在这样的氛围里更容易接受各方面的评价，更容易积极主动地扬长避短、健康发展。

教育是一项培养人的工程。我们不是要把学生培养成"统一标准的机器人"或是"各方面优秀的完人"，而是要注重学生健康个性的发展、健全人格的发展。从英语这一门语言学科的学习过程中，我们体会到只有弱化评价的甄别选拔功能，强化其鼓舞激励功能，才能真正促进学生成长。评价的主要目的在于帮助学生，教师应在评价后为学生提供有益的反馈。只有善于运用评价机制的教师才能带领学生在知识的海洋中无拘无束地畅游，才能真正引领学生健康地求知、和谐地生活、公平地处事、正直地做人。

参考文献：

［1］贾冠杰. 外语教学心理学［M］. 南宁：广西教育出版社，1996.

［2］钟启泉. 基础教育课程改革纲要（试行）解读［M］. 上海：华东师范大学出版社，2001.

［3］操时尧. 初中生英语学习动机调查与分析［J］. 基础教育外语教学研究，2009（8）.

［4］章 霞. 初中英语教师课堂反馈例析［J］. 中小学外语教学，2013（1）.

载 2014 年第 9 期《课程教育研究》

论牛津初中英语作业有效设计思路

进行牛津初中英语有效作业设计就是为了切实解决目前普遍存在的初中英语作业"高耗低效"现象，改革传统的英语"题海战"的学习方式。这就要求教师认真研究学生作业完成情况的规律，严格控制作业数量，提高作业质量，从而达到既减少学生作业负担，又提高教学质量的目的。

什么是作业？"作"就是"创作"；"业"就是"从事某种工作或学习的过程"。所以，"作业"就具有"创造性的学习过程"或"创造性的工作"的本质。它的作用除了巩固学生课堂上学到的知识、训练运用能力以外，还有检查教师的教学效果，有效地指导学生富有创造性地学习，促进学生主体性的发展。事实是在中考压力下，在片面追求分数的形势下，在作业方面出现了一系列问题，如作业形式单一，作业量大，没有层次，与学生的实际掌握情况脱节等。这些问题最终导致课外作业占用了学生太多的时间，给学生造成了很大的压力，甚至使他们出现了厌学情绪。因此，教师感叹"英语越来越难教"，学生哀叹"英语越来越难学"。

著名英语教育专家 Eptein 确定了 10 个布置作业的原因，她称之为作业的十大目的（10Ps）。分别是练习（practice）、准备（preparation）、参与（participation）、个人进步（personal development）、同学间的交流（peer interaction）、家长与子女的关系（parent – child relations）、家长与教师的交流（parent – teacher communication）、与社会的联系（public relations）、执行政策（policy）、惩罚（punishment）。这些目的中，最具有现实意义和最重要的目的应该是个人进步。

《牛津初中英语》教材的设计思路是"话题—功能—结构—任务"，倡导语言教学的交互性和以学生为中心的教学模式。这就需要教师在改进"作业"这项重要的教学环节中发挥作用。教师应对作业进行精选，取其精华，去掉一些无实际意义的作业。此外还要根据具体内容和教学目的设计补充扩展型作业，弥补已有教材作业的不足，以发挥作业的实效性。

一、课前作业设计要追求预习的实效，突出"渗透"

预习在英语的教学实施过程中是必不可少的环节。课前预习更是值得提倡和认真实施。因为通过预习，学生可以对所学的内容有所了解，并且发现自己的问题，但是在学生的实际学习中，普遍存在学生因学习任务较重而忽略这一环节的现象。为了使学生认真预习，教师必须对预习要求有明确的规定，同时引导学生在预习中多思考、多分析。有的问题也可以作为新课的导入点，使学生在思考问题的同时，自然进入新课。预习的方法多种多样，有朗读识记式，它只需要学生在课前用十几分钟时间，反复朗读所学生词、句型及课文并初步理解和熟悉课文内容，但效果一般；有发现问题式，教师把新课中要求学生自己掌握的内容和相关旧知识通过预习题的形式呈现给学生，学生通过做预习题发现问题，这种方式可使课堂教学更具有针对性；有排除障碍式，教师将新课中具有一定难度的内容通过适当的提示和引导让学生初步了解和掌握，减少课堂讲练和学生掌握运用的难度；有材料准备式，预习所准备的材料可以是句型操练需要的语言材料，也可以是会话练习所需的话题材料，还可以是讨论所需要的对某个问题的意见、主张、看法等；有阅读理解式，它适用于阅读课，教师通过设计课文预习理解题指导学生预习；有小组讨论式，小组讨论的好处在于能够促进同学间交流氛围的形成，而且学生在讨论中可以互相帮助，使一些胆小、自信心不足的学生也可以得到发言的机会。不过，这些类型的作业，难易度要适中。虽然学生在做这类题时可能会出现不同答案，甚至是错误的答案，但这并不重要。重要的是学生开动了脑筋，启动了思维，获得了一种满足感与愉悦感，这一过程使得学生爱学、乐做。这其实是在"备作业"。谈到备课，总是谈备教材、备学生、备教法，我觉得还要增加一项"备作业"。而备作业必须建立在其他三项的基础之上。

总之，教师应在紧密结合教材内容和学生实际情况的前提下，把预习作业作为整体有效作业设计的一个重要组成部分，有效地指导学生预习，把即将要学的内容进行有机、合理、适度地渗透，使预习的作用得到更好的发挥。新课程要求减轻学生负担，提高学生应用知识的能力，因此提高课堂效率迫在眉睫，而预习正是提高课堂效率最重要的捷径之一。

二、课中作业设计要追求学习的实效，突出"巩固"

课中作业，一般指在授课过程中教师针对所讲的内容随堂布置作业，并且马上核实和解决问题，课中作业是我们在学习过程中常常用到的一种作业设置，课中作业多半都是"练习型作业"。目前，牛津教材的配套练习和其他教辅书本上的题目大多数综合性比较强，一刀切的作业效果加重了一些学习困难生的课业负担，甚至有学生已经产生厌学情绪。所以设计的作业要尽量以选择题或填空题形式出现，偏重于基础知识的巩固和积累，突出教材的重点和难点，学生只要上课认真听讲，在书本或者听课笔记上就能找到相应的答案，提高作业的有效性。课堂上，新授内容结束后，让学生做与教学重点相关的作业，符合学生的心理规律，有利于教师带领学生重点复习某一知识点，学生通过对习题中语法点的相同与不同之处进行仔细分析和比较，能提高对知识的分辨力，同时也能加深对语言内涵的理解。课中作业的设计可适当安排阅读理解题。阅读理解题从材料的角度来说，难度要适当，主要是控制生词量（生词不宜超过总词数的5%）。此外，成功的阅读必须保持一定的速度。实践证明，要提高学生的英语阅读能力，应提倡广泛阅读难度适中、并能让学生保持一定速度的"浅英语"。

课中作业要求学生在课堂上完成，是学习反馈，也是学习巩固。所以设计课中英语作业要遵循三个原则。一是时间原则，布置作业是衡量是否圆满完成一节课教学任务的重要组成部分。下课前几分钟匆忙交代，大多只能完成作业的下达，学生不清楚（具体要求、作业方法与所学内容的联系等），失去了布置作业的原有意义。应用1—2分钟提出明确要求，指导步骤与方法，以保证作业的有效性，再留10分钟左右的作业时间。二是多样性原则，英语作业，就其类型而言，一般有练习型、准备型、扩展型、创造型等四类。要考虑初中生的身心特点，根据课程标准和教材的要求，精心研究和设计，注意不同形式的作业搭配。要考虑学生间学习能力和认知水平的差异，让不同层次的学生都能找到适合自己难度的练习来巩固和发展原有知识，不断提高英语水平。三是监督原则，及时了解学生完成作业的时间与质量，合理控制作业量和难易程度。

课中作业设计不要面面俱到，平均用力，而要有的放矢，突出重难点，切实搔到学生的"痒处"。对错误率较高的难题，要在课堂上深刻分析，做好"点拨"的两个环节：先"点"——就题论题，释疑解难；再"拨"——借题发挥，由此及彼，举一反三，充分展示思维的过程，教给学生解题的方法。

三、课后作业设计要追求复习的实效，突出"扩展"

课后作业是使用最多的一项作业设计，我们经常在课堂结束时告诉学生

Homework，适当给学生布置课后作业是完全必要的，但作业量必须适中，而且更要注意作业的导向性，这就是说作业设计必须强化教学目标，突出教材重点、难点，提出学习方法和努力方向等。

课后作业的设计更多的要体现拓展与探究。拓展型作业是为了实现预定的教学目标，教师根据教学需要，设计出与教学目标相关的作业，它能够考查学生能否把熟知的知识和技能运用于新的环境。要正确完成作业，其先决条件是真正理解所学知识和内容，一定的知识基础一方面是后续学习的重要条件，另一方面是能力发展的载体，通过课堂学习虽然也能够理解知识，但学生接受知识、加深理解与记忆大多数还是在完成作业的过程中实现的。

苏霍姆林斯基曾经说过："教给学生借助已有的知识去获取知识，这是最高的教学技巧所在。"

有效的作业设计不仅能激发学生学习英语的兴趣，提高学生学习英语的积极性，也能保护学生的实际差异，促使学生养成良好的学习习惯，增强学生的自主学习意识。为学生提供一种循序渐进的学习方式，一种开放的学习氛围，为学生掌握必备的英语基础知识和基本技能打下一定的基础，培养学生学习的主动性。另外，还能为教师提供一个创造的空间，激发教师的教学智慧，教师只有自己摸索钻研过作业设计，才知道怎样正确地引导学生去学、去做，这样既能融洽师生关系，又能形成引导式的教学方法，提高教师的教学能力，提高学生的学习效果。使不同程度的学生都能产生成就感。这种成就感，不仅使学生产生一种超强记忆力，而且能活跃学生的创造性思维，充分发挥学生的心理潜能。

总之，科学、合理的英语作业，可以为学生创造一个自主、自信、自强，愉快的学习环境。能够充分挖掘学生的学习潜能，最大限度地发挥英语作业对知识落实、能力培养和个性发展的作用，使学生能有效地利用课外时间，充分发挥自身的主体作用，在这一过程中让学生学会学习、学会思考，并帮助他们建立自信，形成积极主动的学习态度，提高学习英语的兴趣，激发学生形成积极的情感、态度和价值观，以利于学生全面素质的提高。

我们的教学目的是要把学生培养成"learn how to learn, learn how to think"的人。我们的作业设计就是要引领学生去有效地学习、有效地思考，从真正意义上提升学生的英语综合素养。

载 2010 年第 9 期《初中教学研究》

论在初中英语教学中渗入德育因子

摘　要：初中英语德育教育的渗透一方面能够端正学生的学习态度，一方面能够进一步提升学生的人格素养，帮助学生树立正确的三观。文章以译林版初中英语教材为例具体分析如何在初中英语教学中渗透德育因子。

关键词：初中英语，德育，渗透

社会上未成年犯罪现象的存在说明了我国德育工作实效有待加强。著名教育学家陶行知先生曾经说过，德是育人的根本，良好的品德是一个人在社会上立足和长远生存的重要标准，也是一切学习的重要根基。基于德育的重要性，文章为如何在英语教学中开展德育教学进行策略分析，旨在透过英语学习提升学生的德育水平，实现学生的全面发展。

一、通过对初中英语教材的深入挖掘进行德育渗透

教材是教育教学的依据，为了在初中英语教学中更好地开展德育工作，需要教师加强对初中英语教材的研究，深入挖掘译林版初中英语教材在词汇、语句、语法等方面蕴含的德育知识。

（一）挖掘教材中的词句进行德育渗透

语言是交流的基本载体，其中也蕴含了人们的思想情感和人文精神。在进行初中英语教学的时候，教师可以透过英语词句点拨加强学生对不同国家民族风俗习惯的了解，增长见识，提升英语学习兴趣。译林版初中英语单词共有2235 个，教师的英语教学大部分是通过词汇和语句来完成的，为此，英语德育渗透可以通过词句教学实现。比如，在讲解译林版初中七年级上册英语单词"popular"的时候，可以通过用单词造句的方式来进行德育渗透："A popular people will always be remembered even if he passed away."（一个受人爱戴的人即使去逝之后也会被人铭记在心）。

（二）挖掘英语语法中蕴含的德育知识

语法教学是初中英语教学中比较枯燥的环节，但只要教师讲解得当，也能够通过语法教学让学生学习到更多的德育知识。比如，在学习英语连词的时候，教师可以通过连词造句的方式对学生进行正确三观思想的渗透，如在学习了"because""so"之后，教师可以引导学生进行如下的造句："Because he listened carefully in class，he achieved good results in tests."或"He listened carefully in class，so he achievedgood results in tests."（因为他上课认真听讲，所以考试取得了好成绩）。

二、初中英语教学要精心设计，拓宽德育渗透渠道

第一，初中英语教学设计要紧紧围绕教学内容进行。为此，英语课堂的德育渗透也要围绕教材内容进行，不能随意脱离英语教材内容开展德育。第二，德育渗透要能够激发学生的英语学习兴趣。初中生的心智发展不成熟，在学习的时候很容易出现注意力不集中的问题，为此，初中英语德育渗透需要教师结合学生的英语学习需要，寓教于乐，在轻松的氛围中开展英语德育教育。第三，英语德育教育要和实际生活进行联系。英语教学要注重实用性，课堂德育教育渗透也要和学生的实际生活相联系。

三、初中英语教师要规范自己的言行，拓展德育教学方式

初中英语教师是学生英语学习的重要引导者，教师的言谈举止会对学生本人产生深刻的影响。在初中英语德育教育中，教师需要注意自己的言行。在初中英语教学中渗透德育教育要求教师要尽可能使用规范化的语言，课堂教学中也不能出现迟到、早退、无故拖堂的现象。比如在初中英语教学中，教师提问学生要尽可能使用一些以商量为开头的英语语句，类似"Let's""Shall we""Will you"等进行提问。对于违规的行为，教师可以应用禁止性的语言来规范学生的不良行为，从而在英语课堂上实现德育教育。另外，初中英语教师还需要在适当的情况下采用激励性的语言提升学生英语学习兴趣，比如类似"You are the best one."这种肯定的语句。

四、通过开展英语课外活动，有策略地在英语教育中进行德育渗透

初中英语德育教育除了要在课堂上开展，还需要拓展到课外活动中，通过多样化的英语活动形式激发学生英语学习兴趣，提高英语教学效率。第一，英

语教师可以组织学生积极背诵重要的英语课文，提升学生的英语口头表达能力。第二，教师根据英语教材为学生安排适当的课外角色扮演活动，通过角色扮演促进对学生的德育教育。第三，英语教师可以组织学生开展一些英语话剧表演、英语歌曲演唱、英语演讲等比赛，在活动中培养学生良好的道德情操，提高学生和他人合作的意识，引导学生树立正确的三观。

五、结束语

综上所述，随着新课改的不断深入，德育教育成为素质教育的重要一环，将德育教育渗透到初中英语教学中一方面能够提升初中英语课堂教学效率，促进学生的英语学习，另一方面能够提升学生综合素养，帮助学生形成更好的人格品德。为此，初中英语教师需要结合初中英语教学实际和素质教育要求，有针对性地、有策略地将德育教育融入初中英语教学中。

参考文献

［1］杨杰．初中英语教学中的德育问题研究［D］．重庆：重庆师范大学，2014.

［2］王静．小学英语教学中德育渗透研究［D］．北京：北京交通大学，2014.

载 2017 年第 22 期《中学生英语》

《牛津初中英语》8B 构词法教学案例分析

摘　要：巩固学生构词法的语法知识，扩大学生的词汇量，提高学生猜词悟义的学习技能。通过绕口令的导入激发学生学习英语的兴趣；通过小组讨论等形式完成各种任务，培养学生交流合作的意识。

关键词：背景，分析，反思

【案例背景】

什么是语法？语言学家哈默（Harmer）对语法的定义是"语法是词语自身的变化和词语组合成句子的方式"（1987）。语法教学最常用的两种方法是演绎法（教师展示语法规则，然后让学生运用这些规则做练习）和归纳法（教师展示语言实例，学生凭直觉理解语法规则）。本节语法课较好地结合使用了这两种教学方法。

每年中考英语阅读理解题型中都有猜词悟义题，解答这类题目常常需要运用构词法的知识。这节课的目标就是巩固学生构词法的语法知识，扩大学生的词汇量，提高学生猜词悟义的学习技能。通过绕口令的导入激发学生学习英语的兴趣；通过小组讨论等形式完成各种任务，培养学生交流合作的意识。

【教学分析】

在《牛津初中英语》8BUnit 2 和 Unit 5 两个单元的教学内容中出现了构词法——派生词构词法。即由一个词根加上前缀或后缀构成一个词。主要出现的是后缀 – ful， – less， – ment， – ness， – ion 等。在教学时我首先呈现例句例词。如：

She is a careful student.

The line of people outside the museum was endless.

I heard an advertisement on the radio.

The children who lost their parents should be treated with kindness.

The doctor will do an operation this afternoon.

引导学生去观察、思考、感悟和猜测其词义，并且让他们找出构词的规律来。然后呈现课本中含有后缀的单词（hopeless，delightful，punishment，richness，donation 等）让学生猜测词义。为了让学生学到更多的词汇，了解掌握英语的构词规律，以便更好地用词造句，我引导他们举一反三、触类旁通。引导学生回忆含有此类构词法的词汇，归纳派生词的多种构词规律。

构词法在学生整体知识结构中起着不可或缺的作用，是帮助学生处理阅读中遇到的生词以及扩大词汇量的一项基础语法。八年级的学生已经积累了一定的词汇和语法知识，有较强的求知欲，也希望老师教给他们更多的学习策略和技巧。而学生参差不齐的英语水平使得教者既要考虑到学生的学习积极性与参与度，还要保证教学效果。

〖教学策略〗

1. 任务型教学。教学过程中明确提出具体的学习任务，学生通过完成各项任务达成学习目标。

2. 交际教学。学习小组内的成员在完成任务的过程中相互讨论、相互研究，体现了交际的功能。

3. 愉快教学。根据教材特点和学生的实际水平，列举一些有趣的例子，提出由易到难的问题，激发学生的学习兴趣和求知欲，提高学习效率。

〖相关理论〗

1. 行为主义心理学把语言看成是一种行为，是一系列的刺激和反应。语言学习的过程就是学习者接受教者在语言教学中创设的真实情境和通过语言表达功能传递的虚拟情境的刺激，完成语言习得的全过程。

2. 情境认知理论反对把知识当作"一个整体的、自足的，从理论上讲与学习和使用它的情境相脱离的东西"，强调知识的情境性、真实性、社会性、应用性、互动性。

〖过程分析〗

Step 1 Lead – in (3 minutes)

◇Greetings and a brief introduction.

◇Give the students a show of English Tongue Twister：

She sells seashells by the seashore. The shells she sells are surely seashells. So if she sells shells on the seashore, I'm sure she sells seashore shells. She's a seashore shell seller.

I thought a thought. But the thought I thought wasn't the thought I thought I thought. If the thought I thought I thought had been the thought I thought, I wouldn't have thought so much.

『说明』遵循学习激趣性原则，通过英语绕口令这一语言游戏方式导入学习内容，激发学生的学习动机。一方面能让学生享受到成功的喜悦，另一方面更加自然生动地引出本课的学习内容。学生经常练习绕口令不仅可以丰富精神生活，更有助于提升说英语的娴熟程度。

◇Deal with a problem and lead the students to my topic — Word Formation.

Step 2 Pre – task（8 minutes）

◇Teamwork：Discuss two questions.

What are the main kinds of word formation?

Can you give some examples?

◇Teamwork：Summarize.

『说明』用这种方式可以逐步开发并提高学生的自学能力。另外，通过小组合作学习，学生的口语表达和交际能力也会有不同程度的改善或提高。

Step 3 While – task（14 minutes）

◇Get the representative of each group to report his or her job and teach the whole class.

◇Check up.

1. Teacher adds and explains some more points.

（1）合成法（Compounding）

e. g. class + room → classroom；fund + raising → fund – raising

wide + life → widelife；two + year + old → two – year – old

构成方式：把两个或两个以上独立的词合成一个新词。

（2）转化法（Conversion）

e. g. smell *v.* → smell *n.*；group *n.* → group *v.*；wild *adj.* → wild *n.* → wild *adv.*

构成方式：由一种词性（part of speech）转化为另一种词性。

（3）派生法（Derivation）

e. g. happy → unhappy；honest → dishonest；possible → impossible；tell → re-tell

invent → invention；attract → attractive；blind → blindness；wide → widely

构成方式：由词根（root）加前缀（prefix）或后缀（suffix）构成新词。

2. Deal with some exercises related to each rule together on the PowerPoint.

（1）Don't trouble trouble until trouble troubles you.（Conversion）

（2）She enlarges her vocabulary by reading widely.（Derivation）

en - 可用作前缀，e. g. enable, encage, enclose, endanger 等

Reading can _____ (rich) your life.

- en 也可用作后缀。e. g. sharp *adj.* → sharpen *v.*；wool *n.* → woolen *adj.*

bright → _____；chick → _____

（More exercises omitted.）

『说明』努力给学生呈现更详细的构词法知识，使学生更好地理解构词规则，学会运用这种能力猜词悟义，扩大自己的词汇量。因为这一语法项目好学易懂，学生表现出兴奋与积极的心态。遵循任务梯度性原则，设计任务做到由易到难，由浅入深，让所有学生都能理解和掌握构词法。设计时以学生已有的知识经验和学习能力为基础，既不能太难，使学生丧失学习信心；也不能太易，使学生失去学习兴趣。

Step 4 Post - task（15 minutes）

◇Do more exercises on the printed materials and check up.

I. Find the root of the following words and tell the part of speech.

e. g. building（*n.*）→ build（*v.*）

punishment → _____   appearance → _____

growth → _____   educational → _____

impatient → _____   misunderstand→ _____

badly → _____   dislike → _____

wonderful → _____   untidy → _____

teacher → _____   Japanese → _____

II. Use compounding to form some new words with the following words.

e. g. room → classroom, bathroom, bedroom, room - mate

man → _____

work→ _____

ball→ _____

thing→ _____

III. Complete the sentences with the proper form of the word in the bracket.

1. Thomas Edison was a great _____. (invent)

2. The girl felt _____ because she failed to pass the exam. (happy)

3. I can't keep up with the other students without your _____. (help)

4. We must be _____ to our patients. (grate)

5. All the people suffering from the earthquake are treated with _____. (kind)

IV. Choose the right meaning of the underlined word in each sentence.

1. Overwork may cause diseases.

A. More work   B. Less work

C. Unhealthy work   D. Good work

2. Don't listen to Mara's nonsense.

A. beautiful words   B. meaningless words

C. meaningful words   D. clever talk

3. It's wise to remember how easily this wonderful technology can be misused.

A. used often   B. used seldom

C. used rightly   D. used wrongly

『说明』这堂语法复习课教给学生的识词技能在阅读理解中尤其有用。英语是一门实用的语言而并不仅仅是一门学习课程，可以设计更多的辅助练习。此外，考虑到学生学习能力参差不齐，设计的练习有难有易。学生通过这样的练习能够使得猜词悟义能力提高。学生不仅可以运用所学知识解决实际问题，也能享受成功的喜悦。

Step 5 Summary (3 minutes)

◇Encourage the students to sum up the main points as well as the main aims in this lesson.

◇Ask the students to fill in the self – assessment form.

『说明』学生可以清楚地知道他们课后该做些什么。同时，教者也可以通过反馈来改善并提高自己的教学技能。

Step 6 Homework (2 minutes)

◇Try to design a test paper of Word Formation for your classmates. And try to build up your own vocabulary.

『说明』旨在训练学生独立查找信息的能力。既能拓宽学生的知识面，又能使学生在独立设计试题的过程中增强学习的自信心。

【案例反思】

激发和培养学生的英语学习兴趣是学生学习英语成功的关键。本节语法复习课比较成功的关键之处就在于此。通过绕口令导入主题激起学生的学习兴趣。所选绕口令中有合成词、有转化词、有派生词，使得导入自然贴切。教学活动既有学生的个人活动，也有师生互动、生生互动，体现了自主学习和合作学习的教育理念。同时把学生自我评价引入课堂也是一大亮点。设计的练习有梯度，能给不同层次的学生带来成功的快乐。

教学过程交替使用演绎法（deductive approach）和归纳法（inductive approach）这两种语法学习方法，努力培养学生分析问题、解决问题的思维方式。Step 1 的导入就是通过演绎法教学引导学生关注合成、转化、派生三种构词法的特点。其过程是首先描述规则和原理，然后在绕口令中加以运用。这种学习方法开门见山，可以节省时间。Step 2 运用归纳法教学引导学生自己发现语法规则，这可能更符合学生现有的心智结构。小组合作学习使学生能够更加积极地参与学习过程，因此学生更有动力，更能集中精力。学生自己归纳出规则能够有效增强自信心和自主性。Step 3 再次通过演绎法呈现完整的构词方式，这是对 Step 2 的补充。著名语言学家 Scott Thornbury 指出，归纳学习法的一个主要缺点是学生需要花费更长的时间理解规则；还有就是学生有可能在归纳过程中得出关于某语法规则的错误结论。演绎学习法符合多数学生期望的课堂学习，尤其是那些分析性学习风格的学生。当然，单一的演绎学习法容易导致以教师为主导、知识灌输型课堂的出现。所以 Step 4 重新运用归纳法学习，这同时也是对 Step 2 和 Step 3 的拓展与延伸，给学生充足的时间练习构词法，让学生在"做中学"，在"做中用"。

最后的作业布置，要求每一位学生课后为班上同学设计一份关于考查构词法的试卷。学生设计试卷的过程其实就是扩大词汇量的过程。这是实实在在的任务型教学，体现了"学中用，用中学"的新课标精神。让学生在实现任务的同时，感受成功，以形成积极的学习态度，促进英语语言实际运用能力的提高，这真正符合新课标的理念。

语法教学是英语教学中的热点问题。新课标下的语法教学是转变认识和改变教法的问题，是如何优化语法教学的问题。语言的学习是一个自主体验、实践的习得过程。语法的学习也是这样。习得的语法知识只有在反复应用中才能被吸收、消化。尤其当它与适当的语境结合或让学生用它去"做事"时，学生的体验才会更加深刻。

参考文献：

［1］中华人民共和国教育部. 英语课程标准（实验稿）［M］. 北京：北京师范大学出版社，2001.

［2］朱慕菊. 走进新课程［M］. 北京：北京师范大学出版社，2002.

［3］林 燕. 英语语法教学几种新方法的尝试［J］. 中小学外语教学，2003（11）.

［4］张祖耀. 课程标准下英语语法教学的定位和策略［J］. 中小学英语教学与研究，2006（8）.

［5］林立. 语法教学实用技巧［M］. 南京：译林出版社，2007.

载 2012 年第 5 期《初中教学研究》

初中英语课堂教学有效性的实践与探索

摘 要：更新教材教学思路，探讨有效课堂教学。促进学生自主学习，追求教材教法的完整性，优化英语学习方法；倡导师生合作参与，追求双边活动的协调性，增强积极的情感体验；确立信息探究目标，追求语言环境的综合性，提高语言运用能力。

关键词：初中英语，有效教学，整体教学

《牛津初中英语》是江苏省教研室根据《英语课程标准》的精神，联合牛津大学出版社（中国）有限公司编写的一套新教材，主要供在小学已学过英语的初中学生使用。这套教材在编排体例上按照"话题——功能——结构——任务"相结合的思想编排，以话题为主线，任务为主导，辅以功能和结构项目，有效培养学生综合运用英语的能力，体现了语言教学的整体性和综合性。教师们在使用初期乃至今后相当长的一个时期内，不可避免地会碰到这样那样的问题与困难。诸如课越来越难上；学生在课堂上反映还好，可一到考试就发昏；一堂课上下来心里没底；语法知识讲不透；课堂上时间总不够等。这究竟是怎么回事呢？我想这可能要归结到"有效教学"这个问题上来。

"有效教学"，就是要使教师与学生以较少的时间、精力、物力的消耗，来取得较大的教和学的效果。以这个标准来衡量我们的日常课堂教学，"劳动生产率"明显低下。究其原因，我想是传统的教学方法已难以适应新教材的教学思想。经过近几年的摸索，我总结出一条适合牛津教材教学思路、利于自身教学水平提高的有效课堂教学路子——初中英语教材的整体教学法。

所谓教材的整体教学法是指在组织处理课堂教学过程中，调动一切积极因素，通过各种形式，达到课堂教学的完整性、协调性和综合性。完整性是指在一节课时间里达到从 Presentation（呈现）到 Production（运用）这一过程；协调性是指教师与学生在情感上彼此交融，相互理解，圆满完成教学任务；综合性

是指通过口语教学和创造外部直观环境对学生进行听说方面的训练，帮助学生在理解的基础上运用所学的语言形式进行交流。

一、促进学生自主学习，追求教材教法的完整性，优化初中生的英语学习方法

教学过程是一个循环往复的过程。一个教学过程的起点是上一个教学过程的终点和后续。实践证明，当前比较成功的初中英语教学方式是"4P 教学模式"，每个"P"表示英语教学的一个阶段，即 Preparation（准备阶段）、Presentation（呈现与传授阶段）、Practice（实践或操练阶段）、Production（输出或运用阶段）。每一个阶段都是一个必经阶段，四个阶段相互衔接，但并不一定在一节课上完成（准备阶段应在课前完成，产出阶段可以在课后完成），一节课完不成，第二、第三节课可以继续做，直到完成为止。英语"4P 教学模式"是一个包含课前、课中和课后的，循环往复、周而复始的完整的教学过程。

1. 以准备为铺垫，自然过渡。这一阶段师生应熟悉和掌握学习新语言必备的知识，初步了解新知识，为进入呈现阶段打基础。教师通过启发式提问、画图、讲故事等方式挖掘学生的背景知识，并努力使之与所学知识相联系，有意识地为第二步呈现牵线搭桥，使新内容的出现合理自然。这样学生学得轻松，教师教得轻松。

2. 以呈现为入口，引出新知。这一阶段是发挥教师主导作用的阶段；是传授知识、解答疑惑、培养能力的过程；是学习者满足个人需要，呈现学习本领的过程；是师生在教学过程中共同活动、相互交流的过程。《牛津初中英语》教材介绍新语言项目时特别注重介绍它的意义和实际使用，主张在自然的使用中给学生建立初次的印象。做到这一点关键在于有效地创设情景和语境，我们可以采用实物、图画、图表、动作、语言描述情景、多举例子、师生之间的问答等一系列方法将新语言项目的意义和形式清楚地呈现给学生，并针对学生实际，对教学建议中提到的重要语言知识进行简明扼要的讲解，坚决摒弃过去那种过于烦琐、"遍地开花"式的语言知识分析，为下面的练习腾出时间，打下基础。

3. 以操练为手段，模仿语言。传统的操练活动，大多是以语言形式为中心（如反复跟读模仿、朗读背诵课文对话、句型转换练习等），而不是以表达意义或内容为目的。而这一阶段的目的实际是在于夯实基础知识，训练基本技能，强化重点知识的输入和储存。认识语言中某些规律性的东西，引导学生对语言材料进行深层次的理解并就某个问题发表自己的观点、看法，培养学生分析问

题、解决问题和推理、判断与归纳的能力，提高学生对语言材料的理解能力和欣赏能力。

4. 以运用为目标，学以致用。这一阶段是学生利用所学知识进行综合运用的过程。也就是说，学生通过前三个"P"的知识的输入与储备，经过大脑的分析、综合、比较、归纳等深加工，来运用所学语言知识，参与语言实践。我们要给学生运用语言进行表达的机会，提倡多种语言活动形式，减少纠正错误的频率，加强学生运用语言连贯表达的能力。我们可以采用听说、即兴表演、有问必答、自由交谈、做游戏和课堂报告的形式，鼓励学生勇于表达，勤于交流。

"4P教学模式"是适应《牛津初中英语》教材特点的教学方法，教师只有真正理解新课标的实质，掌握新教材的目的和要求，以学以致用为最终目标，融会贯通地使用"4P教学模式"，使四个阶段相辅相成、互为补充，才能教得自如，让学生学得有效。

二、倡导师生合作参与，追求双边活动的协调性，增强初中生的积极情感体验

教学活动是教师与学生双方共同组织参与的活动。英语教学成功与否，学生的理解能力、记忆能力、思维能力、观察能力等智力因素无疑是关键，但有一个因素，作为教师本身是不容忽视的，那就是师生间的情感交融，相互理解。

1. 双边活动的协调性表现在教学的组织过程中。教学不仅是教与学的过程，同时也是师生双方感情和思想交流的过程。学生们喜欢的教师一进课堂，课堂气氛就显得活跃，学生的学习兴趣就会油然而生。教师要以自己的真诚唤起学生的共鸣，通过自己的言行、表情传递给学生亲切、勉励、尊重的情感信息，不能以监督者、批评者或权威的形象出现在学生面前。另外，轻松愉快的教学氛围还要通过丰富多彩的教学组织方式来创造，教师应该有意识地选择深受学生喜爱的手段，如看光盘、听录音、做游戏、讲故事、等活动来安排教学活动，而且难度要适中，太难和太易都不利于调动或保持学生学英语的兴趣。教学也要因人而异、因材施教，让各类学生在经过一定的努力后都有成就感。

2. 双边活动的协调性表现在教师的教育方法上。成功对于每个学英语的学生而言是非常宝贵的情感体验。我们应该不断地为学生创造成功的机会，为英语教学的成功奠定基础。这种成功机会的创造往往是通过教师的教育方法表现出来的。在平时的教育教学中，应提倡鼓励、表扬，反对训斥、惩罚，尤其是对学习成绩不理想的学生不能歧视，更不能有伤害他们自尊心的言行。对他们

的要求要放宽并降低，及时表扬鼓励，增强他们的自信心，提高他们的学习热情，以帮助他们获得成功。对于学生在口头表达和书面表达中出现的错误，我主张采用提示性纠正法，这样既不会使学生感到难堪，产生受挫、失败的消极情绪，也能够使学生清楚地了解到自己表达上的错误和错误的原因。事实证明，教师尊重、理解学生的情感，学生也会同样尊重并理解教师。

三、确立信息探究目标，追求语言环境的综合性，提高初中生的语言运用能力

目前在英语学习和应用中，大家公认的问题是缺乏相应的语言环境，学了没处说，缺乏说英语的圈子，一方面使学生当初由新鲜感而产生的学习兴趣逐步降低。另一方面，又因为学了没处用而使学习的效果大大削弱。因为我们的学生学习英语，不像幼儿学习母语，可以在生活的语言环境中直接接触信息源。在学习过程中，教材是信息传播的主渠道。所以我们必须充分利用教材，创设一个教、学、用一体的综合性语言环境，促进学生积极地运用语言。

1. 英语授课创造听的语言环境。培养英语口语能力首先要从培养英语听力入手，即要在听的基础上开展说的训练，这样的顺序符合人类语言发展的自然规律。从培养听力入手要求英语教师要多为学生提供听的机会，首先教师应尽量用英语进行授课。有的教师在英语初学阶段迁就基础差的学生而降低要求，使学生处在较低水平上。显然，能否达到较理想的教学效果，关键在于教师的引导。从最终的教学目的来看，我们应以高标准要求学生，鼓励学生主动理解和积极运用，这是调动学生积极性的最佳途径，也是培养学生口语表达能力的必然途径。其次在口语教学中，要尽量让学生多听真实的英语，即以正常的语速和语音语调重现的英语，以培养学生形成正常的语感，尽快提升英语听说方面的能力。

2. 自由操练创造说的语言环境。"Practice" 是紧跟 "Presentation" 之后的一个教学阶段，它的作用是使学生尽量准确地模仿教师所说的新的语言项目，并及时强化，熟练掌握，所以操练时间不能不足。教师要在集体操练的基础上，安排学生分组、分排、分行或同桌之间进行操练，以避免操练形式单一、操练时间过长而引起学生厌烦。这种多形式多渠道的操练方式为学生提供了开口说英语的大语言环境和小语言环境。学生在这样的环境里历经了"跟读→模仿→记忆→套用→掌握→提高"的过程，为进一步进行实际语言交际打下了基础。

3. 交际活动创造用的语言环境。以前，我们总认为学生只要能跟着读、照着说，把教授的内容全记住就行了。所以教师的做法使学生总处于机械学习的被动状态。结果教师教得累，学生学得烦，本来很灵活的交际语言，学生只会背而不会用。现代英语是 Living Language，是用于交际的。学习英语要靠学生自己实践，在运用中掌握英语的特点，教师只要指导他们怎么说、怎么讲就行了。教师根据教学内容，组织好话题，提示交际情境，鼓励引导学生大胆地用所学语言知识进行自由交谈，并以参与者的身份加入他们一起交谈，并做出适时点评，保证交谈的质量。学生一旦有了成功交际的体验，说英语的兴趣和信心就会大增。教师再及时增加使用英语的机会，采用学唱英语歌曲、表演英语小节目、朗诵英语诗、开设英语角甚至举行英语晚会等形式充分调动学生的交际主观能动性和积极性，使学生在玩中使用英语，在使用过程中学会英语，满足学生自我实现的需要。

《牛津初中英语》教材与以往教材相比在语言知识方面减少了分量、降低了难度，但增加了语言容量和词汇量，对交际运用能力提高了要求。实际上，学生学英语的难度增大了，教师教英语的要求提高了。教师必须花时间理解和吃透教材的教学意图；必须花时间准备各种直观教具；必须花时间提高自己的口头表达能力。随着时间的推移、自身经验的增多，以及业务水平的提高，教师的教学工作必然会由难到易，但是如何教好初中英语仍然是一个值得探讨的课题。

参考文献：

1. 李筱菊. 语言测试科学与艺术［M］. 长沙：湖南教育出版社，1997.

2. 胡春洞. 英语教学法［M］. 北京：高等教育出版社，1990.

3. 中华人民共和国教育部. 英语课程标准解读［M］. 北京：北京师范大学出版社，2002.

4. 朱慕菊. 走进新课程［M］. 北京：北京师范大学出版社，2002.

5. 潘小华. 中小学英语教学与研究［J］. 英语新课程理念下的中考走向，2004（8）.

6. 吴子健. 上海教育科研［J］. 探究学习中教师行为改善的研究，2007（9）.

載 2010 年第 6 期《新课程学习》

浅议新课标背景下的初中英语创新教育

摘　要：为了使英语的教学质量得到更大的提高，我们教师要提高学生的英语学习创新能力，让学生在原有知识完全掌握并熟练运用的情况下，进行创造性的英语学习和表达，引导学生灵活运用所学的英语知识，提高英语学习的创新能力。

关键词：新课标，创新，创新意识

英语知识能帮助我们更好地与世界接轨，更好地与外国人交流学习。随着国际化推进的脚步越来越快，为了更好地适应国际化发展，社会对具有英语专业水平的人才有了更多的需求，对具备创新能力的人才更是有很大需求。教育部门要培养更多优秀的英语创新人才，以适应新时代社会发展的需要。英语教学新课程改革背景下，教师在教学课堂上积极培养学生的英语兴趣，使学生可以在英语学习中进行更多的自主探索，为实现创新型英语教学做更多的努力。

一、灵活运用教学手段实现英语教学的创新

（1）运用多媒体辅助教学，使整个教学过程增加了许多吸引力，为学生提供了多元化的教学场景和良好的教学环境，比如在进行动物学习时，我们指导学生动手制作头上戴的动物头像，并在图像上写上单词、音标以及词组，然后让学生模仿课堂上播放的录音用英语进行对话，以学习新的知识点。

（2）在课堂学习中多开发学生大脑，让学生结合单词联想到另一个熟悉的单词。在学习新知识时，教师可以让学生把新的知识点与学过的相关知识联系起来，使新知识掌握得更快、记忆起来更加方便，以快速准确地记住这些新知识。通过单词中某一个字母的加减或更换联想到其他的单词，使学习更有趣味性。

（3）把英语学习与实际事物相结合，现场式的教学方法让学生记忆犹新，

更多的感官刺激使英语单词便于记忆。比如利用现场的灯 light，书桌 desk，铅笔 pencil 等。生活用品、学习用品都可以拿到课堂上来进行现场教学。

二、促进学生自我探索创新学习与运用英语知识

教师要鼓励学生多自学，选取适合自己的学习方法进行探究式的英语学习，积极地进行学习和探索，从中发现更多的英语学习技巧。根据初中学生的实际情况，完全让学生自学是无法实现的，我们可以先通过英文电影、英文歌曲等培养学生的语感。在实践教学课堂上，教师要积极进行创新式的教学，使学生的英语学习更侧重于口语表达，鼓励学生在平日的生活中多积累经验。师生之间用英语对话时，进行人物角色的扮演，让学生充分发挥自己的英语表达能力，在课堂上有出色的表现。教师要把充满新意的教学方法运用到课堂教学中，加强学生英语表达能力，激励学生多与人进行英语交流。比如在学习一些水果的单词时，教师可以把家里现有的水果带到课堂上，并进行水果售卖，与学生们展开丰富的交流。教师多给学生创造这样的学习条件，学生之间的这种交流也会多起来，学生还可以依据这种方法演变出更多的英语交流活动，加入不同的场景，不同的人物来进行英语训练。教师把英语的学习过程进行创新，才能培养出具备创新能力的学生。教师要和学生一起探索更多的办法，与学生共同进步。

三、提高学生学习效率及激发英语学习兴趣

教师想要使学生的英语水平不断提高，就要激发学生的学习兴趣，并把好的学习方法教给学生，让学生把英语基础知识学得更加牢固扎实，进而提高学生的创新力。教师可以组织学生观看一些英文教育影片片段，这不仅能让学生进行一定的英语听力训练，还能使学生的发音与口语能力得以增强。教师引导学生学习英语知识还可以通过阅读英语原版图书，让学生从中得到更有价值的内容，并写一些读书的感受，这样既锻炼学生的阅读和写作能力，还能让学生从中产生更多对英语的兴趣。

四、培养学生的交流能力和翻译水平提升学生表达素养

英语的应用是很广泛的，各个方面都要用到，比如与外国人进行语言交流，邮件的查看和回复，还有翻译工作等。初中的英语内容相对来说比较容易接受，学生们在接触时也比较容易学会，教师要对学生负责，让学生的学习更多地与实践活动相结合。学生想要英语表达能力强，要先把单词、词组学好，把基础

知识掌握扎实；要从简单的对话开始，慢慢加强阅读，在掌握了课文内容结构和大量的单词用法之后，可以进行基础的英语写作训练。通过教师与学生的共同努力，使实践教学在整个教学过程中发挥重要的作用。根据初中学生对西方文化好奇心强的特点，教师应多给学生补充西方文化背景知识，让学生增加更多课外的知识，这对学生以后进行英语交流也是有一定帮助的。

五、多进行听力学习和反复训练，帮助学生更好地掌握英语

教师在开始下一个单元的学习时，应该在第一节课上提出这个单元的重点，把重点学习的教学用语、英语难点句型提出来让学生对这些句型多说、多看、反复练习，从而使难点知识更容易掌握。教师若能做到举一反三，学生在学习时就会更轻松，能更好地掌握这一单元中每个句型的变化，更好地理解和运用所学知识。

总之，培养英语创新型人才是适应社会和时代发展的需要。只有新型的创新教学方法才能够培养出具有时代创新能力的热爱探索、善于交流的高素质英语全能人才。

参考文献：

［1］王强．高中数学课堂如何培养学生创新意识［J］．新课程（中学），2015（12）．

［2］赵然．行走在教育创新的路上——且行且悟［J］．新课程（中学），2016（1）．

载 2016 年第 10 期《中华少年》

新课程标准下初中英语情境教学探析

摘　要：所谓情境教学，就是着重于学习语言的真实情境，在学生学习语言的过程中创设语言情境，以锻炼学生的听说能力为目的的一种教学方式。

关键词：新课标英语，情境教学

一、创设良好的学校英语学习环境

在英语课堂上，英语老师不是死搬硬套课本上的知识，而是更多地注重和学生的交流沟通。教师可以创设更多的生活情境，如看病、指路、问候、购物、邀请亲友、打电话等。此外为了学生更好地学习并掌握英语，学校不仅可以在学校设立英语角、英语班牌、谚语、英语黑板名人名言等营造一个良好的英语学习环境，还可以成立英语活动周或者英语活动月，在这个时间段规定必须用英语进行简单的日常交流。例如，当老师或学生进出校园时，值日的学生可以用简单的英语跟学生或老师打招呼，类似"Hello，Nice to meet you!"这样一些简单的日常问候和交流，不仅使人与人之间有了更多的沟通，还能形成一个良好的英语学习氛围。

二、多方面创设学习情境

英语学习主要是在课堂上，教师应该好好利用课堂教学。要让学生们更好地利用所学语言进行交流，就必须多方面创设学习情境。虽然在我们的日常教学中能够创设很多不同的情境，但是这些语言情境大多是教师们想出来的，有一些并不具备实际意义，这在一定程度上影响了教学效果。因此，在我们短短几十分钟的课堂上，教师应该尽可能创设更多的与实际相符合的真实语言情境，利用不同的教学方式开展不同风格的教学活动，目的主要是掌握新知识，巩固旧知识，使学生对知识的掌握更牢固。

1. 在音乐中学习

音乐能够带动人的情绪，在英语课堂上，我们可以通过对英文歌曲的欣赏和歌唱减少学生对英语学习的畏惧心理，还可以缓解学生因学习压力而产生的忧虑紧张情绪，避免单纯学习语言语法的枯燥无味，培养学生对英语学习的兴趣，陶冶学生的情操。最主要的是这样做不仅可以锻炼学生的听力，增加学生的词汇量，而且学生在记住英文歌曲的同时也记住了歌词中的单词。而且在这样一个轻松欢快的课堂上学习，不仅学生能够更好地学习英语，老师还能增加和学生的沟通，使教学效果最大化。

2. 边玩边学

学生都好玩，我们可以结合学生的这种特性，在英语的教学中开展各种游戏活动，使学生在玩耍中学习英语。在玩耍中，学生的注意力被游戏的乐趣吸引，在这样的情境下进行教学不仅能充分发挥学生的聪明才智，刺激学生的想象力，还能够充分锻炼学生的思维能力，学生的英语水平自然会得到提升。

三、将知识灵活应用到生活中

我们学习语言的最终目的是在生活中学以致用，所以，为了锻炼学生的实际英语水平，必须将英语的学习从课堂上搬到生活中，从课堂教学走进室外教学。教师应该注重学生的语言实践能力，通过开展各类英语活动，如英语故事比赛、英语演讲赛、英语角等，鼓励学生在生活中大胆地用英语交流。不仅仅是学生和英语老师用英文交流，同学与同学之间也尽量用英文交流，更多地去体味、去探究、去思考英语的实际运用，从而有利于学生更好地学习英语。

四、多组织课外活动

教师在课堂上可以结合电教手段，为学生营造更好的语言环境，激发学生在学习中的非智力因子，使学生对英语的学习更具激情，提升语言学习的主动性。同时将现代的信息技术应用到课堂上，充分利用形象的光盘、录像、CAI课件、动漫，为英文教学提供实际的语言学习例子，可以比较直观地进行教学活动，同时使得学习更加生动形象，更好地为情境创设服务。这样不仅教授了学生应学的知识，还充分吸引了学生的注意力，使学生投身其中，使教学效果更好。此外，教师还应多组织各类课外活动，在日常生活中创设更好的英语学习环境。如举行创作英语课本剧、制作手抄报、英语书法比赛、英语朗诵比赛，等等。学习的语言被投入使用，学生才能体会到学习的价值。学生自己开口说英语，做到学以致用，全面地认识、了解、学习、应用英语，能增加他们对英语学习的自信心、挑战欲和成就感。

教师在情境的创设中，不仅要做到情境和实际生活相关联，而且要尽量使学生需要解决的问题和解决问题的方式在情境下更具真实性。这样的情境创设真实直观，学生根据实际经验可充分调动已有的知识结构中相关的知识和表达能力，充分发挥个人的想象力和思维能力，从而更自主地进行英文学习，更好地将所学的知识与内心的想法结合起来，做到真正意义上的学以致用。

情境教学不似普通教学只需要传授课本知识，而是要融入更多的东西在里面，关于情境创设，不管是什么形式，教师必须投入精力在其中，这无疑加大了教师的教学负担，但是综合情境教学的种种优点，这样的付出与投入是值得的，能够使学生在英文的学习中事半功倍。

参考文献：

[1] 屠丽芳. 新课程下初中英语课堂情景创设教学策略探析 [J]. 都市家教（下半月），2010（3）：122.

[2] 王晓梅. 初中英语情景教学创设策略探析 [J]. 中学英语园地：教研版，2011（10）：41-42.

[3] 张晓敏. 探析初中英语教学中如何实施情境教学 [J]. 软件（教育现代化）（电子版），2013（8）：145.

载 2014 年第 7 期《中学生英语》

在英语课堂教学设计中突出"以学生为本"的教学理念

—— 一节 Project 研究课教学设计与反思

摘　要： 结合八年级学生英语学习特点，在英语课堂教学设计中突出"以学生为本"的教学理念。以英文信息文件夹的设计为教学任务，加强和重视项目研究课的教学。

关键词： 分析，设计，过程，反思

《牛津初中英语》每一个模块之后都安排了 Project 版块（项目课），提供与该模块话题相关的材料，让学生运用英语通过小组讨论、分工合作、查找资料等形式完成一项任务，最后呈现学习效果，从而培养学生的综合语言运用能力。本节课就是一节精心设计的 Project 版块教学研究课。

一、学生分析

八年级的学生掌握了一定的词汇和语法知识，具备了一定的英语听说读写译的能力，已经基本适应中学英语的教学模式，对英语学习也有较为浓厚的兴趣，但两极分化现象也很严重。激发学生学习的内在动力，使学生积极主动地学习，是防止分化的一个重要方面。八年级的学生如果能听懂老师和同学说的英语，自己能用英语做简单的事，他们就会感到有收获，兴趣就会产生。对自己伟大的祖国，学生非常熟悉也非常地热爱，接到要为上海世博会设计一个宣传中国的英文信息文件夹的任务，他们既兴奋有这样一个机会，又怀疑自己的能力。事实上，学生在日常生活中运用英语解决问题的能力与信心普遍缺失。本课设计涵盖了对学生听、说、读、写等诸方面能力的培养，结合学生的实际情况安排了一些由易到难的任务，鼓励学生进行自主学习和合作学习。

二、教材分析

这节课是译林出版社《牛津初中英语》8B 模块一的最后一个课时 *An Information Folder*。模块一前面的学习提高了学生的发展与开放意识。学生普遍认识到一个地区或国家的发展与富强，除了自身努力外，还要做好对外宣传，树立自身良好的形象。本模块的 Main Task 有写家乡的变化、有写最难忘的假期、有写最喜爱的游戏，学生在完成这些任务的过程中，逐步提高了自己的观察能力，体会到资料收集的重要性，培养了逻辑思维能力，增强了做事的条理性。为了进一步地训练学生的思维，充分挖掘学生的潜能，本节课的任务定位在为上海世博会设计一个宣传中国的宣传画册即英文信息文件夹。这是一节很具有挑战性的综合技能活动课，教者的指导和充分铺垫是活动顺利进行的关键，因此教师要在课堂上补充相关的语言素材供学生参考。如指导学生阅读介绍澳大利亚、韩国的英语文章，让学生从内容上比较与吸收；指导学生欣赏澳大利亚、韩国的英语宣传画册，让学生对英文信息文件夹的形式有感性的认识。

三、教学目标

本课核心任务是要求学生用英语为中国设计一个信息文件夹，提高学生对祖国语言文化、历史地理、人文风俗、气候景观、节日饮食等方面的了解与热爱程度。按照新课标的要求，主要确立以下教学目标。

1. 文化意识目标

向学生介绍澳大利亚和韩国的人文地理、风俗景观等。

2. 语言技能目标

提高学生运用英语的能力，训练学生的思维和语言迁移能力。

3. 学习策略目标

学会利用网络、报纸、杂志等资源查找有关的信息；训练学生记录要点、整理要点的意识；提高与老师交流、小组互动的意识和能力。

4. 阅读技能目标

培养学生的阅读技能，帮助他们获得有用的信息。

5. 情感态度目标

鼓励学生用英语交流，让他们谈论信息文件夹的设计思路与形式创意。通过交流，他们一方面可以提高口语表达能力，另一方面能增加学习英语的信心。

四、教学策略

1. 任务型教学策略

任务型教学是"以学生为本"的教学。本节课的任务是为上海世博会设计一个宣传中国的英文文件夹。在任务驱动下学生会主动去调用已有知识，并积极与同伴进行自主、合作、探究学习，以便更出色地完成任务，在这一过程中学生始终处于积极的状态。

2. 活动型课堂策略

教育者都相信让学生参与学习过程非常重要。事实上，学生非常喜欢参与英语活动。在活动中，学生能够运用英语解决问题，体验合作学习的快乐。Project 版块教学通常分选定项目、制订计划、活动探究、作品制作、成果交流和活动评价六个基本步骤。本节课注重让学生参与学习过程，遵循循序渐进的原则设计活动，让学生逐步体验成功的喜悦。

3. 辅助手段和媒体

准备好介绍澳大利亚、韩国的英语文章（on paper）以及澳大利亚、韩国的英语宣传画册（by PowerPoint）。在教室布置上，把四组学生分为 Group 1A，1B，1C，1D；Group 2A，2B，2C，2D；Group 3A，3B，3C，3D；Group 4A，4B，4C，4D 等十六个 4 人一组的学习小组，组员围桌而坐。

五、教学过程

Step 1 Input and intake（20 minutes）

1. Task：You are invited to design an information folder about China's present and future for EXPO 2010 Shanghai China.（1 minute）

2. Input and intake（19 minutes）

（1）Propaganda album demonstration（5 minutes）

Show examples of propaganda albums of Australia and Korea for students to grasp a concept of propaganda albums for a country.

Then discuss：What makes a good information folder?

Tips for a good information folder：

①Include an eye–catching heading and a brief introduction, with related pictures attached.

②An effective information folder involves not only "what to say" but also "how to say", so discuss how to make your information folder effective and attractive.

③Try to make your propaganda English simple, easy, attractive, interesting, vivid, visual and emotional.

◇设计说明：考虑到学生对信息文件夹的设计比较陌生，让学生欣赏一些国家的宣传画册并点拨宣传画册的常见特点，这样能给学生带来最直接的感性认识，为学生在信息文件夹设计的形式上提供思路，同时也能激发学生的设计兴趣和设计灵感。

（2）Reading（14 minutes）

Give out two articles introducing Australia and Korea to the students.

①Each student in each group reads these two articles once.（教者要做好 intake 的设计，对文章中的长句、难句进行必要的说明与解释，帮助学生充分理解文章。）

②Exchange information：What makes these countries attractive to visitors?

③Discuss：What makes China attractive?

What will China be like in the future?

④Share designs with partners.

◇设计说明：要给学生充足的时间阅读、吸收、比较、交流与讨论，为之后的信息文件夹设计做好内容的准备。在这一环节，学生不仅提高了用英语获取信息、处理信息和解决问题的能力，还训练了自身的创造性思维能力，这是学生的自主性学习、合作性学习和探究性学习。

Step 2 Output（22 minutes）

1. Make an information folder for China. Get the students to work in a group to design the information folder.（15 minutes）

（1）Discuss the following questions：

What makes today's and tomorrow's China attractive to visitors?

（List at least five most interesting features）

What is the central message to put in the information folder?

What pictures are you going to put in the information folder? Where?

（2）Assign tasks（designing, editing, drawing and writing）among the group, and then let them get down to making the information folder.

Useful questions：

How big, how many people, what language and how is the weather?

What's the capital and the largest city?

Are there any famous mountains and rivers?

What are the most famous places?

What special food and special festivals? …

◇设计说明：通过 Step 1 的铺垫与准备，学生已经有了创作与设计的冲动，但学习小组内还需要针对这个为上海世博会设计的宣传中国的信息文件夹的具体内容和形式风格再做商榷，并根据各人特长进行分工协作。要提醒学生用英语讨论，教者在适当的时候可以提供必要的帮助。这是一种创造性的活动，学生边动脑、边动口、边动手，参与的积极性被充分地调动了起来。在小组合作之下一个个宣传中国的信息文件夹呼之欲出……

2. Presentation（7 minutes）

Some groups show and briefly introduce their information folders to the class and talk about China.

Teacher and the other groups can give comments.

◇设计说明：这时候的学生情绪空前高涨。作品的演示传递的是创意，作品的欣赏带来的是享受。教者可以从小组成员的合作意识、作品的创意与内容等方面对学生进行表扬与鼓励。

Step 3 Summary and homework（3 minutes）

1. How to design an information folder?

2. How to improve your information folder together?

◇设计说明：学生在完成了自己的信息文件夹并欣赏了他人的作品之后，都渴望完善自己的作品。教者适时地提出下节课对十六个信息文件夹进行评奖，进一步激发学生的学习与参与热情。

六、教学反思

反思一：谈到 Project 版块教学，不少教师认为这一部分与升学考试没有什么关系，可有可无，对这一版块的教学效果持怀疑态度；还有部分教师认为该版块的任务和活动超出了学生的认知水平，缺乏可操作性，常常自行"删除"这部分内容。其实 Project 版块教学任务型强，活动多。教师若能精心设计，教学过程中真正突出学生的主体地位，相信各个层次的学生都会积极地参与到教学活动过程中，都能亲身经历合作学习和知识建构的过程，从而达到提高自身综合语言运用能力的最终目标。

反思二：在这节课题研究课上，学生从看读到讨论，从设计到呈现，师生互动、生生互动，课堂气氛非常活跃，学生深刻体会到了运用英语解决问题的乐趣。本节课的重点其实并不在比较学生设计的信息文件夹孰优孰劣，而在于培养学生学习英语的信心，增加学生学习英语的动力。综合能力强的小组设计出的文件夹图文并茂，信息量大，内容丰富；综合能力较弱的小组虽然也在规定时间内完成了信息文件夹的设计任务，但质量明显不如其他小组。不过，对每一个学习小组来说，最大的收获就是每个学生都获得了英语学习的信心和动力。

反思三：对于学生的评价由点到面，关注细节，学生保持很大的兴趣和激情，这也是最大的成功。本节课也存在不足之处，本节课教者如能以自己事先设计好的信息文件夹作为示范，相信会有意想不到的效果。有个想法，课后应该鼓励学生用电脑制作出宣传中国的电子信息文件夹。精选一两件作品放在学校甚至有关部门的网站上，相信对学生会有更大的触动与激励。

反思四：这节课另外一个值得反思的地方就是小组合作学习并没有达到预期的效果。小组合作学习是相互合作、共同发展的过程。为了使自己的学习效果得到组内其他成员的认可，学生会努力挖掘自己的英语潜能，主动参与学习，使合作学习更加顺畅。所以说，小组合作学习就是一个自我激励、自我监控、自我完善的活动过程。但事实是，有些英语基础差的学生，想参与想合作，但心有余而力不足，更多的是观望、附和与等待。这时，教师要进行适当的调控与介入，为这些"学困生"提供有益的帮助。但具体该怎样开展指导，还需要进一步学习与实践。

反思五：Project 版块是课堂学习内容的补充与应用。学习小组围绕具体的学习项目，在实践体验、讨论探究中建构较为完整而具体的语言知识，形成专门的语言技能。所以 Project 版块教学不仅不能淡化、忽视，还要加强、重视。

参考文献：

[1] 钟启泉. 基础教育课程改革纲要（试行）解读 [M]. 上海：华东师范大学出版社，2001.

[2] 中华人民共和国教育部. 英语课程标准（实验稿）[M]. 北京：北京师范大学出版社，2001.

[3] 朱慕菊. 走进新课程 [M]. 北京：北京师范大学出版社，2002.

［4］张金秀. 对教学设计内涵的理解及实践诊断［J］. 中小学外语教学，2008（8）.

［5］蒋桂芬. 合理利用 Project 版块培养学生的综合语言运用能力［J］. 中小学外语教学，2010（3）.

载 2012 年第 4 期《英语研究实践》

着力提高初中生的英语综合阅读效能

语言教学的目的是培养学生运用这种语言的能力，而阅读恰恰是提高运用语言能力不可或缺的手段之一。阅读理解能力影响并制约着学生听、说、读、写能力的形成与发展。《英语课程标准》也把培养学生的阅读能力作为一个主要的教学目标。但从实际情况来看，阅读理解又常是学生感到困难的部分。这种现象反映了许多问题。我认为最主要的有两个：一是没能很好地掌握英语阅读理解的技巧、策略和方法；二是语言基本功不够扎实，阅读量小、阅读训练少，对句子与篇章的理解不够透彻。所以切实培养和提高学生的英语阅读理解能力已成为广大初中英语教师的一项重要教学任务。

一、强化学生的阅读语能，帮助学生自主性地进行阅读理解

所谓阅读语能即处理语言形式的能力。《基础教育课程改革纲要》上明确指出："要培养学生收集和处理信息的能力、分析和解决问题的能力以及交流与合作的能力。"

随着信息时代的到来，阅读内容更趋于信息化、时代化，突破了单一的故事、寓言等题材，内容涉及新闻、广告、科普、医疗、教育等，文章的体裁也从记叙文扩大到产品说明、旅游广告、逻辑推理、个人简历等文体。

从近几年全国各地的中考试卷的阅读部分来看，阅读理解的语篇选择，既能引人入胜，又有时代特色，突出了对文章的整体理解，也出现了《英语课程标准》中没有的但教材中出现的语法现象，让学有余力的学生通过逻辑思维、情景联想、判断推理等方式完成有一定难度的题目，从而考查了学生捕捉信息、理解信息、运用信息解决问题的能力，体现了"学以致用"的原则。

那么如何强化学生处理语言形式的能力呢？我想首先是要帮助学生树立正确的阅读理念。阅读的最终目的绝不是为了考试，而是获取知识，学习语言，便于交际。阅读理解能力的提高不可能一蹴而就，而要循序渐进、持之以恒。

其次是要引导学生养成良好的阅读习惯。好的开始是成功的一半。从一开始就要倡导学生"专心阅读、轻松阅读、享受阅读",遇到生词难句猜测推理、分析推敲,还可用笔适当地做些记号。读完之后必须回味思考。再次是要提高学生的阅读速度。平时要多培养学生的扫读能力(Scanning),在扫读过程中寻找关键句,不纠缠于个别词或词组。最后是要适当增加学生的阅读。要求同学们要具有较大的词汇量、广阔的阅读面、较强的阅读理解能力和较快的阅读速度。怎样才能达到这样的要求呢?我认为让学生多读课外读物是最好的途径。《英语课程标准》要求初中毕业生除教材外,课外阅读量应累计达到15万个词以上并有广泛的阅读兴趣及良好的阅读习惯。读过5万词的学生与读过15万词的学生,在语言的感悟能力、认知能力,对文字的理解能力以及理解的速度方面都是有差异的。同样的阅读量,对于基础不一样的学生来讲,不一定能取得同样的效果。但是,对于同一个学生来讲,不同的阅读量肯定会产生不同的学习效果。这就是《英语课程标准》刚性强调了阅读量的缘故。培养学生的阅读理解能力,必须加强课外阅读训练,使学生在阅读实践中提高能力。从上面提到的几个方面入手能有效地消除学生阅读的盲目性。教师在选择阅读训练材料时也力求生动有趣,由浅入深,由易到难,让学生乐于读、勤于读、善于读。学生在阅读过程中学会了读什么、怎么读,从而提高了自主学习能力,能够更加积极主动地进行适合自身能力提高的阅读活动,这将使他们受益终生。

二、丰富学生的阅读才能,帮助学生有兴趣地进行阅读理解

所谓阅读才能即处理语言意义的能力。要注意提供学生阅读才能所涉及的内容,注意学生是否具备文章内容的背景知识以及学生对这些内容的兴趣如何。阅读理解能力的强弱与学生自身具备的知识结构有关。一个拥有社会、文化、风土人情、天文地理、历史等方面知识的学生,在阅读有关内容的英语文章时,要比不具备这方面知识的学生轻松得多,理解也会透彻得多。他们不仅能够理解文章中所涉及的内容,而且还能把这些内容与书本之外的有关信息联系起来,从而达到对文章真正意义上的理解。所以我们在指导学生阅读文章之前,要根据文章的不同内容和不同体裁,适当地讲解一些与文章有关的背景知识,帮助学生了解阅读材料的内容,激发学生获取信息的兴趣和欲望。如译林版《初中英语》7 上"Let's celebrate!"这一单元,话题是关于 Halloween(万圣节前夕)的。不少初中生可能只知道"万圣节"是西方的一个宗教节日,而对于其他相关的知识却知之甚少。我们就可以告诉学生在西方国家,每年的 10 月 31 日,

有个"Halloween"，辞典解释为"The eve of All Saints' Day"，中文译作"万圣节之夜"。万圣节是西方国家的传统节日。这一夜是一年中最容易"闹鬼"的一夜，所以也叫"鬼节"。古代的凯尔特人相信，故人的亡魂会在这一天回到故居地在活人身上找寻生灵，借此再生，而且这是人在死后能获得再生的唯一希望。而活着的人则惧怕死魂来夺生，于是人们就在这一天熄掉炉火、烛光，让死魂无法找寻活人，又把自己打扮成妖魔鬼怪把死人之魂灵吓走。随着时间流逝，万圣节的意义逐渐起了变化，变得积极快乐起来，喜庆的意味成了主流。死魂找替身返世的说法也渐渐被摒弃和忘却。到了今天，象征万圣节的形象、图画如巫婆、黑猫等，大都有友善可爱和滑稽的脸。顺便给学生讲授 Halloween，pumpkin lantern，trick or treat 以及 special day 等相关词语，还可播放一些幻灯图片，让学生感受万圣节之夜的气氛。这样学生既学习了语言，又增加了自己的背景知识储备。此时向学生介绍"How do the Western people celebrate Halloween?"就容易激发他们的阅读兴趣，导入新课也就显得更加自然、更加顺理成章。

三、拓展学生的阅读智能，帮助学生有目的地进行阅读理解

所谓阅读智能即达到交际意念的能力。阅读智能在整个英语阅读活动中自始至终起着重要作用。它包括猜词悟意、推理阅读、概括阅读和预测阅读等能力。例如，就猜词悟意智能来讲，缺词填空应是最好的训练学生根据上下文猜测词义能力的专门练习。当然这项练习要想做起来得心应手，必须要经历大量的阅读训练才行。

现行的初中英语教材话题多、体裁广，信息量大，内容丰富、生动，突出培养学生的语言运用能力和交际能力。我们在教学中要以话题为中心，深挖教材，引领学生粗读、细读、精读，注重培养学生的阅读理解能力。对于情节有吸引力的阅读材料可采用以下方式实施教学。一是限时阅读，粗读理解大意。加快阅读速度能快速掌握文章大意，为以后阅读英文报刊、科技文章以及英文原著打下良好的基础，从而达到真正掌握和运用英语的目的。首先要求学生在限定的时间内读完课文，接着引导学生复述文章的大意，同时通过板书对学生复述的事实进行归纳。可根据学生的实际要求学生进行全部复述或部分复述，这样学生既理解了课文的内容，又练习了文章概括能力和口头表达能力。二是讲练并举，细读理顺文章。在学生掌握大意的基础上，引导学生注意文章的细节，就文章内容进行问答练习，使学生更好地把握细节。然后可就教材内容限

时让学生完成相关的练习，通过这些练习，学生对所学内容应该更熟悉、理解得也会更好。三是指导学法，精读理解句义。在教学过程中，注意培养学生根据语境或构词法推测词义和理解句义的能力。要求学生阅读时遇到生词或多义词尽可能通过上下文猜出词义，从而正确理解全句的意思。如可根据构词法理解词义、根据猜测理解词义、根据上下文理解句义等。四是巩固运用，培养交际能力。为培养学生的语言交际能力，进行适当的练习是很有必要的。积极鼓励学生在通读全篇课文的基础上，根据语言情景和交际环境编出对话练习。这样学生既能理解文章的意思，又能结合应有的知识进行语言交际的训练，从而真正达到拓展阅读智能的目的。

四、提高学生的阅读技能，帮助学生高效率地进行阅读理解

所谓阅读技能即阅读文章的策略与方法。做任何事情都要讲究策略与方法，英语阅读也不例外。实践证明：使用有效的阅读策略和方法，可以增强学生阅读理解的实效，特别是增强英语基本功较为薄弱学生的学习效果，使其阅读理解能力有或多或少的提高。提高学生的阅读技能，可以从以下六个方面入手。一要加强方法指导。指导学生在平时的阅读过程中，遇到生词要坚持"一猜二查三背诵"的原则，即先根据上下文推测生词含义，如该词确实影响理解而又猜不出含义再查字典，查出后最好记录下来以便反复记忆。长此以往一定能拓宽词汇量和短语量。二要调整阅读难度。俗话说，"知之者莫如好之者，好之者莫如乐之者"。我们可以根据教材和学生实际，设计出难度不同的开放性阅读练习，让学生自主选择、自主阅读、自主发展，让他们在学习中产生乐趣，在学习中不断激发自身的求知欲望。三要组织相互交流。如举行阅读竞赛，可分为速度赛（比时间）、成功赛（比准确率）、能力赛（比难度），使学生了解彼此的阅读优势，认识自身的不足，互相取长补短。让学生认识到：你在这点行，我在那点行，只要有努力，我们都能行。从而促进阅读理解能力的提高。四要引导探究思考。在练习阅读理解过程中，启发学生对自己的阅读过程和阅读效果进行反思，如反思我为什么这么理解、有何依据等，引导学生回味文章内容、探究文章内涵、思考文章主旨。五要开发阅读资源。除教材外，选一本与教材难易程度相近的有练习的课外读物。这类书往往文章短小有趣，可读性很强，又有练习检测阅读效果。同时指导学生看一些英文广告、英文包装说明书、宾馆饭店英文提示语，听一些英文歌曲，看一些原版大片，让学生在校内校外都能学习英语，享受英语带来的乐趣。六要引进激励机制。我们结合学校少先队组织的雏鹰奖章活动，在"英语阅读章"下增设三枚子章。定期进行考核，"小读者章"颁给能阅读英语小短文的学生；"小学者章"颁给能阅读各种文体且有一定难度的英语材料的学生；"小文豪章"则颁给能阅读名著简易读本的学生。引进激励机制的目的是鼓励学生积极参与阅读，倡导学生自己和自己竞争。

　　要想提高初中生阅读英语文章的综合能力，必须经过长期的、大量的、广泛的阅读，只有这样才能让学生逐步积累知识和经验，才能养成良好的语感，从而达到优化阅读效能的目的。从这一角度来讲，我们的初中英语教育工作者还有许多工作要做，还有许多问题值得我们去思考、去探究、去实践。

载 2007 年第 7 期《英语大课堂》（教师版）

解题指导

补全对话一点通

补全对话是英语测试中常见的题型，旨在通过书面表达来考查学生的口语能力。试题的形式是提供一个情景对话（通常是学生比较熟悉的情景），从中抽去一些单词或句子，要求学生根据对话的内容，在空白处填入适当的单词、词组或句子，使对话完整、合乎情景。

【考点与方法】嗯……现在……我们讲一讲……

补全对话的考点除了问候、介绍、告别、打电话、感谢和应答、祝愿或祝贺和应答、意愿、道歉和应答、遗憾和同情、邀请和应答、提供帮助等和应答、请求允许和应答、表示同意和不同意、表示肯定和不肯定、喜好和厌恶、谈论天气和购物、问路和应答、问时间或日期和应答、请求、劝告和建议、禁止和警告、表示感情、就餐、约会、传递信息、看病、求救、语言困难、常见的标志和说明等交际项目外，还包括词汇（特别是出现率较高的动词、名词、形容词）、语法、惯用法以及文化背景常识。它强调在语言运用的层次上实现知识向能力转化的综合测试目标。

目前常见的补全对话的考试题型主要包括以下几点内容：

1. 根据对话内容，从方框内所给的选项中选出能填入空白处的最佳选项；

2. 根据对话内容，从方框中选择适当的单词或词组填空，使对话内容完整正确；

3. 根据对话内容及首字母提示，填入所缺单词，使对话完整；

4. 根据语境，用恰当的语言完成对话。

补全对话的应试方法主要有以下三种。

1. 以教材为线索，归纳、综合、跨册复习。现行《牛津初中英语》每个单元的话题都为我们提供了很好的训练材料。可以从各个单元语篇的交际功能、谈话方式、语境文化等方面着手，展开复习。

2. 以近两年中考题型为线索进行专项强化训练。

3. 了解英语国家的社会文化、风俗习惯，提高交际的准确性。

【思路与技巧】教你一手，怎么样？

针对补全对话的命题特点，建议分三步来解题。

1. 通览对话，了解大意。大部分补全对话的特点是提供一篇完整的对话，要求在一定的语境中运用所学的语言知识补全空档。为了不打乱信息之间的逻辑关系，正确理解对话大意，应该跳过空档，先通览对话，概略地了解对话的功能意念、背景、情节等，同时对空格所要填的单词、词组或句子进行试探性的猜测。

2. 逐句细读，确定内容。在了解对话大意的基础上，再从头开始逐句边细读边分析，概括上下文情景，选择语法正确、语义贴切的内容填入。对于没有把握的可暂且搁置一边，先接着往下读，然后再回头来补填。

3. 复读全文，验证答案。每个空档中内容都填好后，所缺的信息补全了。这时还要再认真仔细地阅读整个对话，对所有的答案逐个复查，目的是检查答案是否合理，是否符合语义、语法和惯用法，是否能自然融入语篇，是否使对话通顺流畅。对极个别确实没有把握的，也千万不能空着，要尝试依据一定的条件和语境进行猜测。

【训练与拓展】一不留神，就把这部分内容掌握了。

训练与拓展一

根据对话内容，从方框内所给的选项中选出能填入空白处的最佳选项。

Mom：Jim, you said you would not stay out late after school, didn't you?

Jim：Yes, mom, I did.

Mom：But it's 10 o'clock now. __1__

Jim：Sorry. I've been to the hospital.

Mom：What? __2__

Jim：No. I sent Jack to the hospital.

Mom：Oh, really? __3__

Jim：He had a terrible headache on the way home.

Mom：Is he better now?

A. What should I do?
B. Thank you, mom.
C. Where have you been?
D. Yes, he is.
E. What was wrong with him?
F. Were you sick?
G. Where is the hospital?

Jim： __4__

Mom：Good for you, my dear! I'm very glad you can help others.

Jim： __5__

【解析】

1. 本题选 C。根据下文"我去医院的"判断得出。

2. 本题选 F。结合上下文，尤其是下文"不，我送 Jack 去医院的"，判断是问"你病了吗?"

3. 本题选 E。因为下文是介绍 Jack 的病情。

4. 本题选 D。上文是一般疑问句，只有选项 D 符合条件。

5. 本题选 B。对于上文的夸奖，理所当然回答"谢谢"。

训练与拓展二

根据对话内容，从方框中选择适当的单词或词组填空，使对话内容完整正确。

> continue, long, taught, helped, won, played, club, many, since, practise, older, old

Reporter：Congratulations! You just ___1___ the first prize in the City Tennis Competition.

Michael：Thank you.

Reporter：Michael, how ___2___ are you?

Michael：Seven.

Reporter：Seven! How ___3___ have you played tennis?

Michael：___4___ I was three.

Reporter：Who ___5___ you how to play?

Michael：My father. And I take private lessons, too.

Reporter：Here at the tennis ___6___ ?

Michael：Yes, I've taken lessons here for two years.

Reporter：How ___7___ days a week do you play?

Michael：About three or four. I want to ___8___ every day, but my parents say three or four days is enough.

Reporter：Are you going to ___9___ with your tennis?

Michael：Uh－huh. I want to be a professional tennis player when I'm ___10___ .

Reporter：Wish you greater success！

Michael：Thank you.

【解析】

1. 本题填 won。下文的"一等奖"是最好的提示。

2. 本题填 old。根据下文的 Seven，判断是问岁数。

3. 本题填 long。根据本题句子结构只有 How long 符合语境。

4. 本题填 Since。"从我三岁起"表达的就是一段时间。

5. 本题填 taught。根据下文"我也上私课"，猜测"谁教你打网球"。

6. 本题填 club。"在网球俱乐部"符合语境。

7. 本题填 many。"一周多少天"是正确的搭配。

8. 本题填 practise。结合语境，只有"练习"讲得通。

9. 本题填 continue。"继续某件事"用 continue with sth.。

10. 本题填 older。根据语境，Michael 是说"我再大些，想当一名职业网球运动员"。

训练与拓展三

根据对话内容及首字母提示，填入所缺单词，使对话完整。

Wang Ping is from a poor village in China. He has an eye problem. He is now talking to a doctor of the flying eye hospital.

Wang：What is the flying eye hospital?

Doctor：We doctors in this hospital fly to different poor places. People w___1___ eye problems can come to us.

Wang：What do you do?

Doctor：We give medicine to the p___2___ or do operations on them.

Wang：I started to have problems with my eyes w___3___ I was seven. Now, I c___4___ see things clearly. Can you help me?

Doctor：We'll try our b___5___.

Wang：My parents don't have enough m___6___ for the medicine or the operation.

Doctor：We get donation from all over the w___7___. That means you don't h___8___ to pay!

Wang：I r___9___ want to be able to see my parents and you clearly.

Doctor：We'll b___10___ you new hope and light.

【解析】

1. 本题填 with。意思是"有眼疾的人可以来我们这儿"。

2. 本题填 patients。根据上下文推断是"病人";根据下文 them,说明要用复数。

3. 本题填 when。时间状语从句"当我七岁时"。

4. 本题填 cannot。根据语境知道"现在,我不能清晰地看到东西了"。

5. 本题填 best。固定词组"尽我们最大的努力"。

6. 本题填 money。根据本句语境,结合下文 give donations,得出答案是 money。

7. 本题填 world。固定词组"全世界"。

8. 本题填 have。"我们得到全世界的捐款"意味着"我们不必付钱"。

9. 本题填 really。根据语境判断用程度副词"真的;确实"。

10. 本题填 bring。意思是"我们将给你带来新的希望和光明"。

训练与拓展四

根据语境,用恰当的语言完成对话。

Lin Tao is going to school to take the last exam. He meets one of his neighbours.

Neighbour:Hi, Lin Tao! Did you see the football match to the World Cup last night?

Lin Tao:＿＿＿1＿＿＿I was busy with my entrance exam.

Neighbour:What a pity! It was really wonderful!

Lin Tao:Really? ＿＿＿2＿＿＿

Neighbour:Germany and Japan.

Lin Tao:Germany won the match, didn't they?

Neighbour:＿＿＿3＿＿＿The Germany Team is always strong. I love it very much.

Lin Tao:I love the team, too. I hope Germany can go further! Oh, my god! It's a little late.

Neighbour:＿＿＿4＿＿＿

Lin Tao:Yes. I will take the last exam this afternoon.

Neighbour:＿＿＿5＿＿＿

Lin Tao:Thank you. See you!

Neighbour:See you!

【解析】

1. 本题填"No, I didn't",根据下文"我忙于入学考试",可知用否定回答。

2. 本题填"Between which teams? / Which two teams played the game?"根据下文 Germany and Japan,推断问题是"比赛在哪两支队伍之间进行"?

3. 本题填"Yes(Of course), they did."。肯定回答符合下文意思。

4. 本题填"Do you have to / Must you go(to the exam) now?"根据回答本题用一般疑问句。

5. 本题填"Good luck(in the exam) / Best wishes(for your exam) / I hope you'll(can) pass the exam(get a good result in the exam) / I wish you a good result"。结合上下文,判断本题应该是一句祝福语。

载 2007 年第 4 期《英语大课堂》

跟着话题学写作（八年级下册）

Unit 1　Past and present

写作指导

本单元话题主要围绕"家乡变化"展开，写作时可分为三段来写：

第一段：开头（说明家乡变化大，如 Great changes have taken place in my hometown over the years. ）

第二段：主体（可以从"衣、食、住、行、环境"等五个方面进行过去与现在的对比）

第三段：结尾（评价与愿望，如 Now my hometown is a good place to live. I hope it will be more and more beautiful. ）

材料积累

◇常用单词

past, present, just, since, ever, northern, married, wife, husband, block, over, turn, pollution, factory, waste, realize, change, improve, situation, however, impossible, before, after, lonely, anyway, yet, recently, environment, transport, condition, abroad, communicate, communication, etc.

◇重点短语

in the past, at present, easy and fast, change a lot, used to, turn ... into ... , take action, move away, in some ways, feel lonely, from time to time, all one's life, keep in touch, be/get used to, open space, clean and fresh, move into, make communication, travel around, etc.

◇必备句子

My hometown has changed a lot over the years.

Many changes have taken place in my hometown.

There were only ... in the past, but now ...

People used to ...

The government has built ...

Many families have their own ...

Anyway, it's good to see the amazing changes in the town.

People are enjoying a comfortable/happy life.

◇应用语法

用"一般过去时"谈论发生在过去的情况或动作。

用"现在完成时"谈论已经发生或发生在过去并且一直持续到现在的状态或动作。

学生习作

【实例】

随着中国改革开放步伐越迈越大，每一城每一村都在发生着变化。请根据以下提示，以 *Changes in My Hometown* 为题，写一篇 100 词左右的英语短文。注意要点完整、语法正确、上下文连贯，可适当发挥。

我的家乡古老而美丽	
过去	很安静，有……；骑车或走路；
现在	变化大，有……；开车或乘车；环境变化大
感受	（至少一点）

【范文】

My hometown is an old and beautiful city. It used to be quiet place. There were green hills, fresh air and many old houses. However, the area has changed a lot over the years. Now there are many new squares, new roads and a lot of tall buildings.

In the past, people could only go to there by bicycle or on foot. Many buses pass there now, people can take the taxi, car, bus, underground or light rail to my hometown, and it is faster and easier to get there. The environment has also changed, too.

The water is clearer, the tree is greener, and the air is fresher.

Now we are enjoying a comfortable life and we are happy to live in the beautiful city. I hope it will be more and more beautiful.

【点评】

这篇习作抓住了"家乡变化"这一主线,在完成提示所要求的写作任务后,合情合理地进行了发挥。条理清晰,语句优美。最后的感受体现了对家乡的热爱。

Unit 2   Travelling

写作指导

本单元话题主要围绕"外出旅游"展开,写作时以一般过去时为主,可以结合以下五个问题展开:

1. Where did you go?

2. When did you go?

3. Who did you go with?

4. What happened?

5. How was the trip?

材料积累

◇常用单词

travelling, fantastic, indoor, speed, ride, such, feel, sand, countryside, over, marry, beautiful, beauty, seaside, theme, sailing, except, view, mountain, direct, flight, detail, delicious, seafood, airport, relative, excitement, surprising, etc.

◇重点短语

have been there, have been in, have a fantastic time, spend the whole day, have fun, move at high speed, scream and laugh, get excited, can't stop doing sth. , do some shopping, have gone to, enjoy oneself, on business, take a direct flight to, some day, etc.

◇必备句子

I'm going to South Hill for my holiday.

It took us about three hours to fly/drive to . . .

On the first/second/third day, we visited . . .

It was the best part of the day.

We enjoyed this trip very much.

◇应用语法

用 "have/has been to…" 表示某人 "去过（某个地方）"。

用 "have/has gone to" 表示某人 "去了（某个地方）"。

用 "for…" 和 "since…" 和现在完成时连用，谈论过去发生的动作一直延续到现在。

学生习作

【实例】

上个月，你和父母去了一趟山东烟台。请根据提示，以 *My best holiday* 为题写一篇 100 词左右的英语短文，谈一谈你的烟台之行。注意要点完整、语法正确、上下文连贯，可适当发挥。

时间	上个月
地点	山东烟台
人物	父母、我
经历	第一天闲逛；第二天游览；第三天购物，吃海鲜
感受	短暂而疲惫，但很开心

【范文】

Last month, I went to Yantai, Shandong for my holiday. I went there by train with my parents. It took us about 4 hours to get there.

On the first day, we walked around the city. It was quite a beautiful place. The sky was blue and the air was nice and clean. We all lost ourselves in the beautiful scenery. People there were friendly too. I'll never forget what happened that day.

On the second day, we visited one of the most famous beaches and some museums. Then we enjoyed ourselves in a famous theme park.

We did some shopping on the third day. Mum and I bought a lot of things. After that, we had a big dinner in a seafood restaurant.

My trip to Yantai seemed short and tiring, but my memory of the trip is lasting and enjoyable.

【点评】

整篇文章脉络清晰，很有条理性。第一句就直入主题，简明扼要。在句式运用上注意到了长短句交替使用，读起来朗朗上口，很有韵味。

Unit 3　Online tours

写作指导

本单元话题主要围绕"网上旅游"展开，通过从网上了解到的情况，介绍一处旅游景点，或是一座旅游名城，或是一个国家，所以写作时可以从三个方面入手：

第一段：介绍景点、名城或国家的基本概况（位置、历史等）

第二段：推荐值得参观游览的名胜古迹等

第三段：补充说明注意事项（交通方式、天气情况、宜游宜玩时间等）

材料积累

◇常用单词

online, programme, screen, receive, guide, Asia, Africa, Europe, European, America, world – famous, trade, southern, northern, eastern, western, international, gather, huge, island, several, lawn, relax, pick, website, dream, coast, sail, Australia, pleasure, book, order, England, dollar, pound, etc.

◇重点短语

look like, chat with friends, search for information, around the world, tour guide, the biggest city, trade centre, at the southern end of, thousands of, in the centre of, hear of, a great place to visit, have been to, dream of, places of interest, some day, be made up of, be famous for, natural beauty, etc.

◇必备句子

Here we are in …

It is a/an ... village/town/city/country.

… , the capital city, is big and modern/world – famous/beautiful.

There is/are ... in/on ...

It is exciting to see/hear ...

It has always been famous for/as ...

The best time to visit ... is ...

The weather often/seldom changes ...

It's a good place to relax after a hard day's work.

◇应用语法

用"一般过去时"谈论发生在过去的事情。

用"过去完成时"谈论到目前为止已经完成的动作，发生在过去而对现在仍有影响的动作，在过去发生过一次或多次的动作，以及从过去某时开始延续至今的动作或状态。

学生习作

【实例】

春节前，你和父母去了一趟澳大利亚。请根据以下提示写一篇100词左右的英语短文，向朋友介绍澳大利亚。注意要点完整、语法正确、上下文连贯，可适当发挥。

Australia	
About the country	10° and 39° South latitude；the sixth largest country；Canberra, the capital
Places to visit	Sydney Harbor；Congress Building；the Great Barrier Reef
Others	season；best time to visit

【范文】

Australia lies between 10° and 39° South latitude. In land area, it is the sixth largest country after Russia, Canada, China, the United States of America and Brazil. It is made up of two areas and six states. However, it has a small population of about 22 million. Canberra, the capital city, is modern and beautiful.

There are many interesting places in this country. Sydney Harbor is the most famous one. You may enjoy the Sydney Opera House and the Harbor Bridge. The Congress Building is another good place to go. You can learn a lot about Australia history there. Australia also has many places of natural beauty, such as the Great Barrier Reef, which is the world's largest coral reef system.

Because lying in the southern hemisphere, Australian seasons are the opposite of Chinese. It's spring, summer, autumn and winter in China while it's autumn, winter, spring and summer. The best times to visit Australia are spring and autumn, especially around October to November or March to April.

【点评】

文章语言地道，语法规范，层次分明，行文流畅。一系列复合结构和地道句型的运用使文章语言充满变化和美感，提升了文章的档次。

Unit 4　A good read

写作指导

本单元话题主要围绕"读书"展开，写作时以一般现在时为主，可以结合以下六个问题展开：

1. How much time do you spend reading each week?

2. When do you usually read books?

3. What is your favourite type of book?

4. How do you get most of your books?

5. Why do you usually read?

6. Who do you usually ask for advice on books?

材料积累

◇常用单词

read, cooking, culture, science, Germany, Canadian, knowledge, boring, spare, free, French, writer, ugly, touch, against, over, stomach, until, finger, tiny, continue, either, manage, lift, army, must, unable, shoulder, hand, review, return, renew, refuse, series, publish, publishing, success, translate, copy, online, confidence, advice, library, librarian, experience, habit, etc.

◇重点短语

a good read, do with, a book about Germany, be interested in, history books, improve my knowledge, in your spare time, novels and plays, crash against, be tired out, by the time, go to sleep, wake up, be tied to, fall over, communicate with, find out, hand in, and so on, keep the books, on time, so far, at a time, different types of, lots of advice, open up, etc.

◇必备句子

Reading has become one important part of my everyday life.

I spend ... hours a day/a week reading.

On weekdays, I usually ... and I ... at the weekend.

I am interested in reading ... books.

My favourite book is ...

I get most of my books from the library.

My friend (s) /teacher (s) often ... too.

I love reading because ...

Good books also help open up a whole new world to me.

◇应用语法

用"特殊疑问词（why 除外） + to do"结构作宾语或者宾语补足语。

用"must"和"have to"谈论有必要做某事。

学生习作

【实例】

某英文报"我爱阅读"栏目正在举办专题英语征文比赛。请根据以下提示，以 *Lifelong Reading* 为题，写一篇 100 词左右的英语短文，参加比赛。注意要点完整、语法正确、上下文连贯，可适当发挥。（标题和开头已给出，不计入总词数）

终身阅读的意义	1. 人们上学读书，但读书不只在学校； 2. 学校毕业，不是读书的终止。
终身阅读的途径	订阅报刊杂志、去书店、到图书馆等
终身阅读的好处	自拟（至少一点）

【范文】

When you finish school, is reading done? The answer is "no". In many countries, people continue reading all their lives.

At school, people read lots of books. They think that's enough, so they stop reading after finishing school. Now we know it's not right. With the development of society, we need lifelong reading. But how can we have a lifelong reading? We may subscribe to different kinds of newspapers and magazines. We can stay at the bookshop to enjoy reading. And it's a good idea to learn more about the world around us by reading in the library or read online.

Lifelong reading can do good to us. If we read all our lives, we won't fall behind the time. More importantly, our knowledge will be colourful, and so will our lives.

【点评】

理解题目的要求准确全面，语言表达简洁明快，恰当的连接词让文章的篇章结构整齐，逻辑性强。另外，通过巧妙地提出问题和解决问题引出写作信息点的方法值得学习。

Unit 5　Good manners

写作指导

本单元话题主要围绕"礼仪"展开，讲座方案是常见的写作文体，可以分为四段：

第一段：讲座名称及目的

第二段：讲座时间及地点

第三段：讲座内容

第四段：结论

材料积累

◇常用单词

manners, politely, letter, tap, run, pick, obey, queue, turn, proper, greet, kiss, close, conversation, avoid, subject, behave, public, push, pull, touch, excuse, loudly, discussion, express, explain, warn, parking, practise, guest, host, impolite, etc.

◇重点短语

good manners, cut in on others, keep quiet, obey traffic rules, drop litter, leave the tap running, pick flowers, queue for your turn, shake one's hands, greet people with a kiss, avoid doing sth. , behave politely, in public, push in, in one's way, excuse me, keep your voice down, by accident, keep sb. from sth. , public signs, a lot of advice on, above all, etc.

◇必备句子

We're going to hold a talk on ...

The purpose of the talk is to teach ... about ...

It will take place at/in ... at ... on ...

When you ... , you should ... , you should not ...

It is impolite to ... , you should remember to ...

◇应用语法

用"to be + *adj.* + enough + to do sth. "句型结构描写一个人的个性和能力。

用"too ... to ... （太……而不能……）"句型结构表示否定的结果。

学生习作

【实例】

你们班正计划一场关于图书馆礼仪规范的讲座。请以"Manners in the library"为题，根据提示拟定一份 100 词左右的英语方案。注意要点完整、语法正确、上下文连贯，可适当发挥。

讲座方案	
目的	向学生宣传图书馆内的礼仪规范
时间及地点	下周三下午两点半；学校报告厅
内容	1. 保持安静 2. 不吃喝东西 3. 借书要排队；还书要准时 4. ……
结论	礼仪规范有助于图书馆环境更舒适

【范文】

We will have a talk on good manners in the library. The purpose of the talk is to teach students rules in the library.

It will take place at 2. 30 p. m. next Wednesday in the school hall.

There will be a lot of examples of what is right and wrong. You should always keep quiet in the library. You shouldn't eat or drink anything in the library. When you borrow a book from the library, you should wait in line for your turn. Don't forget to return your book on time. Also, when you leave the library, remember to put the chair under the desk.

These rules are important because they will help everyone in the library feel comfortable.

【点评】

写作思路清晰, 要点齐全, 尤其是内容的第四点发挥合理, 符合图书馆的礼仪规范。其中关联词 also 使用准确到位, 起到了承上启下的作用。

Unit 6   Sunshine for all

写作指导

本单元话题主要围绕"慈善"展开, 倡议书是常见的写作文体, 可以分为三个部分:

第一: 导入 (介绍"谁"需要帮助)

第二: 主体 (介绍需要帮助的个人或集体的基本情况, 说明他们需要什么样的帮助以及如何帮助)

第三: 结论 (结束语并致谢)

材料积累

◇常用单词

train, training, support, meaningful, blind, deaf, disabled, disability, elderly, homeless, volunteer, expect, intellectual, chance, similar, necessary, task, confident, closely, achieve, donate, donation, charity, organization, one-to-one, blood, disease, operation, etc.

◇重点短语

do something for, need some more food, give up, provide sth. for sb. , work closely with, achieve one's dream, give seats to the elderly, have trouble doing sth. , make friends with, people in need, work as, keep in touch, improve one's life, donate money, give a helping hand, etc.

◇必备句子

A Grade 9 student needs our help.

We must do something to help.

It will cost ... to ... but they don't have enough money for ...

It's important/dangerous/impossible for ... to ...

If all of us can give a helping hand, ... may ...

Thank you for your help/support.

◇应用语法

用"It is + *adj.* + to do sth."句型结构表达对某件事情的观点或看法。

用"It is + *adj.* + for sb. + to do sth."句型结构强调所谈论的对象。

用"It is + *adj.* + for sb. + to do sth."句型结构表达对某人所做事情的观点或看法。

学生习作

【实例】

假如你是 Judy，了解到湖滨小学需要帮助，请根据提示写一篇 100 个词左右的英文倡议书。注意要点完整、语法正确、上下文连贯，可适当发挥。（开头和结尾已给出，不计入总词数）

帮助对象	湖滨（Lakeside）小学
情况介绍	民工子弟（children of migrant workers）学校；270 名学生，11 名教师；家长忙于工作而无暇顾及孩子
帮助措施	1. 每周去学校，帮助完成作业，一起玩耍； 2. ……
结束语	希望所有人参加活动并感谢支持

【范文】

Dear all,

Lakeside Primary School needs our help!

The school is near the North Lake. It's a school for children of migrant workers. There're about 270 students, but only eleven teachers in it. Most of the students have to look after themselves after school. Their parents are usually busy working and they have no time to take care of their children. We should do something to help the students there.

First, we can visit the school every week. The students must be very happy. We can help them with their homework. We can also play with them after school.

Second, we can help by sending them some books. Many students in Lakeside Primary School have nothing to do when they go home. We can send them different kinds of books, so they can bring them home to read.

I hope all students will join us in helping them. Thank you for your support.

Judy

【点评】

文章句式多样，语言流畅，富有亲和力。"We should do something to help the students there."自然地引出了帮助措施。第二点措施的发挥也符合学校慈善活动的一贯做法，体现了作者的公益爱心。

Unit 7　International charities

写作指导

本单元话题主要围绕"慈善工作"展开，常常是围绕某一次善举，可以结合三个问题展开：

第一：某人曾经的生活情况或某一种社会现状。

第二：已经开展或将要开展什么活动。

第三：某人现在的生活情况或对某一种社会现状的愿景。

材料积累

◇常用单词

especially, basic, education, right, spread, interviewer, blindness, mostly, case, cure, medical, medicine, treat, treatment, patient, volunteer, afford, operate, operation, proud, pride, develop, development, set, include, including, organize, organization, matter, check, etc.

◇重点短语

an international charity, have some pocket money left, all over the world, basic education, the equal rights, prevent the spread of, do a good job, have eye problems, can be prevented, can be cured, medical treatment, do operations on sb. , be used as, can't afford to do sth. , go to hospital, on board, help more people, improve one's life, carry on with sth. , set up, with one's help, work as a volunteer, donate money, train as a nurse, make up one's mind to do sth. , etc.

◇必备句子

. . . is needed for charity.

I'm too . . . to . . .

I know about a charity called . . .

It helps build a better world for. . .

It provides . . . for children in poor areas.

. . . raises money by . . .

. . . am/is/are working for . . . now and has/have got used to . . .

◇应用语法

当有必要知道谁是动作的执行者时用主动语态（do / does）。

当不知道或没有必要交待动作的执行者以及需要强调动作的承受者时用被动语态（be done）。

◇一般现在时的被动语态：am / is /are done

◇一般过去时的被动语态：was /were done

学生习作

【实例】

为帮助贫困地区的孩子，你校今天下午在操场举行了一场"ONE for ONE"图书义卖活动。请根据下面所提供的信息，写一篇100个词左右的英语短文，介绍此次活动情况并谈谈你的感受。注意要点完整、语法正确、上下文连贯，可适当发挥。（开头已给出，不计入总词数）

【范文】

This afternoon a charity sale was held on the playground in our school. Its purpose was to donate books to children in poor areas. If you bought one book, you gave a new one to a child in need at the same time. All the teachers and students took an active part in this event. Everyone looked quite happy.

As we know, books are bridges to knowledge. If a child in poor areas can receive a better education and get more knowledge, he will have more chances of success. In this way, his life can be greatly improved.

【点评】

本文能紧扣海报所提供的信息进行写作，表达清楚，布局合理，上下文和上下句的衔接自然。值得一提的是：除了准确使用了一些常见的动词短语外，复合句和动词不定式的使用也给本文增加了亮点。

Unit 8 A green world

写作指导

本单元话题主要围绕"环境保护"展开，常常是围绕环保的某一方面，可以通过几个问题展开：

1. What is the problem?

2. What can we do to solve it?

3. What can we do to reduce the pollution?

4. What else can we do to live a green life?

材料积累

◇常用单词

serious, reduce, recycle, recycling, cause, wise, wisely, plastic, separate, allow, punish, fine, limit, depend, rich, poor, resource, produce, difference, pollute, pollution, harm, harmful, living, survey, empty, dust, soil, coal, gas, carelessly, reuse, simple, step, power, etc.

◇重点短语

a green world, live a green life, reduce air/water/noise pollution, save water, take shorter showers, save energy, turn off the lights, protect/improve the environment, recycle waste, clean blue lakes, be separated into, cut down trees, drop litter, in a public place, depend on/upon, rich resources, use energy from the sun, a new type of energy, run out, be used up, make a difference (to sb. /sth.), as well as, be harmful to, fallow these steps, etc.

◇必备句子

. . . is one of the biggest problems in the world today.

It is time for us to go green.

We can save water by . . .

We can save energy by . . .

We can reduce pollution by . . .

It's wise for people to choose . . .

We should use/take . . .

. . . is a good way to . . .

It is important for us to . . .

It is good to . . .

Nature is our greatest treasure.

We should try our best to protect the environment.

If we work together, we can make the world a better place.

◇应用语法

当动作还未发生时，用一般将来时的被动语态"will be done"或"am/is/are going to be done"。

学生习作

【实例】

随着城市经济的发展，私家车数量不断攀升，同时城市空气污染越发严重。去年冬天更是接二连三地出现雾霾天。请根据以下提示写一篇 100 词左右的英语短文，谈谈如何从我做起。注意要点完整、语法正确、上下文连贯，可适当发挥。（开头已给出，不计入总词数）

城市现状	美丽城市从我做起	未来展望
1. 车辆越来越多； 2. 空气越来越差； 3. ……	1. 出门坐公交； 2. …… 3. ……	1. 天更蓝，水更清； 2. …… 3. ……

【范文】

With the development of our city, more and more families have cars. However, the environment of our city is becoming worse and worse. Last winter, we experienced several days of the worst air pollution in history and many people get ill because of the haze.

As the students of this city, we should take action to make our hometown beautiful. We can take buses to go out; we can ask our relatives or friends not to drive cars as often as before. Moreover, we can call on people to plant more trees.

If each of us tries our best to protect the environment, I believe we will enjoy bluer sky and cleaner rivers. Our city will be more suitable and comfortable to live in.

【点评】

本篇习作条理清晰，要点齐全，发挥合情合理。行文流畅，连贯自然。尤其最后一段，既是作者对未来的展望，更是对全社会的倡议，体现了作者对环境保护的关注之心。

连载 2014 年第 1 至 6 期《英语大课堂》

跟着话题学写作（九年级上册）

Unit 1　Know yourself

写作指导

本单元的话题是写一封正式的推荐信，通常是结合某人的性格特点或品质，推荐某人担任什么职务或是获什么奖项。在注意书信基本格式的前提下，可分为三段来写：

第一段：推荐某人（We're writing to recommend ... as/for ...）

第二段：推荐理由（围绕 We think he/she has many strong qualities. 这一主题展开说明，可适当举例。）

第三段：再次推荐（We think ... We hope ...）

材料积累

◇常用单词

creative, curious, energetic, modest, organized, born, impress, praise, general, challenge, miss, standard, pioneer, carelessness, extra, devote, respect, suitable, partner, impatient, represent, appear, fixed, powerful, lively, practical, loyal, shape, speech, absent, monitor, position, etc.

◇重点短语

eat up, keep ... in order, show off, come up with, get angry easily, neither ... nor ..., either ... or ..., take the lead, fall behind, as good as, pay attention to, devote one's time to, think twice about sth. , do the dishes, animal sign, star sign, divide ... into ..., make a speech, help with, do extra work, agree with sb. , etc.

◇必备句子

We are writing to recommend . . . as our new monitor/. . .

He/She has many strong qualities for this position.

He/She always/usually/often/never . . .

He/She is very confident/clever/helpful/hard – working/kind/energetic/ lively . . .

We all think he/she is the most suitable/right person to be . . .

We hope that you agree with us.

We are looking forward to your answer.

◇应用语法

用"and, but, or, so"等连词连接并列成分表示语义增补、选择、转折或对比。

用"both . . . and . . . , not only . . . but (also) . . . , either . . . or . . . , neither . . . nor . . ."等并列连词连接结构相同的两个部分以避免重复。

典型例题

假如你是 Lucy，你想推荐 John 担任班长。请根据以下提示写一封 100 个词左右的推荐信给班主任周老师。要求要点完整、语法正确、上下文连贯。（开头和结尾已给出，不计入总词数）

品质	1. 谦虚，不炫耀，不歧视他人 2. 乐于助人、乐于分享 3. 易于交友
能力	1. 有能力，不怕困难 2. 有条理，肯为班级做事

【范文】

Dear Miss Zhou,

We strongly recommend John as our monitor. John is quite a modest boy, though he is excellent in many ways. He never shows off. He does not look down on other students; instead, he tries his best to help his classmates with their lessons. He always shares his good ideas with others. He is quite easy – going. He gets on well with his classmates. Everybody wants to make friends with him. John is also an able and brave boy. He is never afraid of difficulties and speaking in front of many people. He is organized and never forgets the things he needs to do. He is willing to do extra work for class. We will be very happy if John is chosen.

We think John is the most suitable person to be our monitor. We hope that you agree with us.

Yours sincerely,

Lucy

【点评】

本文写作思路清晰，所给要点不仅齐全，而且不失逻辑。选词非常准确，句式灵活多变。要点的拓展得当，增加了内涵。实为一封具有感染力的推荐信。

Unit 2　Colours

写作指导

本单元的话题是颜色与心情，所以对什么颜色代表当事人的什么心情要有基本的了解。

black	power and trust
blue	calm and sadness
green	energy and nature
orange	joy and warmth
red	power and strength
white	calm and peace
yellow	wisdom and success

材料积累

◇常用单词

mood, influence, whether, characteristics, calm, relaxed, peace, sadness, purity, prefer, create, feeling, remind, wisdom, as, envy, require, strength, heat, difficulty, decision, relationship, certainly, everyday, personal, suit, ancient, discovery, promise, or, work, practise, stressed, suggest, trust, warmth, match, balance, etc.

◇重点短语

look good on sb. , influence one's moods, calm colours, warm colours, energetic colours, strong colours, feel relaxed, feel blue, on the wedding day, cheer up, remind sb. of, hope for success, green with envy, either... or..., be of help, make a decision, have difficulty (in) doing sth. , suggest doing sth. , would rather do sth. , be dressed in,

◇必备句子

Some people believe that colours can influence our moods.

I think ... is better than ...

It represents …

It brings peace to our mind and body.

Some colours can make you feel warm.

Some people prefer this colour when they hope for ...

Red and white are a good match, as the powerful red balances the calm white.

◇应用语法

用从属连词 that 引导陈述句作宾语。

用从属连词 if 或 whether 引导一般疑问句作宾语。

典型例题

本单元 Task 广告中的女孩身穿一件绿色的 T 恤、一条黄色的短裙，头戴一顶点缀有橙色小花的帽子，脚蹬一双蓝色的皮靴。请根据所学内容写一篇体现女孩心情的文章。要求 100 词左右，语法正确，想象合理。

【范文】

The girl in the advertisement is wearing a green T – shirt and a yellow skirt. This is interesting because green and yellow are both very positive colours. Yellow represents warmth and can remind you a warm, sunny day. Her T – shirt is green. Green represents energy and nature. Maybe the girl feels tired and decides to wear green because this colour can make her feel more energetic. The girl's hat has some small orange flowers on it. Orange is another warm colour that represents success. The girl in the advertisement looks happy. I think she chooses yellow and orange because they are warm, summer colours. Her leather boots are blue. Maybe she is a bit stressed. Wearing blue can make her feel calm. I think the girl is cheerful and friendly.

【点评】

想象合理，有说服力。结尾部分有归纳。文章中用到宾语从句、定语从句、状语从句等复杂结构，层次分明，颇有水准。

Unit 3　Teenage problems

写作指导

本单元话题是青少年问题，或源于学习，或源于生活，或关于待人接物，或关于交朋结友。此类话题写作时大体分为三个部分：

1. What（存在哪些问题或烦恼）

2. Why（出现这些问题或烦恼的原因）

3. How（如何解决这些问题或烦恼）

材料积累

◇常用单词

teenage, mark, mad, exam, perhaps, deal, choice, but, awake, hardly, imagine, doubt, worth, advice, suggestion, cause, strict, schoolwork, valuable, friendship, list, silence, worry, worried, method, solve, dictionary, reply chemistry, bookworm, progress, aloud, pronounce, pronunciation, correctly, stress, stressed, etc.

◇重点短语

teenage problems, get fat, feel tired, feel lonely, get low marks, drive me mad, manage time better, deal with, have no choice but to do sth. , stay up, be worth doing sth. , be crazy about, the cause of, be strict with sb. , be strict in sth. , stay out, develop our hobbies, achieve a balance, work out, according to, youth worker, pay no attention to, laugh at, make progress, go over, be of one's age, keep sth. to oneself, etc.

◇必备句子

Thank you for telling me about your problems.

You don't have enough time to ...

You are unhappy with ...

Many students of your age have this problem.

What / How about . . . ?

You also worry about . . .

You always feel sad / angry / stressed about . . .

Why not / Why don't you . . . ?

I hope you think my advice is / suggestions are worth taking.

◇应用语法

用特殊疑问词引导特殊疑问句作宾语。

用 "Why not …, Why don't you . . . , What/How about . . . , Let's . . . , Shall we..." 等结构礼貌地提出建议。

典型例题

在日常生活中，我们都会遇到压力，尤其是初三学生。你是如何排解压力的呢？请根据下面的提示，以 "How to reduce the pressure" 为题，写一篇100个词左右的英语短文，阐述自己的观点。要求语法正确，语句连贯，可适当发挥。（标题已给出，不计入总词数）

哪些压力	作业多、考试成绩不理想……
如何减压	听音乐、看电影、锻炼身体……

【范文】

Now, we're under too much pressure. It's very important and necessary to reduce the pressure well.

I have too much pressure. For example, I have too much homework. I stay up doing homework every day and I feel very tired. I try my best to study, but I still can't have good grades.

I always reduce the pressure by sleeping. After I wake up, I will forget all my problems and get happy. I also listen to music to reduce the pressure. It's helpful for me, too. Sometimes, I reduce the pressure by watching films or doing exercise.

Even if we are under too much pressure, we should face them bravely.

【点评】

文章结构很清晰，连接紧凑顺畅。"总分总"的写作方式使文章读起来浑然天成。不同的句式结构使用起来灵活自然，很好地体现了作者较高的语言驾驭能力。

Unit 4　Growing up

写作指导

本单元的话题是成长，谈一谈对自己影响最大的人。要写好这样的话题文章，关键是解决五个问题：

1. Who has influenced you most in your life?

2. What does he/she look like?

3. What is special about him/her?

4. What has he/she done? Give one or two examples.

5. What do you think of him/her?

材料积累

◇常用单词

whenever, through, junior, senior, score, leader, university, simply, national, succeed, scholar, although, graduate, force, league, achievement, prove, career, against, record, spirit, admire, courage, unusual, surprise, etc.

◇重点短语

on one's mind, as soon as, a great deal of, try out for sth. , lose heart, get the chance, practise even harder, change one's mind, succeed in doing sth. , take notice of, give up, break out, go into hiding, in fear of one's life, something unusual, to one's surprise, a heart full of love, etc.

◇必备句子

. . . is the person who has influenced me most.

You will not find anything unusual about him/her until . . .

. . . has always been kind/helpful/ . . .

When I was a little girl/boy, I could not understand . . .

Now I realize that . . .

◇应用语法

用连词"before, after, when, while"引导时间状语从句。

用连词"since, till, until"引导时间状语从句。

用连词"as soon as, whenever"引导时间状语从句。

典型例题

人的一生，母亲是对我们影响最大的人。母亲节即将来临，请根据以下提示，给你的母亲写封 100 个词左右的英文书信，和她说说你的心里话。要求语法正确，语句连贯，可适当发挥。（开头和结尾已给出，不计入总词数）

| 1. 辛勤工作，改善我们的生活 |
| 2. 在学习上对我要求严格；会尽力帮助我，曾经…… |
| 3. 建议我保持学习与爱好的平衡 |
| 4. 我对母亲的付出很感激，希望…… |

【范文】

Dear Mum,

Mother's Day is coming. I'd like to say something to you. You are always kind and helpful. You work so hard to improve our life. You are strict with me in my study. If I have difficulty with my study, you will always try to help me. Once I failed my maths exam. I cried and wanted to drop it. It was you that encouraged me not to give up. You often advise me how to keep a balance between study and hobbies. You have a heart full of love.

I am thankful to you for the things that you have done for me. I hope I can do something for you some day.

Happy Mother's Day!

Sincerely,

Your son

【点评】

文章以第二人称的叙事手法展开，列举了成长过程中母亲给予的关怀与帮助，夹叙夹议，有理有据。尤其"It was you that encouraged me not to give up."一句，堪称神来之笔，读之令人感动。

Unit 5　Art world

写作指导

本单元的话题是艺术，谈论自己最喜欢的艺术形式，可以围绕六个问题展开写作：

1. What art form do you like best?

2. Are you good at this art form?

3. What do you think of this art form?

4. When did you become interested in this art form?

5. Do you have any stories about this art form?

6. How important is this art form to you?

材料积累

◇常用单词

pleasant, drama, photography, musical, talent, medal, present, winner, central, instrument, common, object, musician, successfully, traditional, though, highly, concert, last, jazz, country, guitar, lasting, value, drum, literature, praise, encourage, etc.

◇重点短语

art form, pop music, be known/famous for, out of breath, folk music, country music, rock music, make up, have a gift for, etc.

◇必备句子

I have a real gift for . . .

I became interested in . . . when I was . . .

I once did not like . . . because . . .

I forgot . . . until . . .

Since then, I have been crazy about . . .

I enjoy myself . . . every time . . .

◇应用语法

用连词"because, since, as"引导原因状语从句。

典型例题

请以 *The art form I like best* 为题，写一篇 100 词左右的英语短文。要求语法正确，语句连贯，可适当发挥。(标题已给出，不计入总词数)

提示：

1. 我最喜欢的艺术形式是唱歌；

2. 我有唱歌的天赋；

3. 老师鼓励我坚持唱歌；

4. 唱歌的好处。

【范文】

Different people, different hobbies. My hobby is singing. It's a great hobby! It's fun and it makes me feel proud. All my teachers and classmates think I have a real gift for singing. My music teacher encourages me to keep singing and sing more wonderful songs.

Singing can be used to relieve my tiredness, and can help me improve my accent. Singing makes me happy when I'm sad. Singing songs can make me clever. I am always singing at home to share each other's joys and sadness in our life and to learn many songs. I really like singing. I enjoy myself in the world of music every time I sing.

【点评】

语言通顺流畅，开门见山，表述清楚有力；句与句之间衔接紧密，过渡也很自然。

Unit 6　TV programmes

写作指导

本单元的话题是电视节目，谈论"如何创作电视剧"，电视剧本的编写一般离不开两大块：

1. Background (Time and Place; Main Characters and Their Personalities)

2. Story (What're the favourite activities? How will the story develop?)

材料积累

◇常用单词

comedy, documentary, real – life, dialogue, as wonderful as, round – up, up – to – date, cover, live, direct, director, might, unless, animal – lover, latest, record, view, waste, etc.

◇重点短语

get bored, on TV, chat show, drama series, game shows, a number of, be covered live, music video, send text messages, take a close look at, a waste of time, etc.

◇必备句子

I like watching … because I can learn a lot about …

I love … so much.

If you…, you may feel sad about it.

I think some of them are really …

◇应用语法

用连词"if, unless"引导条件状语从句。

典型例题

以 *My Own TV Drama Script* 为题、"一家饭店"为故事发生地、"一个麻烦的妇女和一个和善的服务员"为主要角色编写一段 100 词左右的电视剧情节。要求想象合理，无语法错误。

【范文】

A woman was eating in a restaurant. She asked the waiter to do many things for her. Now she was giving the waiter a lot of trouble. First, she asked the waiter to turn on the air conditioner because she was too hot. Then she asked him to turn it off because she was too cold. This went on and on for nearly half an hour. But the waiter was very kind and helpful. He did everything the woman asked him to do without getting angry. Finally, someone else in the restaurant asked why the waiter didn't throw the woman out. The waiter smiled and said that he didn't care because they didn't even have an air conditioner.

【点评】

剧情设计完整，情节跌宕起伏。语句通顺。若拍成 DV，看了还真能使人忍俊不禁。

Unit 7　Films

写作指导

本单元的话题是电影。当谈论电影时，要尽可能围绕五个问题展开：

1. What type of film do you like?

2. Who are the main actors / actresses?

3. When and where is the film set?

4. What is the story about?

5. What are the good or bad features of the film?

而谈论影星时，要尽可能包括四个方面：

Personal details (Name, Sex, Date of birth, place of birth, Appearance, Height, Weight, Hobby, Talents ...)

Acting career (films and awards)

What is special about his films?

Other work

材料积累

◇常用单词

superstar, romantic, western, industry, all – time, actress, actor, loss, dancer, charm, insist, lead, role, mark, lifetime, final, beyond, effort, peacefully, attractive, amazed, amazing, cancel, neither, stupid, stuntman, consider, etc.

◇重点短语

in your dreams, so … that, such … that, action film, be suitable for, enter the film industry, dream of, work as, catch one's attention, a play based upon, play the role of, mark the beginning of, go beyond, work closely with, pass away, mistake … for …, so that, fall in love with sb. , be considered as, etc.

◇必备句子

My favourite film star is ...

He/She is famous all over the world.

... is so good that he/she ...

... is such a good ... that he/she can ...

... is one of the greatest actresses/actors.

... is considered by many people as a superstar.

◇应用语法

用连词 although/though 引导让步状语从句。

用 so ... that 和 such ... that 句型来强调能力或特征，并表达结果。

用 so that 引导目的状语从句。

典型例题

请以 *My favourite film star* 为题，根据以下提示写一篇 100 词左右的英语短文。要求语法正确，语句连贯，可适当发挥。（标题已给出，不计入总词数）

Name	Kim Soo Hyun	
Personal details	Birthday	February 16th, 1988
	Birthplace	Seoul, South Korean
	Appearance	Tall, handsome
	Talents	Experienced actor, is good at singing and dancing
Acting career	When to start acting	2007
	Films and dramas	● *The pickled cheese smile*（2007） ● *Dream High*（2011） ● *Secretly Greatly*（2013） ● *My Love From The Star*（2013）
	Awards	● Best New Actor（Korean Grand Bell Awards, 2013） ● Best Actor（Seoul International Film Festival, 2014）

【范文】

My favourite film star is Kim Soo Hyun. He is famous all over the world.

Kim Soo Hyun was born on February 16th, 1988. He was born in Seoul, South Korean. In 2007, he started acting. He is tall and handsome. He is an experienced actor and he is good at singing and dancing.

Since his first scene play *The pickled cheese smile*, Kim Soo Hyun has acted in many successful films and dramas, including *Dream High* in 2011, *Secretly Greatly* in 2013, *My Love From The Star* in 2013. He won several international awards such as the Award for Best New Actor at the Korean Grand Bell Awards in 2013. He also won an Award for Best Actor from the Seoul International Film Festival in 2014.

Kim Soo Hyun is considered by many people as a superstar. I believe his acting skills will be even better in the future.

【点评】

文章主要介绍了韩国演艺明星金秀贤的个人情况、所演电影及其所取得的成绩。文字简洁，表达清楚，行文自然流畅，主题突出。

Unit 8　Detective stories

写作指导

本单元的话题是侦探故事。写侦探故事最重要的就是有理有据，用事实说话。写侦探故事时，要包含四个要素：

1. A description of the crime

2. Any objects or clues found at the scene of the crime

3. A description of the suspect

4. How the detective finds the criminal

材料积累

◇常用单词

detective, clue, missing, murder, suspect, medium, untidy, guilty, truth, guess, lie, confirm, victim, crime, somewhere, contact, wound, bleed, enemy, single, well-paid, charge, system, suppose, only, witness, report, breathe, heavily, reward, arrest, couple, fingerprint, probably, criminal, male, female, commit, kidnapping, wealth, prison, safety, lock, shut, necklace, theft, steal, jewellery, etc.

◇重点短语

be dressed, something important, go missing, medium height, tell the truth, at the scene of the crime, somewhere else, solve the case, according to, be guilty of, be charged with, break into, breathe heavily, at the time of the crime, offer an reward of, lead to, do something against the law, turn out, have nothing to do with, in a hurry, in prison, guard against sth. , get along/on with,

◇必备句子

He/She is a/an . . . of medium height.

He/She looks . . . and . . .

. . . was wounded with a knife and bled to death as a result.

. . . was charged with . . . over the last year.

We suppose that the victim . . .

. . . is under arrest for . . .

◇应用语法

用 who, which, that 引导定语从句来修饰名词或代词。

典型例题

昨天下午 Simon 家附近的珠宝店发生一起抢劫案, Simon 恰好看到了这一幕。警方根据 Simon 的描述, 迅速抓获案犯。请根据以下提示写一篇100 词左右的英文侦探故事, 记录下 Simon 这一次的经历。要求要点完整、语法正确、上下文连贯, 可适当发挥。

提示:

1. 抢劫犯四十岁左右, 中等身材;

2. 方脸, 大鼻子小耳朵;

3. 身穿黑色衬衫、灰色长裤, 脚蹬白色运动鞋。

【范文】

There was a robbery in the jewellery shop which is near Simon's home yesterday afternoon. Simon was looking out of the window at that time. He saw a robber run out of the jewellery shop. When the police came, Simon told them what he had seen, "I saw the robber. He is about forty years old. He is of medium height. He has a square face, a big nose and small ears. " "What was he wearing?" one of the policemen asked. "He was wearing a black shirt, grey trousers and white sports shoes. " The police thanked Simon and then sent out a description of the robber. About three hours later, the robber was arrested.

【点评】

本文覆盖了提示中的所有要点内容，生动详细地描述了 Simon 的经历。时态的运用很准确，并把学过的定语从句灵活熟练地用于作文实践中。

连载 2014 年第 7 至 12 期《英语大课堂》

叩开中考英语听力之门

——2004 年江苏省十三大市中考听力题分析及听力应试策略

在听、说、读、写这四种技能中，听力始终处于最主要地位，它是学习语言的重要途径。中考的听力部分主要是测试考生理解口头英语的能力：对特定情景中的对话或独白的整体输入和理解，有效信息的输入和理解，以及同时存贮和加工多条信息的能力。一般来说，听力理解的语言材料有别于阅读材料，语言结构不如书面语言那么严谨，属于交际性语言。它来源于生活，体现生活，和我们日常生活有密切联系，具有口语特征，诸如犹豫、停顿、重复、思考、重音、略音、拖长音、被打断、语序颠倒等，句子简短，冗余信息多。听力语言材料的内容主要涉及日常生活、文化教育、风土人情、时事和科普常识等方面。常见的日常生活话题有：问候、邀请、看病、约会、购物、通知、问路、打电话、谈论天气 、学校生活、家庭生活、个人爱好、健康状况、文化娱乐、体育、租房、旅游、询问时间、自然灾害、新闻报道等内容。听力语言材料的长度适宜，既有足够的信息量供试题设计问题，又不会给考生增加记忆负担，最长的语言材料大约 150 个词。要想在这一部分拿高分，除了要从思想上高度重视，加强平时训练外，还要有意识地去研究，掌握听力测试的一些基本解题技巧和应考技术策略。

【中考听力题型及基本解题技巧】

2004 年江苏省十三大市中考英语试题中均包含听力部分。听力题型基本有以下几种情况。

1. 根据所听内容选择正确的图画。如南京、淮安和盐城。

该题型不仅丰富了听力题的内容，而且还增加了听力题的趣味性，为考生设置了想象的空间。因此我们在听之前，应先仔细观察每幅图画内容，找出它们的特点并对将要听的材料做出预测。在听录音时，正确把握主要信息并理解你所听到的内容，纠正先前的预测，然后才能选出正确答案。

2. 选择句中所听到的单词、词组或数字。如南通、镇江、泰州。

该题型主要考查考生的听辨能力。这类试题因为所给的备选答案在读音、词形或词意上可能非常相近，因此迷惑性很大，这就要求我们在平时的学习中要注意知识的归纳和积累，熟记读音、词形或词意上相近的单词、词组。在听录音时要特别注意区分各个选项间的共同点和不同点，尤其要认真分析和辨别不同点，它们往往是解题的关键。

3. 听句子、问题或对话选择正确的答语。如常州、苏州、徐州、连云港、南通、盐城、镇江、扬州和宿迁。

该题型主要考查考生的情景反应能力。考题涉及日常生活的各个方面，如问候、道别、天气、感谢、购物等。因此我们平时就要多注意这方面能力的培养，学习地道的英语表达方法，切勿使用汉语式英语。要学会通过答语来推断问题，这对于解答这一类题型大有帮助。

4. 听句子，选择意思最接近的选项。如扬州和泰州。

该题型主要考查考生听辨和分析句子的能力。要求我们既要有良好的听力，又要有良好的判断和分析能力。所谓的意思最接近常常指：动词含义接近、词组意思接近、句子表达方式不同但意思接近等。做这类题型最直接、最有效的方法就是学会速记。比起一听二理解三选来，速记显然要容易得多。

5. 听对话，选择正确答案。（十三个城市都有）

该题型主要考查考生在一定语境或情景中所表现出的快速反应、推理判断能力。对话有长有短，通常分为有题干和无题干两种。无论哪一种，在听对话选答案之前，我们首先都必须要浏览选项，了解有关信息和预测话题，然后再听对话的有关内容。特别要注意所给选项和问题中的关键词，有些题目涉及数字、电话号码、时间、日期、天气温度、飞机航班、家庭地址等，就有必要边听边做记录，还要带着问题听：谁（who），什么事（what），何时（when），何地（where），怎样（how），为什么（why）等，这样才能提高答题的准确率。

6. 听短文，选择最佳答案。（十三个城市都有）

该题型主要考查考生对短文的整体理解、辨析等综合能力，是一种较高层次、有一定难度的听力测试形式。通常也分为有题干和无题干两种，内容大多来源于我们学过的课文材料或浅于所学语言内容的材料。在听录音前，一定要快速浏览一遍（题干和选项），预测短文大意，确定听录音的重点。在听录音时，正确把握主要信息、适当做笔记并理解你所听到的内容，纠正先前的预测，然后选出正确答案。第一遍重在理解、听懂，听第二遍时再选答案。

【典型听力样题及思路分析点拨】

我们还是先来看看 2004 年部分城市的典型中考听力试题吧。

例1. 听录音，找出句中所听到的单词。（2004 年南通市中考试题）

「所给选项」1. A. hair   B. hear   C. high

「听力原文」The girl has long hair.

「分析点拨」本题有一定的干扰性。三个选项的读音好像有点相似。但我们知道听力原文中的 hair 在 has long 之后，应该是一个名词，而 hear 和 high 分别是动词和形容词，因此 A 为正确答案。

例2. 根据所听到的句子，选出最恰当的答语。（2004 年盐城市中考试题）

「所给选项」3. A. Sorry, I don't know.   B. I can't agree.   C. That's a good idea.

「听力原文」Excuse me, can you tell me the way to the way?

「分析点拨」本题考查向对方寻求帮助时如何得到回答的用法。选项 B 显然不符合日常生活中正常交往的礼仪。选项 C 常用来回答 Let's…，Shall we… 和 Why not…一类的问题。从而可以得出 A 为正确答案。

例3. 听句子，选择最佳答语。（2004 年宿迁市中考试题）

「所给选项」5. A. In 1921   B. In 1927   C. In 1949

「听力原文」When was the People's Republic of China founded?

「分析点拨」本题显然是考查常识性的知识，如重大日子、国家首都、城市位置、知名人士、著名建筑、名山大川等。1921 年建党，1927 年建军，1949 年成立中华人民共和国属于基本常识，因此 C 为正确答案。

例4. 听句子，选择与你所听到的句子意思最接近的选项。（2004 年扬州市中考试题）

「所给选项」15. A. None of the students like surfing the Internet.

             B. Very few students like surfing the Internet.

             C. Some of the students like surfing the Internet.

「听力原文」Not all the students like surfing the Internet.

「分析点拨」本题正确理解 all 在否定句中的含义是做题的关键。all 无论是作代词、形容词还是副词，用于否定句都只能表示部分否定，全部否定要用 none。原文表示"不是所有的学生都喜欢上网。"因此 C 为正确答案。

例5. 听对话和问题，找出能回答所提问题的正确答案。（2004 年连云港市中考试题）

「所给选项」8. A. By bike   B. By bus   C. By car

「听力原文」

W：Shall we go and see Mr. Brown this afternoon，Mike？

M：All right. Let's go there by bike.

W：I haven't got a bike. I think we'd better go there by bus.

M：OK. Let's take a No. 5 bus.

Question：How will the speakers go and see Mr. Brown？

「分析点拨」本题设置的三个选项就已经明白无误地告诉我们，问题一定是询问"怎么去……或采用何种交通工具去……"只要把对话完整听完，不难发现 B 是正确答案。

例 6. 根据所听到的对话内容，选出最佳选项。（2004 年南京市中考试题）

「所给选项」

8. What are they talking about？

A. Jim's school.   B. The weather.

C. The food for breakfast.   D. Jim's trouble.

9. Where are they talking？

A. In a factory.   B. At the doctor's.

C. In the teacher's office.   D. At Jim's school.

10. What's the matter with Jim？

A. He's got a cold.   B. He's got a cough.

C. He's got a fever.   D. He's OK.

例 7. 听下面一段独白，选出最佳选项。（2004 年常州市中考试题）

「所给选项」

21. What was John？

A. A student   B. A football player   C. A worker

22. When did John go to bed that night？

A. At 10：30   B. Before 11：00   C. After 11：15

23. Why couldnt John find his shirt the next morning？

A. Because his mother had taken it away.

B. Because he forgot where had put it.

C. Because Mike had hidden it under the bed.

24. What was the difference between the socks？

A. The size   B. The colour   C. The price

「听力原文」

W：Good morning, doctor!

M：Good morning, Mrs. Brown. Well, what's wrong with this young man?

W：He's my son, Jim. He's got a headache.

M：Have you taken his temperature, Mrs. Brown?

W：Yes. His temperature seems to be OK.

M：How long has he been like this?

W：Ever since last night.

M：Has he had anything to eat this morning?

W：Yes. For breakfast he had a little milk and an egg.

M：Well, Mrs. Brown, I think he's caught a cold.

W：Is there anything serious with him?

M：No, nothing serious, but he'd better stay at home and have a good rest.

W：Thank you very much.

M：You're welcome.

「分析点拨」本题要求考生对所听到的内容有一个整体的把握和全面的领会，理解对话地点、背景和对话者之间关系。这一段对话是围绕一个中心 see the doctor 展开的，有些问题的答案比较明显，如医生说：I think he's caught a cold；有些问题的答案则需要归纳、概括，通过 Mrs. Brown 的一句 Good morning, doctor! 判断 They are talking at the doctor's，通过医生的一问 what's wrong with this young man? 和所听的对话内容得出 They're talking about Jim's trouble。因此 8、9、10 三题答案应为 D、B、A。本题能体现考生对语篇整体输入、整体理解能力的高低。

例 7. 听下面一段独白，选出最佳选项。（2004 年常州市中考试题）

「所给选项」

21. What was John?

A. A student   B A football player   C. A worker

22. When did John go to bed that night?

A. At 10：30   B. Before 11：00   C. After 11：15

23. Why couldn't John find his shirt the next morning?

A. Because his mother had taken it away.

B. Because he forgot where had put it.

C. Because Mike had hidden it under the bed.

24. What was the difference between the socks?

A. The size　　　　B. The colour　　　　C. The price

「听力原文」

It was half past ten. John was watching TV in the sitting – room. "Go to bed, John," said Mrs. Scott, "or you might be late for class tomorrow morning" "Let me finish watching the football match, Mummy, it's very nice!" Forty – five minutes later the match was over and John went to his bedroom. He took off his clothes quickly, threw them on a chair and soon went to sleep.

When it was half past six the next morning, John had to get up. But he couldn't find his shirt. So he called out, "Where's my shirt, Mummy?" Mrs. Scott went in at once and said, "Don't shout, my dear! Mike is asleep. Don't wake him up. " The woman helped John find his clothes and came out. Another five minutes later John didn't come out. His mother felt strange and went to see him again. She saw him watching his feet. "What are you doing here?" asked the woman. "I don't understand why my socks are different: one is smaller than the other!"

「分析点拨」本题要求考生能听清、听懂事实信息，能精确理解具体细节、特殊信息，如时间、地点、人物、事件、原因、目的、结果等。第 21 题询问 John 的身份，Mrs. Scott 说的 "or you might be late for class tomorrow morning" 就是信息；第 23 题问为什么 John 第二天找不到衬衫，"He took off his clothes quickly, threw them on a chair and soon went to sleep" 就是信息，说明他"乱扔"；第 24 题一句 "one is smaller than the other!" 则清楚地说出了两只袜子的尺码不同。同时本题还要求考生具有对所听信息进行简单处理的能力，如数字运算、时间顺序等，第 22 题在 10：30 之后再加 forty – five minutes 得出 John went to bed after 11：15。因此 21～24 题的正确答案是 ACBA。

【应考技术策略及中考命题趋向】

多听多练，熟能生巧，是做好听力题的最有效途径。掌握了一定的应考技术策略更能收到事半功倍的效果，现在就教你几种方法。

「策略一」稳中求胜

听力能力也是对考生心理素质的检测。紧张焦躁的情绪很容易影响考生的正常发挥，听录音之前要先稳定情绪，集中精神，然后及时、迅速地预读题目（包括题干和选项）并根据题目中的信息，预测可能涉及的内容，如预测对话或短文的语境、大意、人物身份等。这样听录音时就能做到有的放矢，有所侧重，提高答题的准确率。

「策略二」张弛有度

听录音时，注意力一定要集中在整体内容的理解上，重在听懂每句话的意思和内涵，把重点放在听关键词即实词上，边听边记。遇到听不懂的地方可暂时放一放，听好后面的内容。听短文时，注意文章的首句和首段，因为首句和首段常常是对短文内容的概括，如主要内容、作者的观点、故事发生的时间、地点及事由等。边听边把捕捉到的信息进行优化处理，有把握的试题快速答题；无把握的试题在所听信息的基础上排除错误选项，果断处理；不会作答的暂时搁置，准备听新的题目。

「策略三」步步为营

听录音时既要集中精力听，又要注意用心记，紧跟说话者的思路，捕捉信息词，连贯记忆主要信息。听完试题后要前后联系，利用后面听到的信息补充前面漏听或有疑问的信息，并对听前、听中的预测、判断加以推理、分析、修正，提高理解的准确性。

2005 年的中考是检验新课程改革之后教学效果的关键一年，随着学生词汇量的稳步增大，语言实际运用的要求就更高，听力的难度也会适当增加。因此建议广大初三学生加大听、说能力的培养，多接触听力材料，保证泛听数量，在应试中养成良好的答题习惯，掌握答题技能。听力理解是一种由多项能力共同参与的复杂活动，它和听说、朗读、阅读、写作、记忆等方面的能力是密切相关的。听力理解能力的提高过程是一个循序渐进的过程，贵在坚持听力训练、培养语言能力、讲究听力策略。

载 2005 年第 1 期《英语大课堂》

叩开中考英语写作之门

——2006 年中考英语书面表达写作题考题分析与预测

英语写作教学的目的之一是"发展学生写的技能，培养学生在口头上和书面上初步运用英语进行交际的能力"。英语写作测试主要是检查学生对英语表达方式的使用情况，考查学生如何利用英语表达思想，是检测学生英语综合应用能力的有效手段之一。

【写作题型特点】

写作的内容形式主要有提示作文、看图作文、书信日记以及其他的应用文体。该题型考查学生运用所学词汇、语法和句型，写句子、写文章的综合能力，也是衡量和评判学生"写"的能力的专项检测试题。根据国家教育部颁布试用的《英语课程标准》对五级技能目标的描述，在"写"的能力方面，初三学生应达到如下目标：1. 能根据写作要求，收集、准备素材；2. 能独立起草短文、短信等，并在教师的指导下进行修改；3. 能使用常见的连接词表示顺序和逻辑关系；4. 能简单描述人物或事件；5. 能根据所给图示或表格写出简单的段落或操作说明。

【内容形式预测】

1. 图画提示类

很多父母希望孩子将全部时间都花在学习上。假如你是图中的学生，请根据图示将昨天下午放学回家后发生的事情和你的想法用英语简述。词数 80 左右，文章开头已给出，不计入总词数。（不得用真实姓名和校名）

参考答案：

Yesterday afternoon, I went home after school. I wanted to help my father to sweep the floor, but he said, "You needn't do that. Do some reading!" Later when I was watching TV, my mother came and turned off the TV and shouted, "Don't watch TV. You shouldn't waste your time. Go to study!"

I wonder if I should spend all the time on my study. Is that really good for my study? There are many other things for me to learn, too!

2. 表格提示类

你班班委会决定于 6 月 18 日上午举行初三离校前的最后一次班级活动。假如你是班长，请你根据表格中的活动内容，用英语写一篇 80 词左右的短文（不包括已给出的短文的开头和结尾），向你班外籍老师汇报这次活动的安排。（表格中"其他"的内容请自行设计，所设计的内容必须具体、合理。）

时　间	内　容
8：00～9：00	1. 谈谈"长大后你想做什么?" 2. 谈谈如何过暑假
9：00～10：10	1. 唱歌、跳舞 2. 表演短剧 3. 其他
10：10～11：00	1. 打扫教室 2. 修理桌椅 3. 其他
11：00～11：30	1. 拍照 2. 互留电话号码、地址 3. 其他

参考答案：

Our class is going to have a farewell party on the morning of June 18. At eight, we'll begin to talk about what we are going to do when we grow up. And we'll talk about how we are going to spend our summer holiday. At nine, we'll sing, dance, and put on short plays. We'll play games together. From 10：10 to 11：00, we'll clean the classroom and repair the desks and chairs. We'll clean the teachers' offices. At eleven, we'll enjoy some fruit (s) and drinks, take photos and give each other telephone numbers and addresses. At 11：30，the party will be over.

3. 图表提示类

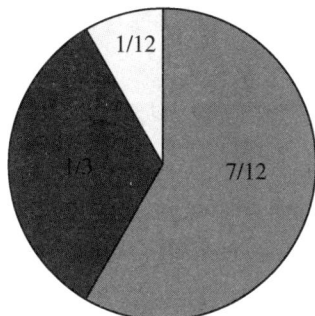

■ 向老师、家长说（理由：有爱心、有经验，可以信任）
■ 向同学、朋友说（理由：年龄相仿、容易交流与理解）
□ 自己独自解决（理由：不愿意与人交流、难以与人相处）

假如你叫李平，参加了学校开展的"有烦恼向谁说"的调查活动，调查结果如图所示。请用英语给校报编辑写一封 80 词左右的信（信的开头和结尾已给出，不计入总词数），内容包括：调查结果（不局限于分数表述）、理由及自己的想法。

提示词：survey 调查　trust 信任

参考答案：

Dear Editor，

I am a student in Grade Three. We have made a survey— "To whom you go when in trouble ". Here are the results. Most of the students will go to their classmates or friends in trouble because they're almost of the same age, they can talk with, communicate with and understand each other easily. Some students will tell their teachers or parents about their troubles as the teachers and parents have rich experience and love them very much. They can be trusted by these students . Some students solve their problems all by themselves. They hate to talk with others and can't get on well with others. They have few friends.

In my opinion, when in trouble we'd better ask our teachers, parents, friends or classmates for help.

Yours Sincerely，

Li Ping

4. 演讲导游词

润扬大桥开通以后，越来越多的旅游者来到扬州。作为一名业余小导游，请你以 *Welcome to Yangzhou* 为题，用英语写一篇不少于 80 词的导游词。注意要点完整，语法正确，上下文连贯，可充分发挥自己的想象。标题已给出，不得使用真实姓名、校名。

要点：介绍扬州的地理、环境、气候、人情以及你对扬州未来的设想。

参考答案：

Yangzhou is a pretty city, which lies in the middle of Jiangsu Province. It's neither too cold in winter nor too hot in summer. There are many places of interest all over the city and beautiful flowers and trees everywhere. It is famous for the Slender West Lake. I think you'll have a good time in Yangzhou. The people here are kind – hearted and getting on well with each other. They are living a very happy life. It's really the best place to live in and visit. People here are hard – working. They work hard on farming, fishing or in factories. They are trying their best to make Yangzhou more and more beautiful. I'm sure the future of Yangzhou will be even better.

5. 问题提示类

请以 "I want to be a / an..." 为题写一篇短文，词数 80 个词左右。内容必须包括提示中的三项要求，请不要使用真实姓名及所在学校名称。

提示：1. What do you want to be? 2. Why do you want to be a/an... 3. How can you make it come true?

参考答案：

I want to be an inventor

Many people want to make their new ideas and wishes come true. They want to invent some new things for the world. I am one of them. I just want to be an inventor. Inventions can change the world. They can bring fun and happiness to our life. And our life will become better and better. Now I'm still a middle school student. I must try my best to work hard at my lessons and learn what my teachers teach us. I will use my inventions to make contributions to our country.

【写作解题指导】

1. 确定主题

做事情不能没有目的，写文章不能没有主题。一篇文章要告诉读者什么，反映什么思想，提出什么主张，在写之前要做到心中有数，否则文章会显得杂乱无章。要看清、读懂试题所提供的全部信息。每一道写作题一般都含有提示和要求两部分内容。提示一般包括写作的内容及与写作密切相关的一些信息。要求一般包括文章的文体、字数、格式等。

2. 选取素材

主题确定之后，就要围绕主题选取相关的素材。材料越丰富，文章越生动，才会言之有物。现在各个省市中考英语题中写作的比分都不小，要求也不低，每漏掉一个要点，都要被扣分。内容要点，有的是直接给出，有的要靠学生自己根据提示归纳。要点确定后，就可以考虑该用的词汇和句子。写文章所选的材料要有代表性，且必须具有说服力，这样才会使人信服。同时材料还应充实。

3. 制定提纲

写好提纲是一篇文章成功的关键。写文章的目的是什么？怎样才能达到这一目的？这些都必须经过认真思考。材料怎样组织？用什么方式表达才能达到最佳效果？这些也都要考虑好。然后将所有这些加以条理化，化为写作时的依据和参考，这就是提纲。写提纲要主题突出，层次清楚，这样写出的文章段落才能过渡自然，浑然一体。

4. 初步拟稿

有了提纲，就可以着手写作了，一般来讲，文章有三个基本组成部分：开头、主体和结尾。一般开头用于交代文章的中心思想和主题，即破题。主体即正文，是主题的展开与深化。结尾则是对主题的概括与总结。写作题大都有词数限制，词数不符合要求的一般要扣分。写作过程中要尽量使用自己熟悉的词汇和句子，同时还要适当使用复合句，以确保文章有更高的质量。

5. 修改定稿

草稿完成后，不要忙于抄写，要多思考，多修改几遍。检查时，要看看选词是否恰当，句子是否得体，行文顺序是否正确，内容要点是否齐全，也要注意是否有单词拼写、字母大小写、语法、标点等方面的错误。好的文章都是多次修改的结果。确认无误后，再工整地誊写在试卷或答题纸上。

载 2006 年第 3 期《英语大课堂》

阅读理解专项冲刺

（一）选择填空篇

　　阅读理解主要考查学生阅读、理解书面英语的能力。初中生在阅读方面应做到能独立阅读生词率不超过 3% 的题材熟悉的文章，理解语篇大意，获取有关信息，同时应做到能够理解日常生活中的内容简单的书信、通知、说明等应用文，并能理解和解释图表所提供的简单信息。中考试题中阅读理解部分的考查方向正是由以上两点出发，以考查学生的语篇领悟能力以及分析判断能力为重点而设计的。本文是从阅读理解的题型入手，来谈不同阅读题型的解题思路与技巧。

　　【题型特点】嗯……听我讲讲。

　　选择填空是阅读理解题中最常见的一种题型，通常是考查学生的对文章主要事实和细节的了解程度；考查学生的猜词悟意能力；考查学生能否准确理解、归纳文章大意，并领会文中所含逻辑关系。

　　【解题技巧】教你一手，怎么样？

　　1. 审读题干，弄清楚测试方式或命题角度，了解命题者的意图，明确解题要达到的目标。

　　2. 学会在段落中找关键句。所谓关键句也就是主题句，它通常位于段落的开头或结尾，往往能告诉我们每一段的中心内容。

　　3. 阅读遇到生词是难免的。应略过那些不影响理解文章意思的词；若该生词是关键词，可通过观察上下文来猜出词义。

　　【样板试题】看看以前是怎么考的。

　　Some children wish to be writers someday. They mean that they want to write stories or books and that many persons will read their stories and books. I would like to tell them that they will need to be good readers and to read a lot before they become good writers.

Nearly all great writers often listened to others read stories long before they started school. They kept on reading for hours and hours for years. Even when they have become writers, they spend much of their time reading books in the evening instead of watching TV.

If you are a good reader, it won't take you long to do the reading homework your teacher asks you to do. Then you will have time to read other books for pleasure. Because you read so well, you kept looking for more books to read.

When you make up your mind to become a writer, you had better say to yourself, "I must read more and more if I really want to become a good writer."

1. Some children want to be writers because they _____.

A. want to make money   B. want to copy books

C. like reading books   D. like people to read their books

【分析】本题选 D。通过文章第一、二句，可得出答案。

2. Many great writers _____ before they became writers.

A. read a lot   B. were good at telling stories

C. watched TV every day   D. liked their homework

【分析】本题选 A。整个第二段都告诉我们许多作家在成名之前都有大量的阅读过程。

3. If you are good at reading, _____.

A. your teacher's reading homework will be easier for you

B. you'll become interested in your homework

C. the teacher will ask you to read more

D. you needn't read any more

【分析】本题选 A。第三段第一句话很明显地告诉了我们答案。

4. The passage tells us that _____.

A. children like reading   B. good readers are good writers

C. writers are great   D. reading helps to make one a good writer

【分析】本题选 D。文章若是议论文或说明文，应留意文章或段落的开头和结尾。从中可获取文章的重要信息。

5. Which is the best title for this passage?

A. Great Writers　　　　　　B. Children and Books

C. How to Become a Writer D. How to Be a Good Reader

【分析】本题选 C。通过文章首句和尾句，文章的最佳题目不难找出。

（二）判断正误篇

阅读理解的侧重点在于考查学生快速通读全文，寻找重要解题信息的能力，要求学生在理解的基础上进行分析，推断猜测，概括归纳，通过文章的字里行间，挖掘作者的写作意图和真实思路，领会文章的弦外之音、话外之意，把握深层次的含义，其目的在于 understanding（读懂）。阅读时，不要逐词阅读，而要按意群扫视、连贯阅读；不要拘泥于个别词句的理解，而要力求融会贯通、掌握通篇的中心思想；不要通过翻译来理解，而要使英语的文字在大脑里直接产生意义。所以平时要有计划、有目的地进行这方面的训练，只有在大量的阅读中，才能建立语感，掌握正确的阅读方法，提高阅读技能。应有意识地扩大阅读面，看一些有关英美等国社会文化背景方面的材料和科普读物，这对提高理解能力大有裨益。

【题型特点】嗯……听我讲讲。

判断正误是阅读理解题中另一种常见的题型，通常是考查学生的语篇领悟能力及分析判断能力。难度要比选择填空小。要求学生能根据文字材料所提供的信息，综合自身应有的常识进行推理、判断。

【解题技巧】教你一手，怎么样？

1. 准确理解题干，快速阅读全文。快读的目的是用浏览全篇的方法了解文章的大意和主题思想，并对文章的结构有总的概念。

2. 针对部分内容，反复仔细阅读。找到文章中的有关范围以后，即在此范围内逐句阅读，特别对关键词句要仔细琢磨，以便对其有较深刻、较准确的理解和掌握。

【样板试题】看看以前是怎么考的。

Do you remember your dreams? Do people have the same dreams? Why do we dream? There are many questions about stage（阶段）of sleep. We have about five periods of REM sleep during the night. The first REM cycle（周期）lasts about 10 minutes. As the night goes on, the REM cycle gets longer. By early morning, the REM cycle can last up to 90 minutes. Usually, it is in this last REM cycle that we remember our dreams.

Dreams change as people age. People may have several dreams each night. Some are like films and usually in colour. They come to us over and over again. That may be because the dreamer is worrying about something and trying to find the answer. Sometimes we wake up with a good feeling from a dream. But often we can't remember the dreams clearly.

It is reported that too much dreaming is bad for our health. The more we sleep, the longer we dream. The mind is hard at work. That is why we may have a long sleep and still feel tired when we wake up.

根据上面的短文内容，判断句子正确（T）与错误（F）。

1. We dream during the REM stage of sleep.

【分析】本题答案是 T。这篇文章的第一段的内容告诉我们，人们在睡眠中的"快速眼动"阶段都会做梦。

2. Children aged eight or nine have the same dreams as people aged thirty.

【分析】本题答案是 F。从短文中的"Dreams change as people age."可以看出，这个句子与短文不符。

3. All the dreams are usually in colour like films.

【分析】本题答案是 F。短文中的"Some are like films and usually in colour."可以证实，不是所有的梦都像电影一样是有色彩的。

4. The longer we dream, the better we sleep.

【分析】本题答案是 F。我们从文章中的"That is why we may have a long sleep and still feel tired when we wake up."能够得知，该句是错的。

5. The passage above is talking about dreams.

【分析】本题答案是 T。很明显，这篇文章专门讲述的就是有关"梦"的事情。

（三）回答问题篇

阅读理解主要考查学生对英语语篇的阅读理解能力，包括直接理解、间接理解和综合分析能力。对阅读能力的考查不仅仅停留在对细节和字面意义上的理解，而且增加了考查学生归纳概括、推断能力及发散性思维的试题。英语阅读理解题命题时，所选短文涉及记叙文、议论文、说明文、应用文、实用图表等。题材有故事、笑话、历史、地理、人文、风土人情、人物介绍等。阅读量比平时大，对学生阅读速度有更高的要求。文章中的生词也比平时有所增多，要求学生在提高阅读速度的同时，还必须学会在某一语言环境中推测生词的词义。随着考试制度的改革，人们逐渐认识到，阅读理解客观题有其简洁、考查面广、便于评卷等优点，但容易助长那些不爱动脑筋，喜欢瞎蒙的学生投机取巧的心理。而且对很多学生来说，忽略了对书写的练习，导致拼写错误、不规范等问题的出现。

【题型特点】 嗯……听我讲讲。

回答问题是阅读理解中非选择题的主要形式，重点在于考查学生在阅读了解文章主旨大意的基础上，依据自身所具备的知识和能力，通过理解和逻辑思维推理及综合判断，写出正确内容，是知识与能力的综合性试题，其目的在于improving understanding（完善阅读）。阅读回答问题的题型针对性强，多数问题都是针对文章中的事实与细节进行的提问，一般涉及文章的"5W"，即when（何时），where（何地），who（谁），what（什么事），why（为何）等内容。问题的提出多数采用特殊疑问句及一般疑问句的形式，但也有选择疑问句或者反意疑问句形式。

【解题技巧】 教你一手，怎么样？

1. 通读全文了解大意，在解题之前，一定要认真通读短文，掌握短文所提供的信息内容，理解其内在含义，从而为解答问题奠定基础，提高答题的准确率和速度。

2. 浏览问题，判断问句的类型，然后找出问题与原句相关的语句，最后再用适当的词语回答问题。问题的回答一定要针对所给的问题而且要严格切合原文的涵义，不能所答非所问。

3. 注意词语的运用，务必表达正确。解题时，要注意用词的时态要与原义一致，要注意词与词搭配正确；要注意主语与谓语在人称上一致。还要留意各类词形的变化，如形容词、副词的比较级与最高级，名词的单复数与所有格等。

4. 复读全文，核对答案。要用全文的主题思想统率各思考题的解答，研究其内在的联系和逻辑关系，并依此审核已解答的题目，推测判断，确保理解无误。

【样板试题】看看以前是怎么考的。

"I have to live on because life is so beautiful." These words of one of my patients who suffers from （遭受）SARS continue to ring in my ears. This patient's whole family has been infected （感染）with SARS—her mother and brother have already died and her father is still seriously ill. I was deeply moved by her courage （勇气）and understood for the first time in my life the weight of my duty. I have to help others live on.

When I treated my first SARS patient on April 25, my only worry was that my knowledge in treating SARS patients was not enough. Many friends of mine keep asking why I'm not frightened. I think it takes no special courage to treat SARS. It is my duty to save other people's lives and I was trained to do this. When you see a family suffering from SARS and seriously ill patients worrying about their dying relatives, the only thing you want to do is to try to help them.

I treat SARS patients as ordinary patients, never making them feel they are dangerous. I believe this mental support （精神支柱）is important to those suffering from loneliness and despair （绝望）. After a day's work, when lying in bed at the hospital, the most beautiful sound I want to hear is my two – year – old son's voice.

阅读上面的短文，根据其内容，回答所提的问题。

1. What does the writer do?

_____

【分析】我们可以从 "... I treated my first SARS patient on April 25, ..." 看出，作者是一个医生。应当回答 He's a doctor.

2. What's the Chinese for the underlined （划线）sentence in the text?

_____

【分析】从短文内容可以看出，该句的汉语意思是：我的一个遭受 SARS 折磨的患者说的这些话至今在我的耳边萦绕。

3. What made the writer feel worried when he first treated SARS patients?

_____

【分析】从文中 "... my only worry was that my knowledge in treating SARS patients was not enough." 这个句子可以看出，该题应当回答 His knowledge in treating SARS patients was not enough.

4. Where does the writer live during his special work in treating SARS patients?

_____

【分析】我们看了"After a day's work, when lying in bed at the hospital, the most beautiful sound I want to hear is my two – year – old son's voice." 就应该知道该题的答案是 At/In the hospital.

5. What does the writer think of his work?

_____

【分析】在这篇文章中我们可以看出，作者认为"It is my duty to save other people's lives and I was trained to do this." 所以，该题应当回答 It's his duty to save other people's lives/to help his patients live on.

连载 2005 年第 9 至 11 期《英语大课堂》

中考英语代词热点考点透视

代词是用来代替名词并起名词作用的词。英语中代词的数量有限，但种类和变化却非常繁多。代词也是中考英语试题中考查较多的词类之一。从历年中考试题分析可知，不定代词的测试率最高，几乎年年都考，其次是关系代词和 it 的用法。

热点考点透视

一、人称代词

人称代词是用来指人、动物或事物的代词。人称代词有人称、数、格的变化，分为主格、宾格。主格作主语，宾格作宾语或表语。在强调句型中，强调主语用主格，强调宾语用宾格。两个或两个以上的人称代词同时使用时，通常要按照 you—she/he—I（单数）或 we—you—they（复数）顺序排列。代词 it 不仅可代替无生命的东西，还可以指天气、时间、距离，作形式主语或形式宾语等。

【中考链接】

1. —Can we put our sports shoes here?

—Oh, yes. Put _____ here, please. （2005 年・福州市）

A. them   B. their   C. it   D. they

【简析】本题选 A。从上文中可知 our sports 是复数名词，位于动词 put 之后，要用宾格。

2. Most young man find _____ exciting to watch a football match. （2005 年・兰州市）

A. it   B. this   C. that   D. one

【简析】本题选 A。这是 it 的一个重要用法，作形式宾语，真正的宾语是后面的不定式结构、动名词结构或名词性从句，it 后可跟形容词或名词词组。

3. —Who is the boy over there?

—_____ is my brother. （2007 年·北京市）

A. He　　　　　　B. His　　　　　　C. Him　　　　　　D. Himself

【简析】本题选 A。人称代词在句中作主语，所以要用主格形式。

二、物主代词

物主代词是用来表示所有关系的代词，分为形容词性和名词性两种。除了第一人称 mine 之外，名词性物主代词是由形容词性物主代词加 – s 构成的，本身以 – s 结尾的 its，his 不再加 – s。形容词性物主代词相当于形容词，放在名词前作定语；名词性物主代词相当于名词，可作主语、表语和宾语。

【中考链接】

1. This isn't _____ purse. I left _____ at home. （2005 年·辽宁省）

A. my，mine　　B. me，my　　　C. I，mine　　　D. my，myself

【简析】本题选 A。从第一句空格后有名词、第二句空格后没有名词可知第一空格要用形容词性物主代词，第二空格要用名词性物主代词。

2. —Whose dictionary is this?

—It's _____. My father bought it for my brother and me. （2006 年·合肥市）

A. ours　　　　　B. mine　　　　　C. hers　　　　　D. theirs

【简析】本题选 A。四个选项全是名词性物主代词，关键是根据句意来判断。从 My father bought it 可知与"我们"有关。介词宾语是 my brother and me，所以用 ours。

3. —My pen is lost.

—Don't worry about it. You can use _____. （2007 年·吉林省）

A. my　　　　　　B. mine　　　　　C. me　　　　　　D. myself

【简析】本题选 B。mine 是名词性的物主代词，相当于 my pen，题意为"不用担心，你可以用我的（钢笔）"。

三、反身代词

反身代词指动作返回到动作执行者本身或进行强调。一、二人称的反身代词是由相应的"形容词性物主代词 + self/selves"构成；第三人称的反身代词是由"人称代词的宾格 + self/selves"构成。通常用作宾语或同位语。常见的惯用语有 by oneself （独自地），devote oneself to （致力于），enjoy oneself （过得愉快），help oneself to （请随便吃）等。

【中考链接】

1. Don't lose _____ in computer games, children. （2005 年·威海市）

A. yourself   B. yourselves   C. ourselves   D. themselves

【简析】本题选 B。这句话是直接对"孩子们"说的，所以一要选择第二人称，二要选择复数形式。

2. —Did Lucy have a good time?

—Yes. She enjoyed _____ very much. （2007 年·衢州市）

A. himself   B. herself   C. themselves   D. itself

【简析】本题选 B。enjoy oneself 是反身代词的惯用语。从句中的主语 she 就可以判断出正确答案为 herself。

3. —What a lovely card! Where did you buy it?

—I made it by _____. （2007 年·福州市）

A. me   B. himself   C. myself   D. itself

【简析】本题选 C。上文问"你在哪里买的?"下文说"我自己做的"。只有 by myself 符合题意。

四、相互代词

表示相互关系的代词叫作相互代词，有 each other 和 one another 两组。each other 多指两者，one another 用于两者或两者以上的人或物之间，这种区别在现代英语中已不明显。相互代词一般在句子中作宾语。

【中考链接】

1. —Are you good friends?

—Yes, and we never complain about _____ mistakes. （2005 年·四川省）

A. each other   B. each else's   C. each other's   D. each others'

【简析】本题选 C。运用排除法首先剔除选项 B，然后根据空格后的名词确定用所有格形式 each other's。

2. They are getting along well. They often help _____ other. （2006 年·杭州市）

【简析】本题答案是 each。相互代词总共就两个，应该很容易猜出正确答案。

五、指示代词

表示"这个""那个""这些""那些"等意思的代词叫指示代词，这类词有 this（这个），that（那个），these（这些），those（那些），same（同样的），

such（这样的），so（这样）等。其中在打电话时，this 表示"我"，that 表示"你"；that 和 those 可代替前面提到的名词；same 必须跟定冠词 the 连用；so 用作代词可代替前面的句子。

【中考链接】

1. —Are these cars made in Japan?

—Yes. And they're much cheaper than _____ made in America.（2004 年·扬州市）

A. that　　　　B. those　　　　C. it　　　　D. ones

【简析】本题选 B。that 和 those 可代替前面提到的名词，以避免重复。those 用作代替复数名词（cars）。

2. The population of Tianjin is larger than _____ of Shanghai.（2005 年·天津市）

A. that　　　　B. those　　　　C. it　　　　D. ones

【简析】本题选 A。that 和 those 可代替前面提到的名词，以避免重复。that 用作代替单数名词或不可数名词（population）。

3. —Emma has been ill for a week. Is she all right now?

—_____. The teacher says she can come to school tomorrow.（2006 年·宜昌市）

A. I think so　　B. That's it　　C. I'm afraid not　　D. That's true

【简析】本题选 A。so 用作代词可代替前面的句子，这是它作 think、tell、say、believe、hope、expect、suppose、guess、I'm afraid、seem 等词的宾语。I think so 意思是 I think she is all right now。

六、不定代词

不指明所代替的名词，而起到名词或形容词作用的代词叫不定代词。不定代词有名词性和形容词性之分，既可起名词作用，也可起形容词作用；并有可数和不可数的区别。常考的不定代词有 one、some 和 any、each 和 every、both 和 all、much 和 many、either 和 neither、no 和 none、few 和 little 以及复合代词等。

【中考链接】

1. —Do you want _____ cake?

—Yes, I usually eat a lot when I'm hungry.（2005 年·金华市）

A. other　　　B. others　　　C. another　　　D. the other

【简析】本题选 C。the other 指两者中的"另一个"，可以修饰单数名词或复数名词；another 指三者或三者以上的中的"另一个"，其前不用冠词。

2. My aunt has two children. But _____ of them lives with her. （2007 年·河北省）

　　A. each　　　　　B. neither　　　　C. either　　　　D. both

【简析】本题选 B。从转折连词 but 可知后面应用否定。从动词 lives 可知主语应为第三人称单数。

3. —Sorry, Mr Green. Jim can't take part in the relay race because he's ill.

—It doesn't matter. I'll ask _____ to go instead of him. （2007 年·锦州市）

　　A. somebody else　　B. anybody else　　C. everybody else　　D. nobody else

【简析】本题选 A。题意为"我叫别人代替他去"，是除他之外的某一个人，而且是用于肯定句。

4. —Wow, so many new houses! I can't believe it. It used to be a poor village.

—Yes, _____ has changed here. （2007 年·河南省）

　　A. nothing　　　B. something　　　C. everything　　　D. anything

【简析】本题选 C。根据上下文意思确定答案为 everything，即"一切都变了"。

5. I've got many books on Chinese food. You can borrow _____ if you like. （2007 年·杭州市）

　　A. either　　　　B. one　　　　　C. it　　　　　D. every

【简析】本题选 B。题意为"我有许多书，你可以借（同类中的任何）一本"，并不确指哪一本。

6. —There is _____ with my eyes.

—Don't worry. Let me help you. （2007 年·衢州市）

　　A. wrong nothing　　　　　　B. nothing wrong

　　C. wrong something　　　　　D. something wrong

【简析】本题选 D。形容词修饰不定代词必须后置。据下文句意"别着急"可推断"我眼睛有毛病"。

7. I asked Lily for some water, but she didn't have _____. （2007 年·重庆市）

　　A. some　　　B. few　　　　C. many　　　D. any

【简析】本题选 D。some 和 any 均表示"一些"，可代替或修饰名词。some 一般用语肯定句中；any 多用语否定句、疑问句和条件句中。

七、疑问代词

疑问代词有 who, whom, whose, what 和 which，主要用来构成特殊疑问句，一般放在句首，它们没有性和数的变化，除了 who 外也没有格的变化。其中 what 和 which 均可与名词连用，但二者有所不同。当有具体的数目限制时一般用 which；当选择性较大而不清楚具体数目时，常用 what。

【中考链接】

1. —_____ is your favourite sportsman?

—Liu Xiang. （2005 年·北京市海淀区）

A. How   B. When   C. Who   D. Which

【简析】本题选 C。答语 Liu Xiang（刘翔）是人名，故可知问句是对人提问，所以只能用疑问代词 who。

2. —_____ are you talking about?

—The Olympic Games in Beijing. （2007 年·杭州市）

A. What   B. Whom   C. How   D. Where

【简析】本题选 A。根据答语"北京奥运"，可知问句是"你们在谈什么？"。

3. There's a red car parking in our neighbourhood. Do you know _____ it is? （2007 年·重庆市）

A. what   B. who   C. whose   D. whom

【简析】本题选 C。空格中缺少宾语从句的主语，给出的选项中只有 whose 合适，相当于名词作主语。

八、关系代词

关系代词（that, which, who, whom, whose）是用来引导定语从句的引导词，放在先行词（被定语从句修饰的名词或代词）和定语从句之间起连接作用。当先行词指人时用 who, whom；当先行词指物时用 which；whose 是 who 和 which 的所有格形式，表示"……的"；that 既可指人，也可指物。这些关系代词在定语从句中作主语和宾语，作主语时关系代词不能省略；作宾语时可以省略。

【中考链接】

1. A robot is a machine _____ can do some difficult work instead of man. （2006 年·连云港市）

A. who   B. /   C. that   D. what

【简析】本题选 C。被定语从句修饰的词叫先行词。当先行词指物（music）

时，用 which 或 that 引导定语从句。

2. —Have you found the information about famous people _____ you can use for the report?

—Not yet. I'll search some on the Internet. （2007 年·江西省）

    A. which   B. who   C. what   D. whom

【简析】本题选 A。空格处缺少的是在定语从句中作宾语的关系代词。根据句意，此处需要 which，以代替先行词 the information about famous people。

3. The man _____ gave us a talk on science yesterday is a famous scientist. （2007 年·汕头市）

    A. who   B. whose   C. which   D. whom

【简析】本题选 A。含定语从句的复合句中，当先行词指人（man）时，用 who 或 that 引导定语从句。

载 2008 年第 2 期《英语大课堂》

中考英语单项选择解题秘籍

单项选择是中考英语的必考题型之一。其特点是知识容量大，覆盖面广。它包括语法测试、词汇测试、常识测试和惯用法测试等，几乎包括初中阶段所学的全部内容。而现在的单项选择更是由原来的语法型测试转向考查学生的实际交际能力、语言应变能力、词语运用能力等为主的能力型测试。

【题型特点】嗯……听我讲讲。

单项选择的命题范围虽然涉及语法、词汇、惯用法、句型、口语交流等诸多方面，题目设计灵活，覆盖面广，但大多数题目都源于教材，偶有宽于教材、高于教材。

1. 注重知识灵活性

大多数单项选择题都是由对话构成题干，使语言知识的考查更具灵活性，更富生活化。如：

—Do you mind if I turn on the TV?

—_____. My father is sleeping. （2011·重庆市）

A. Better not　　　　　　B. Not at all

C. No, I don't mind　　　　D. That's all right

『解析』A. 上文中的 mind 是"介意"的意思，从下文 My father is sleeping（我父亲正在睡觉）来看，只能选 Better not，意为"最好别"。

2. 注重题干语境性

答题时，首先要理解语境，把握题干的全部信息，进行合理的推断，并从词法、句法和惯用法等角度进行全方位的思考。如：

—Would you like some coffee?

—No, thanks. I _____ drink coffee. Coffee is bad for my stomach. （2011·宜宾市）

A. almost　　　　　　　B. already

C. hardly   D. still

『解析』C。前一句"不，谢谢"和后一句"咖啡对我胃不好"这两个语境，为中间一句提供了依据。hardly 的意思是"几乎不"，符合题意。

3. 注重试题综合性

很多题目看似一个小题，但同时考查两个甚至两个以上的知识点。有些题目虽然只有一个空格，但涉及多个考点。如：

Tom _____ the USA. He _____ back in two months. （2010·宿迁市）

A. has gone to; comes   B. has gone to; will be

C. has been to; comes   D. has been to; will be

『解析』B。这一题既考查了现在完成时，又考查了一般将来时。in two months 在句中意为"两个月之后"，要用一般将来时，同时，该短语又对上文有暗示作用，暗指 Tom "去了美国（has gone to）"，而不是"去过美国（has been to）"，由此得出 C 项为正确答案。

4. 注重选项干扰性

正确答案与其它干扰项的外在形式、长度基本一致，没有过分醒目的特征。几个选项都能放入题干之中，每一个干扰项都能起到一定的干扰作用。如：

—What are you going to do for the School Day?

—We'll _____ a new play. （2011·武汉市）

A. put out   B. put off

C. put into   D. put on

『解析』D。四个选项都是关于动词 put 的搭配，看似简单，如果对词义不理解，很难选出正确答案。put out 意为"扑灭"；put off 意为"推迟"；put into 意为"投入"；put on 意为"上演"。

【解题技巧】教你一手，怎么样？

1. 直接判定法——即运用所学的英语知识，结合题目所提供的信息，从备选项中直接选出正确答案。有些题目甚至仅看题干，便能知道正确答案。如：

—What's your favourite fruit?

—Apples. You know, _____ apple a day keeps the doctor away. （2011·苏州市）

A. a   B. an

C. the   D. /

『解析』B。根据句义可知"每天一只苹果，医生不来找我"，而 apple 是以原音起首，要用 an。故本题选 B。

2. 逐项排除法——即根据所学英语知识，结合题干，经过分析，逐一去除错误选项。这也是我们用得最多的一种方法之一。如：

—You didn't do your homework _____ , Tom.

—I'm sorry, mum. But I haven't got _____ for such things. （2011·滨州市）

A. careful enough; enough time　　B. enough careful; time enough

C. carefully enough; enough time　　D. enough carefully; enough time

『解析』C。enough 修饰形容词或副词时通常要后置，B 和 D 显然为干扰项，应筛去；careful 通常修饰名词，carefully 通常修饰动词，A 项也要筛去。故本题选 C。

3. 前后照应法——即答题前先弄清楚题干的意思，然后根据上下文之间的关系，捕捉暗示的信息，从而得出正确答案。这实际上是借助语境来解题的一种方法。如：

—Would you mind staying in such a noisy room?

—No, but my son needs a _____ place to study in. （2011·宁波市）

A. cleaner　　　　　　　　　B. quieter

C. safer　　　　　　　　　　D. smaller

『解析』B。如果不看上文，空白处四个选项均可填入，但读完上句便知答语应是"但是我儿子需要一个更加安静的学习场所"。故本题选 B。

4. 逻辑推理法——即通过逻辑推理将一些从语法上看貌似可行而却不符合逻辑的选项排除。如：

—You never exercise.

—_____. I walk for more than one hour every day. （2011·济宁市）

A. Yes, I do　　　　　　　　B. No, I don't

C. Yes, I am　　　　　　　　D. No, I'm not

『解析』A。单纯从语法角度考虑，A、B 两项都对，但 B 项不符合逻辑，与后面的 I walk for more than one hour every day 是矛盾的。故本题选 A。

5. 分析比较法——即运用所学的语法和词汇知识，仔细地分析比较四个选项，对其进行时态、语态、语气、非谓语形式及同义词比较，最后选出正确答案。此法多用于解答那些较难的单项选择题。如：

—Can you guess _____ the new schoolbag yesterday?

—Sorry, I've no idea. (2011·泰安市)

A. how much did he pay for　　B. how much he spent

C. how much he paid for　　D. how much did he spend

『解析』C。本题考查了宾语从句的用法，即引导词之后用正装语序，所以A、D选项不对；另外还考查了 pay 和 spend 的用法，"花钱买某物" 要用 pay for 或 spend on。故本题选 C。

6. 固定结构法——即根据所学英语知识，判断出考查的是固定搭配或是习惯用法。做这类题目应摆脱汉语习惯的干扰，才能选出正确答案。如：

—Oh, my God! We have missed the last bus. What shall we do?

—I'm afraid we have no _____ but to take a taxi. (2011·宿迁市)

A. decision　　B. choice

C. advice　　D. reason

『解析』B。"除了做某事别无选择" 在英语中是一个固定结构，要用 have no choice but to do sth. 这一短语。故本题选 B。

7. 转换句型法——即结合有些题目缺乏直观性，很难一下子找出正确答案这一特点，将句子进行延伸或做一下变换，使其 "原形毕露"，从而确定答案。如：

—By the way, _____ you come across the word "brunch"?

—Not yet. What does it mean? (2011·杭州市)

A. have　　B. do

C. would　　D. will

『解析』A。如果不看答语，四个选项据符合语法规则，但代表不同的时态。如果将答语中的 not yet 还原为 haven't come across the word yet，联系上下文，就可以看出要用 have。故本题选 A。

8. 联想回忆法——即面对四个选项无所适从时，展开联想，回忆课堂、教材、练习或是阅读材料中学过的内容，判断是否与该题有相似之处。平时学习过程中形成的语感可在这里发挥较大的作用。如：

I _____ some of my free time playing basketball for my school team. (2011·天津市)

A. spend　　B. cost

C. take　　D. pay

『解析』A。即使不从语法角度去考虑，单凭从《牛津初中英语》7A 第二单元 Reading 里学过的 I spend about two hours a day doing my homework. 一句就能知道 spend 为正确答案，这也是语感对解题所起的作用。故本题选 A。

9. 数学演算法——即通过数学知识演算出正确答案。如：

—There are 60 students in my class and 44 of them use *weibo* very often.

—44? That means about _____ of your classmates are *weibo* users, right?（2011·东营市）

　　A. half　　　　　　　　　B. one third

　　C. two thirds　　　　　　D. three quarters

『解析』D。本题考查数词的用法。首先要知道分数表达法，half 意为"二分之一"；one third 意为"三分之一"；two thirds 意为"三分之二"；three quarters 意为"四分之三"。其次经过演算得出"你们班大约四分之三的学生在用微博"。故本题选 D。

10. 常识背景法——即借助所掌握的政治、历史、地理、天文、理化、生活习俗、风土人情等方面的常识，选出正确答案。如：

Which of the following is caused by the earth's turning around the sun?（2011·荆州市）

　　A. The rising and setting（落下）of the sun and moon.

　　B. The change of spring, summer, autumn and winter of the year.

　　C. The change of the day and night.

　　D. The time in the east is earlier than that in the west.

『解析』B。大家都知道，太阳自转导致一天 24 小时的变化；太阳公转导致一年四季的变化。故本题选 B。

载 2012 年第 4 期《英语大课堂》

中考英语考前争分策略

经过近三年的英语学习，要想在听、说、读、写等方面再提高该如何下手呢？我要告诉大家的是：不能灰心，正面困难，设法克服。在接下来的考前复习过程中，如果能尽可能地打通"六关"，我想同学们会在中考中取得令人满意的成绩。

第一，打通"语感"关

复习阶段千万不能因为时间紧迫而忽视语感的培养与训练，一旦有了较强的英语语感，往往凭直觉就能把题做对。要紧紧抓住《牛津初中英语》教材，这本书里的听力材料和朗读材料有对话、有文章，反复读就能记住说什么（说话内容），反复听就能学会怎么说（语音、语调、语速、停顿）。我想，良好的语感就是读出来的、听出来的，反复听读既有利于中考英语的听力测试，又有利于口语测试，可谓一举两得，一箭双雕。此外，有时间的话还可以多听一些英语广播，多读一些报刊杂志上优秀的英语文章。"多读"是为了"有语可发"，"多听"是为了"有感而发"。

在做听力题时，要注意以下几点：一是调整心理，用良好的心理暗示和积极鼓励来建立信心，达到消除紧张、恐惧的作用；二是预览试题，从所给文字材料中推测测试内容，增强听录音时的针对性；三是抓住关键，将听的重点放在问题所在的考点上，不能将思路停留在个别次要的语句上；四是顺势推理，对于无法直接作答的试题，结合听力内容进行正确的逻辑推理，必要时可将有关信息记在稿纸上并进行编排、推断，这样解题时就更加直观；五是把握复听，在进一步听材料、把握重要细节的基础上，要特别注意第一次听录音时没有听清楚或不理解的地方，应特别检查一下自己前一次有没有误听或漏听重要信息。

第二，打通"单词"关

《牛津初中英语》教材里词汇非常丰富，要高度重视。英语作为一门语言，词汇是它的两大支柱之一（另一大支柱是语法）。试想，如果一篇文章中有50%的单词你都不认识或者拿不准意思，那么掌握再多的解题技巧也只能是"英雄无用武之地"。《英语课程标准》要求初三毕业生要学会使用1800个左右的单词。相比较而言，《牛津初中英语》教材中所出现的词汇量却远远大于这个数字，所以应抽出时间背《英语课程标准》中的四会单词、常用的或感觉模糊的单词。词汇是英语学习的基础，历届中考英语试题都有对单词拼写进行考查的题目。最常见的命题方式是"根据首字母及句意填写单词"和"根据中英文提示填写单词"。做这样的题目一个最重要的环节就是要学会猜测题意、理解题意。如：

◇What were they doing when the bell rang at the b _____ of the class?

【解析】根据句意和前面的定冠词可以判断，此题应当使用名词，而 begin 的名词形式是 beginner 或 beginning，由于 at the beginning of（在……初期，在……开端）是一个固定短语，所以答案为 beginning。

◇There are many _____ in the classroom.（child）

【解析】解这样的题目，一要弄清所给词的词性，二要寻找出提示词，三要注意固定搭配。本题属于第二种情况，空格前的 many 就是提示词，说明后面应填 child 的复数形式 children。

◇How long may I _____ the pocket computer?（借）

【解析】这种题型较为简单，但要注意的是有时要摆脱汉语的影响，更多的是对句子更深层次的理解。比如题中的"借"就不能用 borrow，而要用 keep。

第三，打通"词组"关

《英语课程标准》明确要求初三毕业生要学会使用 200～300 个习惯用语或固定搭配。《牛津初中英语》教材中的词组按词类大致分为名词词组、动词词组、介词词组等。其中动词词组和介词词组是复习的重点。如：

◇Daniel quickly finished his homework _____（独立）.

◇This pink sweater is very _____（适合）tonight's party.

◇This kind of magazine _____（畅销）recently.

【解析】解这类题目绝不能单纯就词组写词组，要把词组放在整个句子当中去理解，要注意人称的一致（题1为 on his own / by himself），词性的变化（题

2 为 suitable for)，时态的准确（sells well）。

第四，打通"句型"关

"句型"是一个较为广义的概念，语言中的习惯用法、固定搭配、结构要求、语法规范等都可以涵盖在"句型"内。句型的总结有助于句型的比较、句意的理解，也有助于做英文写作、补全对话等题型。中考英语注重语言表意和运用能力的考查，因此，经常把对常用句型的考查放在完成句子、句型转换等题型之中。完成句子通常有缺词翻译（词数不限）和整句翻译两种考查形式。一般情况下，缺词翻译更加注重对习惯用法、固定搭配的考查，整句翻译则更加注重对结构要求、语法规范的考查。如：

◇对于熊猫而言，在野外生存很困难。

It's _____ giant pandas _____

_____ in the wild.

【解析】这题考查的就是常用句型 It's + adj. + for sb. + to do sth.。因为有了对这类句型的了解，所以也就很容易得出 difficult/hard for 和 to survive/live 答案了。

句型转换也是英语测试中重要的题型之一，只要掌握它的基本规律，再记住一些比较特殊的变化形式，就能很容易地做好这类题了。句型转换主要包括：陈述句变为疑问句、否定句、感叹句等；简单句变为复合句；并列句、复合句变为简单句以及同义句、语态之间转换等。

◇He hasn't been to France. She hasn't been to France, either. （合并成简单句）

_____ he _____ she _____ been to France.

【解析】这一题要用到并列连词 neither…nor…，还要注意 neither…nor…，either…or…，not only…but also…等连接的并列主语，通常遵循就近原则，即谓语动词要与前面和它靠近的那个主语保持人称和数上的一致。另外，还常常使用 too…to…，enough to…等含有不定式的结构把两个句子合并为一个句子。掌握以上几点，可以很容易得出本题答案：Neither，nor，has。

第五，打通"语法"关

初中语法内容涵盖了名词、代词、数词、介词和介词短语、连词、形容词、副词、冠词、动词、时态、被动语态、非谓语动词、构词法、句子种类、句子成分、简单句的基本句型、并列复合句、主从复合句、直接引语与间接引语、省略、倒装、强调、虚拟语气等 24 个项目，可谓内容庞杂，要点众多。我们可把复习重点放在八种时态、动词不定式、被动语态、宾语从句和状语从句上。

中考的很多考点往往都是围绕这几个部分进行命题的。如：

◇We won't go sightseeing if _____ tomorrow.

A. it rains   B. it will rain

C. it would rain   D. it rained

【解析】本题实际考查的是连词 if 的用法。在 if 引导的条件状语从句中，如果主句的谓语动词用一般将来时，从句的谓语动词则用一般现在时表示将来，所以本题选 A。

◇In winter people usually keep flowers in their houses to _____ them from the cold.

A. produce   B. provide

C. protect   D. plant

【解析】本题实际考查的是词义的选择。从句中 from 可以想到 protect…from…（保护……使不受或免于……），所以本题选 C。

考查语法的最佳题型就是动词填空，它最能体现出一个学生的语法基本功。动词填空也是有解题技巧的。如：

◇The teachers encourage the students _____ (take) notes in class.

◇She _____ (loss) her English book on her way to school yesterday.

【解析】第一题提供的信息是 encourage，因为 encourage sb. to do sth. 是固定用法，所以得出答案 to take。第二题提供的信息是 yesterday，说明动作发生在过去，所以得出答案 lost。

第六，打通"话题"关

《牛津初中英语》教材中丰富的话题为初中英语学习提供了丰富的语言素材。中考英语对"话题"的考查主要体现在语篇和写作上。随着课改的深入，中考英语阅读部分不仅分值逐年增加，而且语篇的长度和难度也逐年增加。我这里重点谈谈阅读理解和英文写作。

提高阅读解题能力的一个重要策略就是在分析问题设置上做文章。中考英语阅读理解的问题设置通常有四种情况：一是直接性题目，这种题目只要通读全文，了解文中所叙述的重要事实或细节，就可以解答出来，有的甚至可以从文章的原句中直接找到答案；二是理解性问题，要求对文中个别难词、关键词、词组或句子做出解释。解答这类题目时需要对有关的上下文，甚至整篇文章的内容建立准确、立体的理解；三是推理性题目，这种题目往往不能直接从文中找到答案，而需要根据上下文及其相互间的关系或对整篇文章进行深层理解后，才能找到答案；有时甚至还得考虑作者的主旨、倾向等因素加以推理，才能获得正确答案；四是概括性题目，要求在阅读和理解全文的基础上对文章做出归纳、概括或评价；解这种题目时，不能只凭文中的只言片语断章取义，比如涉及文章的标题、主题、结论、结局等有关问题，都需要在细读全文的基础上，结合所学语言知识、背景知识、生活常识、专业知识进行逻辑思维推理判断，从而获取文章中包含的信息。如：

Some children wish to be writers someday. They mean that they want to write stories or books and that many people will read their stories and books. I would like to tell them that they will need to be good readers and to read a lot before they become good writers.

Nearly all great writers often listened to others read stories long before they started school. They kept on reading for hours and hours for years. Even when they have become writers, they spend much of their time reading books in the evening instead of watching TV.

If you are a good reader, it won't take you long to do the reading homework your teacher asks you to do. Then you will have time to read other books for pleasure. Because you read so well, you kept looking for more books to read.

When you make up your mind to become a writer, you had better say to yourself, "I must read more and more if I really want to become a good writer."

1. Some children want to be writers because they _____.

A. want to make money   B. want to copy books

C. like reading books   D. like people to read their books

【解析】本题选 D。通过文章第一、二句可以得出答案。

2. Many great writers _____ before they became writers.

A. read a lot   B. were good at telling stories

C. watched TV every day   D. liked their homework

【解析】本题选 A。整个文章第二段都告诉我们许多作家在成名之前都有大量的阅读过程。

3. The passage tells us that _____.

A. children like reading   B. good readers are good writers

C. writers are great　　　　D. reading helps to make one a good writer

【解析】本题选 D。文章若是议论文或说明文，应留意文章或段落的开头和结尾。从中可获取文章的重要信息。

4. Which is the best title for this passage?

A. Great Writers　　　　　　B. Children and Books

C. How to Become a Writer　　D. How to Be a good Reader

【解析】本题选 C。通过文章首句和尾句，文章的最佳标题不难找出。

　　最后，我来谈谈写作问题。写作的内容形式主要有提示作文、看图作文、书信日记以及其他的应用文体。就英语考试整体而言，突击训练作文最容易在短时间内提高成绩。我建议同学们每天坚持写一两篇练练笔，也可以背一些范文、好的句子和文章过渡用的连词与短语。写作文要避免单调地使用一种句型，要特别注意开头一两句和结尾一两句不能有语法错误。文章要有亮点，要学会巧妙地从考卷的单选、完形及阅读理解中套用好句子。英文写作考查的是英语的实际应用能力、单词的正确拼写、语法的正确使用、语句的连贯、中心思想的一致等，所以，作文中观点的新颖并不重要，无错误地表达观点才是关键。如何写好一篇英语作文呢？我想最好能遵循以下几个步骤。1. 确定主题。想告诉读者什么，反映什么思想，提出什么主张。2. 选取素材。主题确定之后，就要围绕主题选取相关的素材。3. 制订提纲。列好提纲是一篇文章成功的关键。4. 初步拟稿。有了提纲，就可以着手写作了，一般来讲，文章有三个基本组成部分，即开头、主体和结尾。一般开头用于交代文章的中心思想和主题，即破题。主体即正文，是主题的展开与深化。结尾则是对主题的概括与总结等。要尽量使用自己熟悉的词汇和句子，同时还要适当使用复合句。5. 修改定稿。草稿完成后，多修改几遍。检查时，要看看选词是否恰当，句子是否得体，行文顺序是否正确，内容要点是否齐全，也要注意是否有单词拼写、字母大小写、语法、标点等方面的错误。确认无误后，再工整地誊写在试卷或答题纸上。

　　中考最后的复习时间既紧张、又短暂，同学们千万不要只顾埋头做题，这样是非常不科学的。尤其对英语这门学科，冲刺阶段的复习不是一直做题，一定要走出题海，关键是抓重点、做精题；也不要去钻研难题、偏题，更不要花大量的时间去学超过现行教材程度的内容。总之，只要同学们能保持正常的心态，并注意科学地调整后期复习策略，定会一路顺风，渐入佳境，考出自己的最佳水平。

考试评价

扬州市 2004 年中考英语试卷分析及 2005 年走向预测

●分析篇

一、命题要求

既考虑到考生多，农村考生所占比例较大但农村地区英语教学相对滞后的特点，又注重体现新教材的思路，渗透《新课程标准》的精神，确保教学的正确导向。

二、指导思想

突出交际能力，推进素质教育，落实基础知识，强化实践应用，保持难度稳定，有利于中考分流。

三、试卷设计

体现了《扬州市英语中考指要》的要求，同时也不超出《初中英语教学大纲》的要求。以学生为本，以能力立意，切实体现素质教育面向全体学生的要求，采用课内外知识结合的方式来考查学生的阅读能力，注重综合性。考查内容具有较为合理的覆盖面和比例，题型比例配置也比较适当。全卷基础题、中档题、提高题的比例基本为 7 : 2 : 1。试题设计体现了"运用已有知识解决新问题的能力"这一考查要求，试题科学、规范；测试目标明确；题目的立意、情境、设问的角度和方式科学、可信、新颖、灵活；题目表述方式合理、有效；题干及设问准确、简洁；难度合理，有较好的区分度。

四、试卷特点

1. 试题设计合理，题量适中

试题经过优化整合，共有 6 大部分，9 小项。分为听力（25 分）、单项选择（20 分）、阅读理解（40 分）、完形填空（22 分）、单词拼写（8 分）和书面表达（25 分），总题数为 101 题。整体设计力求低起点，让基础题占较大比例，试题设置形成梯阶，先易后难，基础题到中档题再到提高题的过渡自然、合理，努力让不同层次的学生都有发挥的余地。

2. 试题重视基础，面向全体学生

试卷知识覆盖面广，涉及初中阶段英语课本绝大部分内容。命题基本是立足课本，立足基础，突出学科主干知识，不出偏、难、怪、陈题，力求考查点与知识点最大限度地吻合，以便检测学生是否达到了《大纲》规定的基本要求。

◇对于重点、热点知识不回避，但命题时，或变换题型、或转换角度，采取多种方式，以达到考查目的。如单项选择第 5 题和完成句子第 2 题。（所选例题均保留原题号）

（5）—Zhou Jielun is so cool. I'm his fan.

A. So do I   B. So I do   C. So am I   D. So I am

（2）——你想吃点牛肉吗？味道很好。

——谢谢。我自己来。

—Would you like some beef? It _____.

—Thank you. I _____.

（tastes/is good/nice delicious；help myself）

◇试题与课本"牵手"，源于课本，活于课本，适当高于课本，让学生心理上乐于接受，富有亲切感又不乏新鲜感，激发他们学习探究的欲望。如单项选择第 17 题，直接取材课文（JEFC－B3－Lesson 44）。

（17）—Help me hold the tree, please.

—OK. Is it straight?

A. Now and then   B. More and more

C. Up and down   D. More or less

3. 强调应用性，突出能力考查

试题的着力点和着眼点放在考查学生的知识运用能力上，强调学以致用。

◇淡化语法，强调在真实的语境中考查所学知识，在实际应用中激活学生固有的知识经验，从而达到巩固知识、发展能力、提高素质的目的。以单项选

择为例，推陈出新，语境题为 100% ，并注意语境创设的真实性和活泼性，力避"为语境而语境"的形式主义。如单项选择第 8、13 和 20 题。

（8）—It's been a wonderful evening. Thank you very much.

—_____ .

A. My pleasure   B. No, thanks

C. It's OK   D. I'm glad to

（13）—Mum, maths is too hard for me.

—Honey, work hard, it will be easy.

A. but   B. or

C. and   D. so

（20）—I'm taking my computer test tomorrow.

—_____ .

A. Come on   B. Congratulations

C. Well done   D. Good luck

◇突出听、说、读、写能力的多维性和互动性，体现外语习得规律。外语交流能力是识记、理解、应用、综合和分析等多维立体组合，每项能力又是相互作用、相互依赖、相辅相成的。以听力和阅读试题为例：将词汇结构识记、句子结构理解、信息综合和分析等融为一体，测试学生的听力和阅读水平。

如第一部分听力的第一篇短文是幽默故事，关键是听懂幽默之所在。

On Tuesday, David called his doctor's office and said, "This is David Thomas, and I'd like to speak to my doctor. "

The nurse replied, "I'm sorry, but Dr. Jackson died last week. "

The next day, he called again and asked the same question. The nurse replied, "I told you yesterday — he died last week. "

The next day David called again and asked to speak to Dr. Jackson. But this time the nurse was getting a little angry and said, "I keep telling you that your doctor died last week. Why do you keep calling?"

David said, "Because I just love hearing it. "

再如第三部分阅读理解的第三篇文章中编排了一道细节题，一道猜词题和两道要从整体理解的判断题，使试题的立意和要求上了一个台阶。

（13）The underlined phrase "on the go" means _____ .

A. being busy   B. being free

C. having a go   D. having a rest

（14）The question "How do you feel?" seems to be correct when asked of a man _____.

A. hurriedly walking along the street   B. being ill in hospital

C. hurrying to take a train   D. busily working at his desk

（15）George Bernard Shaw's reply in the passage shows that he was _____.

A. proud   B. sad

C. polite   D. humorous

（16）Which do you think is the best title for this passage?

A. A Man On The Go   B. A Right Greeting

C. How Do You Feel?   D. George Bernard Shaw

4. 选材多样，题材新颖，内容健康，贴近实际

选编的 8 个语篇，就题材而言有：故事 4 篇、传记 1 篇、新闻 1 篇、广告 1 篇和议论文 1 篇。就内容而言有：学生喜闻乐见的幽默故事、《哈利·波特》的作者传记、中学生打工、拾金不昧、如何恰当运用语言等。

5. 试题具有时代性、地方性和思想性

命题时注意社会热点和地方特色的引入，既使这份试卷具有鲜明的时代特色和地方色彩，又能激发学生爱祖国、爱家乡，关注社会的热情。涉及的话题包含：杨利伟、周杰伦、日本相扑、哈利·波特、扬州瘦西湖、新火车站、润扬大桥等。如单项选择第 15 题和完成句子第 4 题。

（15）— _____ are you going to be in the future?

—I want to be a person _____ Yang Liwei.

A. How, like   B. How, as

C. What, like   D. What, as

（4）我们都坚信台湾迟早会回归祖国。

We are all sure that Taiwan will _____ the motherland _____

_____.

（come back to/return to; sooner or later）

6. 主观题比例适中，开放性加大

在 43 分的主观题中，85% 的试题都有两个或两个以上的答案，既有利于学生更好地发挥，又使老师和学生在今后的教与学中重视基础和知识的灵活运用。

● 走向篇

一、命题前提

命题者虽然有权力、有机会针对本地实际进行命题改革，有较大的发挥余地和空间，但较高的效度、相当的信度、适当的难度、必要的区分度，以及试卷的指导性、基础性、科学性、全面性、时效性仍是广大命题者共同追求的整体目标。

二、命题原则

重视对学生英语实际运用能力的考核。"逐渐摆脱纯粹的语法试题"必定是今后中考试题的改革方向。在考查学生基本的英语语言运用能力的同时，更加重视逻辑推理和发散思维能力。强调英语基础知识、基本技能的使用。试卷内容现代化，贴近生活、贴近时代、贴近学生，尤其是阅读理解题。

三、命题走向

1. 听力题难度可能加大

随着新课程改革的深入实施，学生听说能力都有了不同程度的提高，增加听力测试的难度应在情理之中。由于 2004 年听力测试语言材料朗读速度不快而使学生失分并不多，估计 2005 年听力难度会比 2004 年有所提高。特别是语速可能会加快，朗读者也可能会由外籍人士担当。

2. 单项选择题仍然重视基础，面向全体学生

命题将尽量避免纯语法纯知识的试题，绝大多数试题将依据题干设置的语境、情景来考查学生对语言知识的掌程和运用，并且会在较为复杂的语境中考查常用词汇、基本句型和基本语法。而纯语法、纯知识的试题将通过新增题型"单句改错"来考查。

3. 完形填空题和缺词填空题将偏重对猜词悟意能力的考查

从近两年的中考完形填空来看，该题型趋向淡化语法知识，侧重简章，注重语境，讲究整体和体现语用的考查。所选文章，尤其是缺词填空题，异常关注内容情节发展的内在逻辑联系及词语运用能力。2005 年的缺词填空将通过给出首字母来降低试题的难度。从实际效果看，完形填空题也已成为考生成绩"拉开距离"的测试项目。

4. 阅读理解题仍将保持较大的阅读量

适当加大信息处理量，加大阅读的词汇量，理解的难度也会有所加大。有关概括归纳、逻辑推理以及深层理解的题目可能会有所增加，着重体现对文章整体意义的理解，考查学生的领悟能力。

5. 适当考虑学科间的相互渗透

随着英语在各个学科的渗透，中考命题也开始注意各学科的内在联系和知识的综合，考查学生对知识结构体系的整合、渗透等能力。变英语学科能力考查为综合运用多种学科知识分析、解决问题的能力考查。

6. 体现时代性，关注社会热点

《英语教学大纲》和《新课程标准》明确指出，基础教育阶段英语课程的任务之一是"帮助学生了解世界和中西方文化的差异，开拓视野，培养爱国主义精神，形成健康的人生观，为其终身学习和发展打下良好的基础"。因此，中考英语的命题也会抓住这一点，引导学生关心社会，关心国家、人类和世界的命运，了解社会变革及国际政治风云，加强考试的育人功能。

7. 书面表达题保持稳定

预计书面表达题在考查形式、难度等方面将继续保持稳定。但评分标准将趋于完善，提高该题的区分度，将更有利于优秀学生发挥水平。

载 2005 年第 6 期《英语大课堂》

扬州市 2011 年中考英语试题简评及教学建议

"又是一年中考时，几家欢乐几家忧。"对于中考，我有着一份特别的情结。不单单是因为亲身参加过中考、参与过中考命题，更因为通过中考这扇窗，目送一届又一届的学生渐行渐远。因此，对于中考试题的分析总有一种急迫感。纵观扬州市 2011 年中考英语试题，既注重所选材料在题材和体裁上的多样性、思想性和教育性，又很注重考查学生运用所学知识和技能分析问题、解决问题的能力。

一、试题特点

1. 重视基础考查

试题注重检测学生在一定语境下合理使用基础知识、习惯用语和日常交际用语的能力。例如，单项选择考查了冠词、疑问词组、感叹句等；词汇运用考查了 citizens，across，ourselves，unknown，differently 等。这些都是《课标》中规定的应知应会的知识点。

2. 适度回归教材

部分试题的设置参考了教材的原句，结合学生学习实际，进行重新创设。试题的难易度也在很大程度上控制在教材以下的难度。例如，单项选择 It's very friendly of him to help me when I'm in trouble. （A. for B. to C. of D. with）以及句子翻译"谢谢你把字典借给我"都是源自教材的四会句型。

3. 提高开放程度

今年英语试题比以往具有更大的开放性，其目的是给学生提供更充足的自由发挥空间，从而更准确地考查不同层次学生在分析、综合和实际生活中所需要的各种能力。如句子翻译"爸爸的建议对我很有价值"中"很有价值"可译为 be very valuable 或 be of great value。再如英文写作除了三个要点的自我补充外，结尾处"如果我们每个人……"更具有开放性和可写性，给学生留足了自我发挥的空间。

二、试题亮点

试题选材丰富，涉及面广，富有时代特色，寓思想品德教育于试题之中，适时适度地渗透人格教育。

1. 时代特色鲜明

试题的题源和题材贴近生活、社会。例如，阅读理解 C 篇是关于高中生活的十点建议；任务型阅读的材料紧紧围绕"出国留学"这一热门话题；而英文写作更是结合当前扬州市创建全国文明城市活动，引导学生做文明市民。

2. 教育内涵突出

今年完形填空在选材时考虑到材料的教育性。该篇材料描述了一个对生活失去信心、准备自杀的学生在路上遇到另一个人无意的帮助，由此改变了一生的故事。很有教育性：帮助他人或许就是一次善行，或许就是一次谈心。

当然，扬州市 2011 年中考英语试题个别语篇材料略显陈旧，但瑕不掩瑜，总体而言，较好地落实了新课程中关于运用能力培养的理念，对今后的初中英语教学起到了很好的示范作用。

三、教学建议

1. 重视课标研读

教师要认真研读《英语课程标准》，用《课标》提出的教学理念及教学目标与要求指导日常教学。初中英语教学要依标扣本，深刻领会教材编写的教学原则，充分用好、用足教材，通过研读《课标》转变教学观念，处理好"教教材"和"用教材教"的问题。同时，教师要积极关注学生英语学习策略的逐步形成和提高，不断提高学生自主学习的能力，提高其英语学习效率，促进有效教学，进一步提高英语教学质量。

2. 重视双基训练

很多学生做题失误的主要原因在于基础知识不牢固。只有夯实"双基"，才能逐步培养学生灵活运用语言知识的能力。教学过程中，要在书写、语音、词汇、语法等方面加大对学生的训练力度，培养学生形成良好的英语学习习惯，防止和缩小两极分化。新课程背景下的夯实"双基"不仅指夯实基础知识与基本技能，还应当包括浓厚的学习兴趣、积极的探索精神、交流与合作的能力等。英语教师应当全面领会《基础教育课程改革纲要》提出的"改变课程过于注重知识传授的倾向，强调形成积极主动的学习态度，使获得基础知识与基本技能的过程同时成为学会学习和形成正确价值观的过程"，处理好"双基"和"形成积极主动的学习态度""学会学习""形成正确价值观"的辩证关系。

3. 重视阅读训练

随着课改的深入，中考阅读部分不仅分值逐年增加，而且语篇的长度和难度也逐年增加，"提高阅读效能，强化语篇意识"也就成为阅读教学的核心。阅读教学要做到"三个有"。一要有广度，《课标》中对阅读的刚性要求是"除教材外，初中阶段的英语阅读量应达到 15 万词以上"。中考语言材料的选择大多源于英文图书、报刊、网络媒体等，要向学生多提供一些精读和泛读的文章以加大语言材料输入量。二要有深度，中考英语阅读理解既考查学生对文章字面的理解能力，又考查学生对文章深层意义的理解。英语阅读教学绝不能仅仅停留在简单地判断正误或细节题的选择上。三要有速度，为应对中考英语阅读量加大的趋势，应着力加强学生阅读速度的限时训练，每分钟阅读词数力求在 60个左右。

4. 重视写作教学

很多教师对写作教学往往不太重视，即便是写作课，也仅仅是读读范文，缺乏必要写作技能的落实与训练，中考写作分值高达 20 分，既是得分点也是失分点。教师要重视话题训练，可将《课标》中的 24 个话题项目分类，根据学生不同的层次水平，有针对性地进行指导。教师应该指导学生做到：从简单的句子，到一段话，再到根据要求完成一篇简单的文章；从简单的机械模仿练习到有指导的写作练习，进而到自由创作；从空洞乏味地写句子到能够通过措辞来表达自己的思想情感，从而真正提高学生的过程性写作能力。

载 2012 年第 7 期《英语大课堂》（教师版）

语法分析

译林版英语七年级上册全景语法

Unit 1　This is me！

◇My name is Hobo.

She is tall and slim.

We are in Class 1.

小问号：Mr. Cao，这三句话中的 am，is，are 是咋回事啊？

曹老师：这是动词"to be"的一般现在时态。

小问号：（疑惑）一般现在时态？

曹老师：是的。汉语中动词没有时态的变化。发生在不同时间的动作只需要和不同的时间状语连用就可以了。但在英语中，动词就要用不同的时态，特别是动词词形要有相应的变化。

小问号：那麻烦您说说这个一般现在时吧！

曹老师：这个时态也不是三言两语能说清的。今天就跟你讲讲动词"to be"的一般现在时。

小问号：Thank you very much！

曹老师：一般现在时常用来表示主语的各种特征或状况，比如姓名、年龄、职业、位置、外貌、心情等，这时就要用到动词"to be"。形式有三种：am，is，are。具体用哪一种，要看主语。如：

I am a new student，我是一名新生。

He / She / It is happy，他 / 她 / 它高兴。

They / We / You are thirteen. 他们 / 我们 / 你（们）十三岁。

小问号：（得意）这个，我听别的同学说过！"我是 am，你是 are，is 用于他她它。单数全部用 is，复数全部都用 are。"对吗？

曹老师：（微笑）看把你乐的！好啦，知道也要保持低调。

小问号：OK！低调！低调！Mr. Cao，否定形式是不是就是在动词"to be"后加"not"啊？

曹老师：不错！如：

I am not Simon，我不是西蒙。

He / She / It is not over there，他 / 她 / 它不在那儿。

They / We / You are not classmates，他们 / 我们 / 你（们）不是同学。

小问号：那一般疑问句呢？

曹老师：动词"to be"的一般疑问句就更简单啦！直接把"be"动词调到句首。如：

Am I all right? 我还好吗？

Is he / she / it pretty? 他 / 她 / 它美吗？

Are they / we / you in Class One? 他们 / 我们 / 你（们）是在一班吗？

小问号：看不出，一个"be"动词也这么不简单。

曹老师：所以我们要有意识地强化时态概念。知道吗？

小问号：（虔诚）我知道了！

Unit 2　Let's play sports！

◇I walk to my bowl many times a day.

Li Hua plays football every day.

小问号：Mr. Cao，请教您一个问题？

曹老师：（微笑）但说无妨。

小问号：您看，这两句中的动词怎么一个是原形，一个不是呀？

曹老师：你是说 walk 和 plays 吧？这也属于一般现在时的范畴。人称不同，动词的形式也不同。如：

We live in Beijin，我们住在北京。

因为主语不是第三人称单数，动词则用原形。

小问号：（思考）那否定形式和疑问形式呢？

曹老师：否定句在原形动词前加 don't；一般疑问句在句首加 Do。如：

We don't live in Beijing，我们不住在北京。

Do you live in Beijing? 你们住在北京吗？

小问号：回答我知道，应该说 Yes，we do 或者 No，we don't。

曹老师：完全正确。但如果主语是第三人称单数，那就另当别论了。如：

Sandy lives in Beijing，仙蒂住在北京。

小问号：是不是当动词前的主语是第三人称单数时，动词的形式就要变化呢？

曹老师：（满意）对呀！

小问号：（急切）有哪些变化呀？

曹老师：哈哈！看你急的。一般情况下有三种变化。

1. 大多数动词是在词尾加"－s"。如：

Kitty works very hard，凯蒂工作很努力。

2. 以辅音字母加 y 结尾的动词，去 y 加"－ies"。如：

She often flies a kite in the park，她经常在公园放风筝。

3. 以－s，－x，－ch，－sh 和－o 结尾的动词，词尾加"－es"。如：

My mother watches TV every evening，我妈妈每晚看电视。

He goes to school on foot，他步行上学。

小问号：这好像有点难唉！

曹老师：对！这就是一般现在时的难点所在。还要注意的是，第三人称单数作主语时，否定句用助动词 does 加 not 表示否定。如：

Does Eddie like sleeping? 埃迪喜欢睡觉吗？

回答是 Yes，he does 或者 No，he doesn't。

而一般疑问句则用助动词 does 来提问。如：

Mr. Wu doesn't wear glasses，吴老师不戴眼镜。

小问号：（挠头）哦，好像有点明白了。

曹老师：切记！在这两种句型中，动词都必须用原形。

小问号：那什么时候用一般现在时呢？

曹老师：Good question! 通常三种情况用一般现在时。

1. 表示主语习惯性或经常性动作。如：

The old man often goes walking after supper，这个老人经常晚饭后去散步。

2. 表示客观事实。如:

The earth is bigger than the moon, 地球比月球大。

3. 表示格言或谚语。如:

Love me, love my dog, 爱屋及乌。

小问号:一般现在时真不一般啊!

曹老师:其实也不难……

Unit 3　Welcome to our school!

◇Let me show you around.

We like them very much.

小问号:(挠头) Mr. Cao, 我都快崩溃啦!

曹老师:怎么了,小问号?

小问号:唉,今天上课玩 i - phone 又被 Miss Qin 逮着了。这都第四回了。Me 真服了 she 啊!

曹老师:哈哈,说什么呢? 什么 "Me 真服了 she"? 你应该说 "I 真服了 her"。

小问号:(不屑) 有区别吗?

曹老师:当然有区别呀! 这是人称代词主格与宾格的问题。

小问号:(翻眼) 不懂! 这个真不懂!

曹老师:(慈祥) 这个可以懂! 人称代词是用来指人、动物或事物的代词,也就是表示"我(们)""你(们)""他 /她 / 它 (们)"的词。

小问号:您刚才不是说什么主格、宾格吗?

曹老师:对! 人称代词有人称、数和格的变化。小问号,下面这张表格你必须要 hold 住。

	单数		复数	
	主格	宾格	主格	宾格
第一人称	I	me	we	us
第二人称	you	you	you	you

续表

	单数		复数	
	主格	宾格	主格	宾格
第三人称	he	him	they	them
	she	her		
	it	it		

小问号：（三秒钟后）我记住啦，那怎么用呢？

曹老师：（惊讶）小问号，这也太快了点吧！人称代词的用法有三点。

1. 人称代词的主格在句中作主语。如：

He is a good doctor. 他是一名好医生。

She and I both like Geography. 她和我都喜欢地理课。

2. 人称代词的宾格在句中作宾语。如：

Let me see. 让我想想。（作动词宾语）

He often plays with us after class. 他下课后常和我们一起玩。（作介词宾语）

另外，人称代词宾格还可以作 be 动词的表语，用在省略句中表示相同的情况。如：

—Who is over there? 谁在那儿？

—It's me, Mike. 是我，迈克。

3. 人称代词也可用于比较状语从句中。如：

He is taller than I / me. 他比我高。

He is as tall as I / me. 他和我一样高。

He is taller than us all. 他比我们都要高。

小问号：刚才这一句能说 He is taller than we all. 吗？

曹老师：一般不说，尤其是后接 all，both 作同位语时，常用宾格代替主格。

小问号：哦，是这样的！

曹老师：（突然想起）但如果可能引起误解，就不能用宾格代替主格。如：

His wife loves the dog better than he. 他的妻子比他更爱狗。

His wife loves the dog better than him. 他的妻子爱狗胜过爱他。

小问号：（夸张）哇！差别这么大呀！

曹老师：另外还要注意人称代词的排序问题？

小问号：（疑惑）排什么序啊？

曹老师：就是两个或两个以上的人称代词并列使用时，要注意彼此的顺序。我从四个方面来谈谈。

第一，单数通常按照"第二人称、第三人称、第一人称"的顺序排列。如：

You, he and I go to school on foot, 你、我和他步行上学。

Amy and I are classmates, 艾米和我是同学。

第二，复数通常按照"第一人称、第二人称、第三人称"的顺序排列。如：

We, you and they all get up early, 我们、你们和他们都起得早。

Both we and they are in the reading room, 我们和他们都在阅览室。

第三，第三人称单数通常按照"先男后女"的顺序排列。如：

He and she can't go swimming now, 他和她现在不能去游泳。

第四，如果做了错事，需要承担责任，通常把第一人称放在最前面。如：

—Who broke the window, David? 谁弄坏了窗户，大卫？

—I and Tom, 我和汤姆。

小问号：（赖皮）这哪记得住啊？

曹老师：教你一句口诀？

小问号：（急切）什么口诀？

曹老师："单数排序二三一，复数排序一二三，承担责任'我'在前。"怎么样？好记吧？

小问号：哇！太棒啦！我……

曹老师：（打断）别感慨了！还没完呢我重点再讲讲人称代词"it"的特殊用法。

小问号：（骄傲）it 我知道呀！不就是指代上文提到的某物或者情况吗？

曹老师：呵呵，不仅仅这些用法，还有呢。

1. 表示时间、距离、天气等。如：

What time is it now? 现在几点啦？

It is fine today. Let's have a picnic, 今天天气不错，我们去野餐吧。

2. 代替动词不定式作形式主语或形式宾语。如：

It's easy to play table tennis, 打乒乓球很容易。

小问号：（果断）我懂了！

Unit 4   My day

◇Our school starts at eight in the morning from Monday to Friday.

We practise after school on Wednesday afternoon.

小问号：Mr. Cao，我们谈到"上午、下午、晚上"不都是用"in"吗？第二句怎么用"on"呢？

曹老师：哦，不！你说的仅仅是指"in the morning（在上午），in the afternoon（在下午），in the evening（在晚上）"这三个固定短语，但是第二句强调的是"星期三的下午"，所以要用 on。

小问号：（委屈）那有区别吗？

曹老师：当然有啦！介词和时间搭配使用时，是有讲究的。除了一些固定短语，如 in the afternoon（在下午），at noon（在中午），in the day（在白天），at night（在夜晚）等外，一般以下注意三点。

第一，in 与年、季节、月份连用。如：

She was born in 2000 / winter / April. 她是在 2000 年／冬季／四月出生的。

第二，on 与具体某一天连用。如：

Sandy usually goes shopping on Sunday（morning），仙蒂通常星期天（上午）去逛街。

I don't walk to school on rainy days，雨天我不步行上学。

They'll have a party on（the afternoon of）October 5th，他们将于十月五号（下午）举行一个派对。

小问号：（打断）噢！我想起来了……

曹老师：（一脸黑线）想起什么啦？

小问号：昨天我预习第五单元，"Reading"部分就有一句 We always have a party on the evening of October 31 and enjoy nice food and drinks.

曹老师：（激动）对对对！是有这么一句。你看，"on the evening of October 31"，而不是……

小问号：（打断）那第三点呢？

曹老师：（抓狂）咳咳！

第三，at 与某一时刻或岁数连用。如：

We begin our classes at eight o'clock, 我们八点上课。

She went to Beijing at the age of ten, 她十岁去了北京。

◇I seldom go out.

I always need a good rest.

I usually go to school at 7: 20.

I'm never late for it.

Sometimes my friends and I go to the library in the afternoon.

We often read books there on Tuesday and Thursday.

小问号：Mr. Cao, 上面六个句子都有一个副词，它们到底有什么区别？

曹老师：这个问题其实很简单! seldom, always, usually, never, sometimes, often 都是频率副词，用来表示动作发生的频率。我们不妨用百分比来给它们排排队吧。

小问号：用百分比来排队？有意思!

曹老师：请看下面这张表格，很容易看懂的!

always						100 %
usually					80 %	
often				60 %		
sometimes			40 %			
seldom		20 %				
never	0 %					

小问号：(惊喜) 这样一来，一目了然呀! Mr. Cao, 您太有才啦!

曹老师：(抓头) 呵呵! 这不是我发明的。注意! 小问号，频率副词在句中的位置一般是在实义动词之前，在 be 动词、助动词之后。如：

He always gets up at 6: 00, 他总是六点起床。

He is always happy, 他总是开开心心的。

小问号：那对频率副词提问该怎么问呢？

曹老师：问得好! 对频率副词提问要用 how often, 意思是"多常"或者"多久一次"。

—How often do you go on picnics with your family? 你多久和你家人去野餐一次？

—Seldom / Never / Once a month / Twice a year. 很少/从来没有/一个月一次/一年两次。

小问号：哦，我明白了。

Unit 5　Let's celebrate！

◇What is your favourite festival, Tommy?

Why do you like it?

小问号：请教一个问题，Mr. Cao！这两个疑问句是特殊疑问句吗？

曹老师：不错！是 Special Questions，也可称为"wh" – Questions。

小问号：（疑惑）"wh" – Questions?

曹老师：是的！因为它们多数都以 who, where, when, which, whose, why 这类词开头。如：

Who is on duty today? 今天谁值日？

Where do you live, Jack? 杰克，你住在哪儿啊？

How many oranges can you see on the tree? 你能在树上看到多少橘子？

小问号：（奇怪）咦！最后一句不是以"wh"开头的耶！

曹老师：咳……咳！纯属特例。小问号，看出特殊疑问句的基本结构了吗？

小问号：（茫然）什么结构？

曹老师：句型结构啊！三个句子的结构是：特殊疑问词 + 一般疑问句，即：特殊疑问词 + be 动词/助动词/情态动词 + 主语 + 谓语/表语（ + 其他）。

小问号：对，看出来了！那特殊疑问词可以连用吗？

曹老师：Good question！特殊疑问句有时可有一个以上的疑问词。如：

When and where shall we meet? 我们何时何地集中？

小问号：（疑问）"Why not?"也是特殊疑问句吗？

曹老师：嗯……！"why + 一般疑问句的否定式"这种结构通常表示劝告、建议、责备等，而不能归为特殊疑问句。如：

Why don't you come earlier? 你为什么不早点儿来呢？

Why not take a rest? 何不休息一会儿呢？

小问号：Mr. Cao，特殊疑问词是不是有疑问代词和疑问副词之分？

曹老师：对！疑问代词主要有 who, whom（who 的宾格），which, what,

whose 五个；疑问副词包括 when，where，why，how 及 how 与其他副词和形容词组成的疑问词。我给你列张表吧！

类别	疑问词	意义	作用
疑问代词	who	谁	作主语，用来指人
	whom	谁	作宾语，用来指人
	whose	谁的	用来指所属关系，如果作定语，后接名词
	which	哪个，哪些	用来指对人或物进行选择
	what	什么	通常指物，也可指人
疑问副词	when	何时	询问时间
	where	何地	询问地点
	why	为什么	询问原因
	how	如何，怎么	询问手段、方式、工具以及程度等
	how old	多大	询问年龄
	how many/much	多少	询问数量
	how far	多远	询问距离
	how long	多长	询问时间或物体的长短
	how often	多长时间一次	询问频率
	how soon	多久	询问多久以后

小问号：（感谢状）这表好！一目了然啊！

Unit 6　Food and lifestyle

◇I always have milk and bread for breakfast.

For lunch and dinner, I usually eat fish and vegetables.

小问号：Mr. Cao，您看！这两个句子中有四个名词，为什么只有 vegetable 后面加"s"啊？

曹老师：（慈祥）因为 vegetable 是可数名词呀！而 milk，bread，fish 是不可数名词。注意哦，fish 作"鱼肉"讲是不可数名词，作"鱼"讲是可数名词。

小问号：（领悟）哦！名词可以分为可数与不可数两类。

曹老师：不全面。准确地讲名词可分为专有名词和普通名词，而普通名词则分为可数名词和不可数名词。

小问号：那什么是专有名词，什么是普通名词呢？

曹老师：专有名词主要指人名、地名、国名、月份、星期、节日名词、书名、电影、诗歌名以及称呼等，不能随意更改，其中实词的第一个字母必须大写。如……

小问号：（打断）我知道！比如 Hobo，King Street，China，October，Monday，Christmas，Harry Potter，Mum，还有……

曹老师：（打断）好啦！好啦！普通名词是指某类名词或事物的名称或者指某种抽象概念，有可数与不可数之分。给你列个表吧。

	类别	定义	例词
可数名词	个体名词	单个的人或事物的名称	student，flower，hamburger
	集体名词	一群人或一些事物的总称	class，family
不可数名词	物质名词	无法分为个体的材料、物质或实体	beef，bread，light
	抽象名词	品质、状态、动作等的抽象概念	health，money，music

小问号：那 Mr. Cao，可数名词就是要在后面加"s"吗？

曹老师：（耐心）要看情况。可数名词有单、复数之分。单数用原形，复数有词形变化，通常在单数形式的后面加"-s"或"-es"构成，这是规则变化。除此之外，还有不规则变化。

小问号：（害怕）啊！这么烦啊！

曹老师：（安慰）不烦！不烦！我给你梳理梳理。先谈规则变化。

1. 一般情况下在词尾加 -s。如：desk→desks，brother→brothers

2. 以 -s，-x，-ch，-sh 结尾的词加 -es。如：class→classes，box→boxes，watch→watches，brush→brushes

3. 以辅音字母加 y 结尾的词，变 y 为 i，再加 -es。以元音字母加 y 结尾的词直接加 -s。如：family→families，monkey→monkeys

4. 以 f 或 fe 结尾的词，变 f，fe 为 v，再加 -es。如：shelf→shelves，knife→knives（也有例外，如：roof→roofs 屋顶）

5. 以 o 结尾的名词一般加 -s。如：photo→photos，piano-pianos（也有例外，

如：tomato→tomatoes，potato→potatoes，mango→mangoes，hero→heroes 英雄）

小问号：那不规则变化呢？

曹老师：所谓不规则，就是没有规律可循。要学一个记一个。不规则变化总结起来主要两点。

1. 单复数同形。如：a sheep→two sheep 两只绵羊，a deer→five deer 五只鹿

2. 单复数异形。如：man→men，foot→feet，mouse→mice，child→children

小问号：（喜悦）这么简单啊！

曹老师：所谓"会者不难，难者不会"嘛！但不规则变化也要注意两点。

小问号：哪两点？

曹老师：第一，汉语音译词如度量衡、币制等单位的名词无复数形式，但要用斜体。如：

ten *jin* 十斤，ten *mu* 十亩，five *yuan* 五元

第二，表示"某国人"的名词，其单、复数变化有三种情况。

1. 单、复数形式相同。如：a Chinese→two Chinese，a Japanese→three Japanese

2. 变词尾 man，woman 为 men，women。如：an Englishman→four Englishmen，a Frenchwoman→five Frenchwomen 五个法国女子

3. 词尾加 – s。如：an American→six Americans，a German→seven Germans 七个德国人

小问号：Mr. Cao，我突然想到一个问题，如果遇到像 apple tree，boy student 这样的两个名词在一起，复数怎么变呢？

曹老师：问得好！你不提，我倒忘了。这样的复合名词，其复数只变后者。如：

an apple tree→two apple trees，a boy student→three boy students

但如果前面的修饰词是 man 或 woman，那前后两个词都要变为复数形式。如：

a man driver→four men drivers，a woman doctor→five women doctors

小问号：（思考）可数名词可以计量，那不可数名词如何计量呢？

曹老师：呵呵！小问号啊，英语名词的可数与不可数是一个语法概念，与实际生活中某件事物的可数与不可数并不完全一致，因而不能单从意义上加以推测。

如不可数名词需要计量时，就用"冠词或数词＋名词＋of＋不可数名词"这样的结构来表示。如：

a piece of paper, a bar of chocolate, two packets of salt, three kilos of meat

小问号：（快活）哈哈哈！这个不难！

曹老师：瞧你乐的。另外，还要注意名词单、复数的特殊用法。有的名词只有复数形式，如 glasses（眼镜），trousers（裤子），jeans（牛仔裤），clothes（衣服）；有些名词短语只用复数形式，如 take turns（轮流），take notes（做笔记），make friends with…（与……交朋友）；有些名词短语用单、复数均可，如 make a face/faces（做鬼脸），play a joke/jokes on sb.（开某人的玩笑）。明白了吗，小问号？

小问号：Perhaps 明白。

Unit 7　Shopping

◇I don't have any money.

Then you can buy him some stamps.

小问号：请问 Mr. Cao，这两句中 some 和 any 是一个意思吗？

曹老师：（坚决）当然喽！some 和 any 均表示"一些"，既可修饰或代替可数名词复数，也可修饰或代替不可数名词。

小问号：那两者有什么区别呢？

曹老师：说起区别啊！那可是……让我先喝口水。

小问号：（捂嘴偷笑）区别一定不小。

曹老师：那是！some 一般用于肯定句中；any 多用于疑问句、否定句和条件句中。some 和 any 可用作名词，作主语或宾语，也可用作形容词，作定语。如：

Some of the students will go camping. 有些学生将去野营。（作主语）

I don't like drawing, but some do. 我不喜欢画画，但有些人喜欢。（作主语）

There isn't any food in the fridge. 冰箱里没有食物了。（作定语）

If you have any water, please give me some. 如果你有水，请给我一些。（作宾语）

小问号：（不屑）那这也不难区分嘛！

曹老师：嘿嘿！我还没说完呢。some 也可用于疑问句，表示说话人希望得到肯定的回答或表示请求、建议。如：

May I have some water? 我可以喝些水吗？

Would you like some apples? 想吃些苹果吗？

小问号：哦，对对对！我见过这样的疑问句。

曹老师：还有，any 也可用于肯定句中，这时它的意思不是"一些"，而是"任何"，修饰单数可数名词。如：

Take any book you like. 你喜欢哪本书就拿哪本书。

Any student knows it. 任何学生都知道这件事。

小问号：啊！还可以这样啊？

曹老师：另外，any 也可以用作状语，修饰比较级，表示程度，如：

I can't stay here any longer. 我不能再待在这儿了。

小问号：（心碎）这谁记得住啊？

曹老师：（安慰）别怕！

◇There's a new mall down the street.

There are different kinds of hair clips in our shop.

小问号：Mr. Cao，两句话中的 there is 和 there are 是表示"有"吧？

曹老师：是的！

小问号：那和 have 有什么区别呢？

曹老师：（耐心）there be 与 have 都可以表示"有"的含义，但两者侧重点不同。there be 表示"存在"；have 在意义上则表示所有关系，而且 have 前必须有主语。如：

There are some children in the garden. 花园里有几个孩子。

She has three daughters and two sons. 他有三个女儿和两个儿子。

小问号：您能重点跟我说说 there be 结构吗？

曹老师：（慈祥）No problem！当我们谈论"某人或某物存在或不存在"时，常常使用 there be 句型。这种句型中，there 本身没有词义；be 是谓语动词；be 后面的名词才是真正的主语。如：

There is a T – shirt on the shelf. 架子上有件 T 恤。

There is ice on the lake. 湖面上有冰。

There are no children in this family. 这个家庭没有孩子。

小问号：这种句型其实也不难掌握哦！

曹老师：对，一点不难。there be 句型的否定结构只要在 be 动词之后加 not；变成疑问句时，把 be 动词放在 there 之前，句子其余部分不变。如：

There isn't a clock on the wall, 墙上没有钟。

Are there any students in the classroom? Yes, there are. / No, there aren't.

教室里有学生吗? 是的, 有/ 不, 没有。

How many boats are there on the lake? 湖上有多少船?

小问号: 我好像还听其他同学说起要特别注意 be 动词的变化, 是吗?

曹老师: (欣慰) 这个问题提得好! 这是关于 there be 结构主谓一致的问题。我说两点:

1. 在 there be 句型中, be 动词一般由它后面的名词决定。如:

There is a tall tree in front of the classroom, 教室前面有棵大树。

There is some pocket money in the bag, 包里有些零花钱。

There are many CDs on the desk, 课桌上有许多唱片。

2. 如果有两个或两个以上的主语, 谓语动词 be 常和最近的那个主语在数上一致, 称为 "就近原则"。如:

There is a watermelon, two lemons and some vegetables in the basket, 篮子里有一个西瓜、两只柠檬和一些蔬菜。

There are two lemons, a watermelon and some vegetables in the basket. 篮子里有两只柠檬、一个西瓜和一些蔬菜。

小问号: (感叹) 啊呀, 这个 there be 结构还真不简单啊!

曹老师: 真正懂了, 其实也不难!

Unit 8　Fashion

◇What are you doing, Eddie?

I'm thinking about what to wear.

小问号: 请问 Mr. Cao, 这两个句子中既有 be 动词, 又有行为动词, 这样可以吗?

曹老师: (微笑) 这样真可以!

小问号: (不服) 那我上次说 "I am watch TV", 您不是批评我说……

曹老师: (吹哨) 嘟……! 看看你这句的行为动词和上面两句的行为动词有什么不同?

小问号: 嘿嘿! 我这句 watch 后面没有 – ing!

曹老师: 对喽! 上面两句都使用了 "be + doing" 结构, 是现在进行时态。

小问号：现在进行时？

曹老师：嗯哼！也就是表示动作现在正在进行，其结构为"助动词 be 的现在式（am, is, are）+ 现在分词（doing）"，常和 now, right now, at present, at the moment 等时间状语连用。如：

I am looking for my pet dog，我正在找我的宠物狗。

She is trying on a purple blouse now，她现在正在试穿一件紫色衬衫。

The Greens are planting trees at the moment，格林一家此刻正在植树。

小问号：嗯……这几个时间状语也不难记住。

曹老师：但要注意，有时句首出现 look, listen 等动词时，也要用现在进行时。如：

Look! Those students are giving a fashion show，看！那些学生正在举行时装展。

Listen! Who is singing in the next room? 听！谁在隔壁唱歌。

小问号：那这个现在分词的构成是不是有什么规律呢？

曹老师：（欣赏）Good Question! 绝对有规律！现在分词的构成通常分四种情况。

1. 一般直接在词尾加 – ing。如：

listening → listening, speak → speaking

2. 以不发音的 e 结尾的词要去 e，再加 – ing。如：

live →living; write → writing

3. 以重读闭音节结尾的词，末尾只有一个辅音字母，双写该辅音字母后再加 – ing。如：

sit → sitting; swim → swimming

4. 少数几个以 ie 结尾的动词要变 ie 为 y，再加 – ing。如：

lie（平躺；位于）→ lying; die（死亡）→ dying; tie（绑扎）→ tying

小问号：Mr. Cao，您能具体说说现在进行时的用法吗？

曹老师：当然可以啊！我就跟你说说最基本的吧。

第一，表示说话时正在进行的动作。如：

Mr. Sun is wearing a black tie，孙老师正戴着黑色的领带。

We are having an English class now，我们现在正在上英语课。

第二，表示现阶段正在进行的动作，虽然此时此刻这个动作不一定正在进行。如：

The workers are building a new school，工人们正在建一所新学校。

He is writing a book these days，如今他正在写一本书。

第三，少数短暂性动词 come（来），go（去），begin（开始），leave（离开），arrive（到达）等的现在进行时，可以表示预计或即将发生的动作。如：

My uncle is coming back from England，我舅舅要从英国回来了。

The train is arriving soon，火车就要到了。

第四，连系动词 get，become，grow，turn 等用于现在进行时，表示一个渐变的过程。如：

It's getting warm，天渐渐变暖和了。

The trees are turning green，树木渐渐变绿了。

小问号：那现在进行时的否定和疑问……

曹老师：（打断）现在进行时的否定式直接在 be 动词之后加 not；一般疑问句的句式则把 be 动词提到句首。如：

I am not watching cartoons online. 我没在网上看卡通片。

Are you having dinner? Yes, we are. / No, we aren't.

你们正在吃饭吗？是的，我们正在吃。/ 不，我们没有吃。

但现在进行时的特殊疑问句倒是要注意。

小问号：（好奇）注意什么呀？

曹老师：注意三点！

1. 对人提问用 who。如：

Ben and Andy are talking to a policeman. → Who are Ben and Andy talking to?

2. 对整个谓语部分或者动词宾语提问用 what。如：

They are playing table tennis? → What are they doing?

They are playing table tennis? → What are they playing?

3. 对地点状语提问用 where。如：

He is doing his homework in the study. → Where is he doing his homework?

小问号：这倒没有什么难度！

曹老师：哦，还有一种特殊结构：be always doing 可表示反复发生的或习惯性的动作，常表示不满、抱怨或赞赏等情感。如：

He is always playing tricks on others，他总是捉弄别人。

This girl is always helping others，这个女孩总是帮助别人。

好啦！小问号，也不多讲啦！

译林版英语七年级下册全景语法

Unit 1　Dream homes

◇There are twenty restaurants in town?

The biggest one in Fifth Street.

小问号：Mr. Cao，咨询一下，两句中的 twenty 和 fifth 都是数词吗？

曹老师：是的！twenty 是基数词（Cardinal Numbers），fifth 是序数词（Ordinal Numbers）。

小问号：那什么是基数词？什么是序数词呢？

曹老师：（微笑）表示人或事物数量多少的数词叫基数词，如 one，two，three；表示人或事物顺序的数词叫序数词，如 first，second，third。

小问号：那您能帮我把基数词和序数词列出来吗？

曹老师：这个吗？太多了。我帮你大致归纳一下吧！首先，我来谈谈基数词的构成。

1. 1～12 为独立的单词，有其各自的形式。要单独记忆。

2. 13～19 都以 – teen 结尾，它们都有两个重读音节，如 sixteen，seventeen，eighteen。

3. 20～90 之间的"整十"都以 – ty 结尾，如 twenty，thirty，forty，fifty。

4. 21～99 之间的"几十几"，先说"几十"，再说"几"，且十位数和个位数之间要加连字符，如 thirty – one，eighty – five，ninety – nine。

5. 101～999 之间的非整百的基数词，先说"几百"，再加 and，再加末尾两位数（或末尾数），如 176 说（one hundred and seventy – six）；902 说（nine hundred and two）。

6.1000 以上的数词，先从后向前数，每三位用一个逗号隔开。第一个逗号表示 thousand（千），第二个逗号表示 million（百万），第三个逗号表示 billion（美语中的十亿）或 thousand million（英国用法），然后一节一节用"几百几十几"的方法表示，如 1，234，567，890 读作 one billion, two hundred and thirty‐four million, five hundred and sixty‐seven thousand, eight hundred and ninety。

小问号：咦！我发现一个问题！

曹老师：（奇怪）什么问题？

小问号：您刚才说 1，234，567，890 时，hundred 和 thousand 没有用复数。

曹老师：哈哈！发现的好！其实啊，hundred，thousand，million，billion 等词和基数词连用时要用单数。

小问号：（刨根问底）那他们有复数形式吗？

曹老师：有啊！hundreds of, thousands of, millions of, billions of 分别为"数以百计""数以千计""数百万的""数十亿的"。如：

There are six hundred students in this school. 这所学校有 600 名学生。

Thousands of visitors come to Yangzhou every year. 每年有成千上万的游客来扬州。

注意！hundreds of, thousands of, millions of, billions of 前可用 several, many, some 等词修饰。

小问号：噢，我明白了。那序数词是如何构成的呢？

曹老师：好的，我再来说说序数词的构成。

1.1～3 必须逐个记忆，分别是 first, second, third。

2.4～19 在基数词后加‐th，但要重点记住 fifth, eighth, ninth, twelfth 四个特例。

3.20～30 之间的"第几十"的序数词由相应的基数词变词尾的 ty 为 tie，再加‐th，如 fifty—fiftieth。

4."第几十几"或"第几百几十几"的序数词，只变相应的基数词的个位，如 forty‐one—forty‐first；two hundred and thirty‐five—two hundred and thirty‐fifth。

小问号：哦，原来是这么回事。那基数词和序数词有什么用法呢？

曹老师：两者用法基本相同。给你介绍四个常规用法。

1. 用作主语

Ten students in our class have pets. 我们班有 10 个学生饲养宠物。

September 10th is Teachers' Day，9 月 10 日是教师节。

2. 用作表语

It is seven forty now，现在是 7 点 40 分。

He is always the first to get to school，他总是第一个到校。

3. 用作定语

I have three good friends，我有 3 个好朋友。

He lives on the seventh floor，他住在 7 楼。

4. 用作宾语

Please give me two of these notebooks，请给我两本笔记本。

I ate two cakes, now I'm eating the third，我吃了两块蛋糕，正在吃第三块。

另外我再补充以下四点。

一是"整十"的基数词的复数形式可用于表示"几十年代"或"在某人几十多岁时"。如：

This is a bike in the 1960s，这是一辆 20 世纪 60 年代的自行车。

She began to learn English in her thirties，她在 30 多岁时开始学英语。

二是序数词前通常要加定冠词 the；但若像文中表示"第几大街"则不加 the。

三是序数词前也可用不定冠词 a 或 an，表示"再……，又……"。如：

I ate two cakes. I'd like to eat a third one，我吃了两块蛋糕。我还想吃一块。

四是编号可用基数词和序数词，表达形式不同，如"第一单元"可说成 U-nit One 或者 The First Unit。但用基数词编号更常见。清楚了吗，小问号？

小问号：（雀跃）清楚啦，Mr. Cao！

Unit 2　Neighbours

◇I'll meet them then.

I'm afraid they won't welcome visitors like you.

I'm going to visit our new neighbours.

小问号：Mr. Cao，向您请教一个问题！

曹老师：（慈祥）说吧！

小问号：这三句表达的都是将来的动作吗？

曹老师：（故作疑问）你是怎么看出来的？

小问号：第一句中有 I'll，第二句中有 won't，第三句中有 be going to 呀！

曹老师：（微笑）说得好！那你说说第一句中的 I'll 是什么的缩写形式？

小问号：I will 啊！

曹老师：呵呵！对对对！也可以说是 I shall 的缩写。这三个句子反映的是一般将来时的两种表现形式。

小问号：您能给我详细讲讲吗？

曹老师：No problem！一般将来时表示将要发生的动作或存在的状态。常与表示将来的时间状语连用。我重点就讲两种情况。

1. 一般情况下由"助动词 shall（用于第一人称）或 will（用于第二、第三人称）+ 动词原形"构成。美式英语则不管什么人称，一律用 will。如：

I shall/I'll visit the Great Wall next Monday，我下周一将参观长城。

She will not/won't have a birthday party this weekend，她本周末不办生日宴会。

Will they come to the parents' meeting tomorrow? 他们明天来参加家长会吗？

He will be twenty years old next year，明年他就要二十岁了。

小问号：Mr. Cao，我记得 Shall I/we …? 句型还可以用来提出建议，是吗？

曹老师：（拍头）对对对！你不提我倒忘了！Shall I/we …? 句型常用来征求对方意见，而 Will you …? 句型则常用来向对方提出请求。如：

Shall I smoke here? 我可以在这儿抽烟吗？

Shall we have a rest? 我们歇会儿吧。

Will you (please) help me with my English? 请你帮助我学英语好吗？

2. "be going to + 动词原形"的形式也可以表示将要发生的动作。但这一结构着重强调打算或准备做的事以及不以人的意志为转移的客观自然现象或事情发生的必然结果。如：

What are you going to do tomorrow? 明天你打算做什么？

There are going to be three shows next week，下周将有三场演出。

Look at the dark clouds! It's going to rain，看那乌云！看来要下雨了。

小问号：您刚才说，重点是这两种情况。那还有别的情况吗？

曹老师：一些像短暂性动词，如 go、come、leave、begin、arrive 等，常常用现在进行时来表示即将发生的动作。如：

The Greens are coming for dinner this evening，格林一家今晚来吃饭。

He is leaving for Shanghai tomorrow，明天他将动身前往上海。

156

还有，一般将来时也可用来表示一种倾向或习惯性动作。如：

Fish will die without water，鱼儿离不开水。

曹老师：另外……

小问号：哦！我……

曹老师：（生气）别插嘴！听我说完，另外表示按计划或时刻要发生的事，常用一般现在时表示将来的动作或情况。如：

It is Saturday tomorrow，明天是星期六。

When does the summer vacation begin？暑假什么时候开始？

小问号：（满足）这样呀！

Unit 3　Welcome to Sunshine Town！

◇An old friend of mine is coming to see me，Hobo.

小问号：Mr. Cao，有个问题请教一下！

曹老师：（关爱）讲！

小问号：这句话中的 an old friend of mine 为什么不说 an old friend of me？

曹老师：哦，不能说 an old friend of me。这里面涉及名词所有格的问题。

小问号：（疑惑）什么是名词所有格啊？

曹老师：先看看课本上的另一个句子 I'd like to take the boys to our school's football field，其中 our school's football field 意为……

小问号：（抢答）我们学校的足球场。

曹老师：（干笑）呵呵！对！our school's 就是所有格形式。所有格用来表示名词之间的所属关系，用作定语。

小问号：那具体有哪些形式了？

曹老师：问得好！它有三种形式，一是由名词词尾加"'s"构成，多用来表示有生命的东西；二是由"介词 of + 名词"构成，多用来表示无生命的所属关系；三是双重所有格。我重点给你讲第一种形式。

小问号：（巴结）谢谢！谢谢！

曹老师：（得意）哈哈，不必客气！"'s"所有格通常分八种情况。

1. 一般情况下，在单数名词（含人名）词尾加"'s"。如：

the boy's toy 那个男孩的玩具；Jim's football 吉姆的足球

2. 以 – s 结尾的名词（含人名），则在词尾加"'"。如：

my boss' wife 我老板的妻子；Doris' husband 多丽丝的丈夫

3. 规则复数名词在词尾加"'"。如：

Nurses' Day 护士节；the students' reading – room 学生阅览室

4. 不规则复数名词在词尾加"'s"。如：

Children's Day 儿童节；women's room 女厕所

5. 表示两者或两者以上共同所有，把"'s"加在最后一个名词词尾。如：

Nick and Jimmy's bedroom 尼克和吉米的卧室（两人共同的卧室）

6. 表示各自拥有某件东西时，每个名词都要用所有格形式。如：

Nick's and Jimmy's bedrooms 尼克和吉米的卧室（两人各自的卧室）

7. 一些表示日期、时间、距离、国家名称的无生命名词，也可加"'s"或"'"构成所有格。如：

today's newspaper 今天的报纸；ten minutes' walk 十分钟的路程

8. 如果"'s"后的名词是某人的家、店铺、住宅、诊所等地点，后面的名词常可省略。如：

go to my uncle's 去我叔叔家；at the barber's 在理发店；at the doctor's 在诊所

小问号：这么多呀！Mr. Cao，另外两种形式您也说说，好吗？

曹老师：没问题！我就喜欢勤学好问的孩子！

小问号：（握拳）我就属于这种孩子！

曹老师：（流汗）另外两种形式分别是用"介词 of + 名词"结构表示无生命的所属关系和由"介词 of + 名词所有格或名词性物主代词"构成的双重所有格。如：

the window of the house 房屋的窗户；a map of Yangzhou 一幅扬州地图

a book of your sister's 你姐姐的一本书；an old friend of mine 我的一位老朋友

小问号：哇！Mr. Cao，我有种豁然开朗的感觉！

◇Oh, yes, it's hers, and here is my book.

小问号：Mr. Cao，我又纠结了！句中的 hers 是"她的"，my 是"你的"，也是名词所有格吗？

曹老师：此言差矣！hers 和 my 本身不是名词，何来名词所有格呢？

小问号：那它是什么格呀？

曹老师：还珠格格！

小问号：啊！

曹老师：（开心）哈哈！开句玩笑。它们不存在什么格。两个词都是物主代词。hers 是名词性物主代词，my 是形容词性物主代词。

小问号：（着急）慢点说，头都大了！

曹老师：好！我慢慢说。物主代词是用来表示所有关系的代词，意为"某某的"。分为形容词性物主代词和名词性物主代词。我列个表你看看！

类别	单数					复数		
人称	第一人称	第二人称	第三人称			第一人称	第二人称	第三人称
	我的	你的	他的	她的	它的	我们的	你们的	他们的
形容词性	my	your	his	her	its	our	your	their
名词性	mine	yours	his	hers	its	ours	yours	theirs

小问号：（得意）Mr. Cao，我注意到一个细节。

曹老师：哦！什么细节？

小问号：除了第一人称 mine 之外，其他名词性物主代词都是由形容词性物主代词加 - s 构成的，本身以 - s 结尾的形容词性物主代词 its 和 his 不再加 - s。

曹老师：嘿！这才是聪明的小问号呀！你说得很对。物主代词的用法其实很简单。

1. 形容词性物主代词相当于形容词，放在名词前作定语。如：

They are doing their homework. 他们正在做他们的家庭作业。

2. 名词性物主代词相当于名词，也相当于"形容词性物主代词 + 名词"，可以作主语、表语和宾语。如：

This tie is yours. Mine is over there. 这条领带是你的。我的在那边。

小问号：这句话也可以说"This tie is your tie. My tie is over there"吧？

曹老师：（满意）完全正确！

Unit 4　Finding your way

◇There's a path between the hills.

小问号：Mr. Cao，请问这句可以说成"There's a path between hills"吗？

曹老师：不可以！the 不能少。

小问号：那这里的 the 是什么意思呢？

曹老师：意思是"这些"呀！

小问号：（疑问）为什么呀？

曹老师：（失笑）哈哈！不为什么，the 是冠词，用在单数或复数名词前，表示特指的某一个或某一些人或事物，相当于汉语的"这个、这些、那个、那些"。

小问号：噢！您刚才说 the 是冠词，什么是冠词啊？

曹老师：the 和上面这个句子中的 a，以及以前学过的 an 在英语中都被称为"冠词"。冠词是一种虚词，放在名词的前面，帮助说明名词的含义。冠词可以说是名词的一种标志，它不能离开名词而单独存在。

小问号：那 Mr. Cao，冠词就这三个吗？

曹老师：对！the 是定冠词，a 和 an 是不定冠词。今天咱们先谈谈定冠词 the 吧！小问号，平时使用名词时，常常弄不清什么时候加 the，什么时候不加 the，这种现象有没有？

小问号：（喜悦）当然有了！那什么时候该加 the，什么时候不该加 the 呢？

曹老师：加 the 的情况比较多，我来归纳一下。

1. 特指某一个或某些人或物。如：

the teachers in the office 办公室的老师们；the photo of the boy 那个男孩的照片

2. 指双方都知道的或者上文提到过的人或物。如：

Where is the treasure box? 宝盒在哪儿？

He works in a bank. The bank is not far from here，他在银行上班，那银行离这儿不远。

3. 用在世界上独一无二的事物前。如：

The earth is bigger than the moon，地球比月球大。

4. 与形容词或者单数名词连用，可代表一类人或物。如：

the old 老人；I like the giraffe，我喜欢长颈鹿。

5. 用在序数词、形容词最高级、方位名词、乐器、江河湖海等地理名词和以普通名词构成的专有名词前。如：

the first king 第一个国王；the longest path 最长的小路；in the north of China

在中国北部

play the piano 弹钢琴；the West Lake 西湖；the Great Wall 长城

6. 用在姓氏前可表示"某某一家人"。如：

The Browns are having dinner，布朗一家正在吃晚饭。

7. 用在逢十的数词前，指世纪的某个年代。如：

in the 1990s／1990's 在 20 世纪 90 年代

8. 用在一些固定搭配中。如：

in the evening 在晚上；at the same time 同时；by the way 顺便问

小问号：（挠头）啊！这么复杂呀！

曹老师：碎是碎了点，不过常用也就记住了。另外，特别注意一下，有些词组有无定冠词区别很大。

小问号：（惊讶）噢，是吗？

曹老师：这类词组有不少，我就举几个例子吧！如：

go to school 去上学／go to the school 到学校去；be in hospital 住院／be in the hospital 在医院里；in front of 在……的前面／in the front of 在……的前部；next year 明年／the next year 第二年

小问号：对对对！这几个词组以前也碰到过。

曹老师：（得意）好，小问号，我们再来看看不定冠词 a，an 的用法吧！

1. 用在单数名词前表示某一类人或物。如：

Kate is a student，凯特是学生。

2. 泛指某一类人或物中的一个。如：

There is a boy looking for Daniel，有个男孩在找丹尼。

3. 表示数量上的"一个"，相当于 one，但数的概念没有 one 强烈。如：

I have a new watch，我有一块新表。

4. 放在序数词前表示"又一个；另一个"。如：

Would you like a second cup of coffee? 你想再来一杯咖啡吗？

5. 表示"每一"，相当于 every。如：

We have three meals a day，我们一天吃三顿。

6. 用在某些抽象名词或不可数名词前，表示"一阵，一场，一种，一例"等。如：

What a strong wind! 好大的一阵风！

7. 用于某些固定搭配中。如：

a little 一点儿；have a look 看一看；in a hurry 匆忙地

小问号：啊呀！这冠词看似简单，实则不简单啊！

曹老师：（微笑）另外在有些情况下，a，an 和 the 都不能用。

1. 专有名词和一些抽象的不可数名词前不加冠词。如：

France 法国；Time is money. 时间就是金钱。

2. 名词前已有物主词、指示代词、名词所有格等修饰时，不加冠词。如：

This is my mobile phone，这是我的手机。

Come this way，please，这边请。

Can you see Amy's hair clip? 看见艾米的发卡了吗？

3. 复数名词表示一类人或物时，不加冠词。如：

They are artists. 他们是画家。

4. 季节、月份、星期、三餐、球类等名词前不加冠词。如：

in summer 在夏季；in March 在三月；on Monday 在周一；have lunch 吃午饭；play football 踢足球

5. 在与 by 连用的交通工具名称前不加冠词。如：

by plane 乘飞机；by taxi 打的

小问号，你听明白了吗？

小问号：唉，我……明……白……了。

曹老师：（安慰）呵呵，别怕呀！多加复习应该 No Problem!

◇Here we're in front of the South Gate.

小问号：Mr. Cao，7A 的第四单元语法 A 好像是关于用不同的介词谈论时间吧！

曹老师：嗯，记忆力不错！讲到了三个介词 in，on，at。那这个单元的语法 B 呢？

小问号：是不是关于用介词谈论地点？

曹老师：很好！（激动）学习上就要有这种联系思考的意识和能力……

小问号：（打断）但这部分介词超多啊！

曹老师：多不要紧，关键在于你要把它们梳理清楚。

小问号：（着急状）那怎么梳理呢？

曹老师：嘀，求知若渴呀！根据我们目前所学，可把谈论地点的介词分为六组。

第一组是 in（在……里面），on（在……上面），at（在……）。如：

There is nothing in the box but a card，盒子里除了一张卡片，什么也没有。

Look at the picture on the wall，看墙上的那幅画。

She is standing at the street corner，她正站在街角。

小问号：in 不是也可以表示"在某个地方"吗？

曹老师：对！一般说来，大些的地方用 in。如 in Shanghai，in the east of China。但要注意，若跟表示门、窗、桌子等名词连用，则用 at。如：

The school bus is waiting at the gate，校车在门口等着呢。

小问号：还真是的！您不说，我倒没注意。

曹老师：第二组是 beside（在……旁边），behind（在……后面），between（在……之间），next to（紧挨着），near（在……附近）。如：

We found a picnic area beside the lake，我们在湖边找到一片野餐区。

Don't stand behind me，别站在我后面。

Park your car between the trees，把你的车停在两棵树之间。

They are sitting next to each other，他们紧挨着坐在一起。

Don't play near the river. It's dangerous，别在河边玩，危险！

第三组是 in front of 和 in the front of，都表示"在……前"，前者强调"在外部前方"，后者强调"在内部前面"。如：

She is sitting in front of the old man，他坐在那个老人的前面。

She is sitting in the front of the bus，他坐在公交车的前面。

小问号：那第四组呢？

曹老师：最后三组是三对反义词，分别是 inside（在……里面），outside（在……外面）；over（在……正上方），under（在……正下方）；above（高于），below（低于）。如：

Inside the box is a nice present，盒子里装着一个漂亮的礼物。

It's a wonderful spring morning outside the window，窗外是一片春晨的美好景象。

The sign is over the bench，指示牌就在长椅的正上方。

Shall we have a rest under the tree? 我们到树下歇会儿，好吗？

The plane usually flies above the clouds，飞机通常在云层之上飞行。

He lives two floors below me，他住的比我低两层。

注意哦，above 和 below 不一定有"垂直在上或在下"的含义，而 over 和 under 则有。

小问号：哎呀！这个介词呀，经您老这么一点拨，我是豁然开朗啊！

曹老师：哈哈，别贫嘴啦！

Unit 5　Amazing things

◇They turned around and saw nothing.

"That's strange," the two girls were very afraid.

小问号：请问 Mr. Cao，一般过去时是用来表示过去发生的动作或存在的状态吗？

曹老师：是的！

小问号：那您能否说得具体一点儿呢？

曹老师：Of course！一般过去时，主要有三个功能。

小问号：（好奇）哪三个功能呀？

曹老师：第一个功能是表示主语过去的各种状况。其结构是"主语 + was/were + 各种状况"。如：

She was a beautiful girl ten years ago，十年前她是一个漂亮的女孩儿。

I wasn't fat when I was young，我小时候不胖。

Were they here just now？他们刚才在这儿吗？

What were your parents ten years ago？你父母十年前从事什么工作？

注意！一般过去时往往和明确的过去时间状语连用。小问号，知道有哪些常用的时间状语吗？

小问号：（骄傲）常用的有 yesterday，the day before yesterday，last week，three days ago，in 2012，just now，a moment ago，（深呼吸）还有……

曹老师：（阻止）够了！佩服！

小问号：Mr. Cao，您说的让我想起一般现在时的一个功能，即用"主语 + am/is/are + 各种状况"来表示主语现在的特征状态等。那我想，一般过去时的另一个功能就是用"There was/were + 主语 + 地点状语"结构表示"某处过去有某人或某物"，对吗？

曹老师：（含泪）太聪明了！你都能抢答啦！我太感动！太激动！太……

小问号：（严肃）太冲动，是吧？好了，赶紧着，先回答对不对？

曹老师：（恍然擦泪）哦，失态！失态！你说的完全正确。一般过去时的第二个功能就是用"There was/were 结构"表示"过去有……"。如：

There was a football match yesterday. 昨天有场足球赛的。

There wasn't a cinema here long ago. 这儿以前没有电影院。

How many visitors were there last year? 去年有多少游客？

第三个功能是表示主语过去的动作。其结构是"主语 + 行为动词过去式"。如：

I/He/They got up at six yesterday morning. 我/他/他们昨天早上六点起床。

Suzy went to the hospital once a week last year. 苏西去年每周去医院一次。

小问号：这个功能结构最简单，不要考虑人称和数的变化。

曹老师：（皱眉）结构虽简单，但动词过去式的构成并不简单。

小问号：（无邪）是分为规则化和不规则两种变化吧？

曹老师：对！其中规则变化可总结为四小点。

1. 一般情况下在动词原形后加 – ed。如：listen → listened。

2. 以不发音的字母 e 结尾的动词直接在词尾加 – d。如：move → moved。

3. 以"辅音字母 + y"结尾的动词，变 y 为 i 再加 – ed。如：carry → carried。

4. 重读闭音节动词（末尾三个字母顺序是"辅元辅"）要双写尾字母加 – ed。如：chat → chatted。

小问号：（领悟）哦，这倒不难理解。那不规则变化……

曹老师：（抢答）不规则变化就是没有变化规律，记熟书上的"不规则动词表"就行了！但目前书上列出的仅仅是一部分，要学一个记一个，才能确保万无一失！

小问号：（认真）我明白了！

Unit 6   Outdoor fun

◇Alice did not want to let the rabbit get away, so she jumped down the hole too.

小问号：Mr. Cao，你上个单元讲到一般过去时。这一句应该是一般过去时的第三个功能吧？

曹老师：对！表示主语过去的动作，其结构是"主语 + 行为动词过去式"。

小问号：（真诚）那您能给我说说这种句型的句式变换吗？

曹老师：（高兴）没问题啊！关键是否定助动词 didn't 和疑问助动词 did。举个例子吧。如：

Tom and Jerry played volleyball yesterday afternoon.，汤姆和杰瑞昨天下午打排球了。

→否定句：Tom and Jerry didn't（did not）play volleyball yesterday afternoon.

→一般疑问句：Did Tom and Jerry play volleyball yesterday afternoon?

→回答：Yes, they did / No, they didn't.

注意了，小问号！变为否定句和疑问句时，原先的行为动词过去式要变为原形，你看到了吗?

小问号：（揉眼）哇，真的耶！我看到了！

曹老师：（失笑）你这孩子，真够淘的！

小问号：那特殊疑问句呢?

曹老师：（安慰）别急！来了！看下面三组提问。

Tom and Jerry played volleyball yesterday afternoon.

→Who played volleyball yesterday afternoon?

Tom and Jerry played volleyball yesterday afternoon.

→What did Tom and Jerry do yesterday afternoon?

Tom and Jerry played volleyball yesterday afternoon.

→When did Tom and Jerry play volleyball?

小问号：（拍手）太好了！我明白了！妈妈再也不用担心我的一般过去时态了！

Unit 7　Abilities

◇I can fly.

Her left leg was badly hurt and she could not get out.

Can you tell us about the fire?

小问号：Mr. Cao，向您请教一个问题，这几句话中的动词到底如何理解呀?

曹老师：（微笑）你说的是情态动词 can 和 could 吧?

小问号：（抓头）对对对！刚才没说清楚。

曹老师：这三句话其实表现了 can（can't）和 could（couldn't）的两种功能，前两句是谈论现在和过去的能力，第三句是请求许可。

小问号：（恍惚）您能不能说得具体一点儿？

曹老师：这样吧！我从两个方面解析一下 can 和 could 的关系以及它们的功能，好吗？

小问号：（鼓掌）好耶！欢迎解析！

曹老师：一方面，could 是 can 的过去式，常见功能有两点。

1. 表示能力，意思是"能，会"。如：

She can sing many English songs. 她会唱许多英文歌。

I couldn't play the violin last year. 我去年不会拉小提琴。

2. 表示猜测，意思是"可能"，多用于疑问句和否定句中。若表示可能性不大的猜测，则用 may，常用于肯定句中。如：

It can't be Daniel. Who can it be? 那不可能是丹尼尔，那会是谁呢？

Anything could happen at that moment, 当时什么都有可能发生。

Mr. Wu may be in his office, 吴老师也许在办公室。

小问号：这不就是您刚才说的 can 和 could 的两种功能吗？那还有一方面是什么呀？

曹老师：另一方面，在表达请求许可时，意为"可以"，相当于 may（更正式）。could 和 can 没有时间上的差别，could 的语气比较委婉客气些。如：

Can / Could / May I speak to Mrs. Jin? 请金太太接电话好吗？

小问号：那回答时，有什么要注意的呢？

曹老师：（喜悦）问得好啊！

第一，"Could…?"表示有礼貌的请求，答语应用 can。如：

—Could I smoke here, sir? 先生，我可以在这儿吸烟吗？

—Yes, you can. 是的，可以/ Sorry, you can't. 对不起，不可以。

第二，"May I…?"表示请求许可时，否定回答要用 mustn't 或 can't。如：

—May I play computer games now? 我现在可以玩电脑游戏吗？

—No, you mustn't/can't. 不行。

小问号：（巴结）啊呀！您梳理得真清楚！

曹老师：（得意）那是，咳咳！

◇What a brave young man!

How brave you are!

曹老师：小问号，问你一个问题。

小问号：（自信）请问吧！

曹老师：上面这两句是什么句式？

小问号：（轻视）这不明摆着感叹句吗！后面都是感叹号。

曹老师：（微笑）那你说说感叹句是怎么构成的呀？

小问号：那我倒没有研究过。

曹老师：（失笑）那你得好好研究研究！

小问号：唉，我哪有那本事啊！我除了问，还是问，要不咋叫小问号呢？还是您来说吧！

曹老师：感叹句用来表示说话时的喜悦、赞叹、愤怒等较为强烈的感情。感叹句的结构为"感叹部分 + 陈述部分（主语 + 谓语）"，感叹部分由感叹词来引导，陈述部分就是整个感叹句的主语和谓语，句尾要用感叹号，读时要用降调。如：

What a fine day it is! 天气多好啊！

How cool you are! 你真帅气！

How well the clothes fit! 这衣服多合身啊！

请注意，在表意清楚的情况下，后面的陈述部分，也就是"主语 + 谓语"可以省略。上面提到的前两句可以省略为：

What a fine day!

How cool!

但最后一句不能省略，因为如果省略后面，则语意不明。

小问号：请问 Mr. Cao，您说这感叹句怎么一会儿用 what 引导，一会儿用 how 引导呢？

曹老师：这分两种情况。

第一，对名词进行感叹用 what 引导，其结构为：What + （a/an） + 形容词 + 名词 + 陈述句语序！如：

What a careless boy（he is）!（他是）多么粗心的男孩啊！

What useful books（they are）!（它们是）多么有用的书啊！

What delicious food（it is）!（这是）多美味的食物啊！

第二，对形容词、副词进行感叹用 how 引导，其结构是：How + 形容词/副词 + 陈述句语序！如：

How beautiful these flowers are! 这些花多美啊！

How fast the rabbit is running! 这只兔子跑得多快啊！

注意一个特殊结构：How + 陈述句语序！如：

How I miss you! 我多么想念你们啊！

小问号：那这两种感叹句可以相互转换吗?

曹老师（赞赏）当然可以啦。如：

What a sweet cake it is！ = How sweet the cake is！多甜的蛋糕呀！

How clean the water is！ = What clean water it is！多么干净的水呀！

另外，陈述句与感叹句之间也可以相互转换。如：

She is a very hard‐working student. 她是一名很勤奋的学生。

→ What a hard‐working student she is！她是一名多么勤奋的学生啊！

Simon jumps very high. 西蒙跳得很高。

→ How high Simon jumps！西蒙跳得多高呀！

小问号：（为难）这感叹句看上去超简单，怎么这么多东东啊！

曹老师：（安慰）听起来好像蛮繁琐的，其实一点儿不复杂。

Unit 8　Pets

◇He does wonderful tricks.

My cat is very friendly.

小问号：（沮丧）唉！

曹老师：小问号，怎么了?

小问号：别提了！今天英语课上，翻译词组"好吃的东西"，我说 delicious something，老师非说是 something delicious，还罚我抄写一百遍。

曹老师：哈哈！你这是形容词的位置放错了。我来帮你捋一捋吧！

小问号：（高兴）真的? Mr. Cao，您真好！

曹老师：（摇头）形容词是用来修饰名词或用于连系动词之后，表示人或事物的性质、特征、状态和属性的词。如：

She doesn't need a gentle touch，她不需要温柔的触摸。

Some people are afraid of him，有些人怕他。

The meat smells bad，这肉闻起来很臭。

The building is 50 metres high，这幢建筑物高 50 米。

小问号：您还是说说 something delicious 的事儿吧！

曹老师：（失笑）别着急啊！来了。这其实是关于形容词的位置问题。

小问号：形容词的位置？

曹老师：对！第一，形容词修饰名词时，通常是放在名词前面。但修饰复合不定代词的形容词要后置。如：

There is something wrong with my eyes. 我眼睛不舒服。

第二，多个形容词修饰一个名词时，其先后顺序一般遵循以下规律：描绘性形容词＋形状＋年龄或新旧＋颜色＋产地＋材料＋用途＋名词。简而言之，即"描、形、年、颜、地、材、途"。

It's a nice big old black Chinese wooden writing desk. 这是张中国的、古老而漂亮的、黑色木质大写字桌。

小问号：（感慨）啊哟！形容词看似容易，还挺有玄机啊！

曹老师：那是！

◇Please bring me something to eat.

Sometimes he barks when someone comes to visit us.

小问号：请问 Mr. Cao，两句中的 something 和 someone 是不定代词吗？

曹老师：是的。不指明代替任何特定名词或形容词的代词就叫不定代词。

小问号：不定代词有哪些呀？

曹老师：那可多了去了。这样吧，今天就词论词，就谈这两句涉及的表示"事物"和"人"的复合不定代词。提醒一下，复合不定代词作主语时，谓语动词要用单数形式。

小问号：英语中表示"事物"的复合不定代词有哪些啊？

曹老师：常用的有 something, anything, nothing, everything。

小问号：（追问状）那具体怎么用呢？

曹老师：something 意为"某事物"，用于肯定句；anything 意为"某事物"，用于否定句或疑问句。anything 也可以表示"任何事物"。如：

There is something new in today's newspaper. 今天的报纸上有新鲜事。

Is there anything new in today's newspaper? 今天的报纸上有新鲜事吗？

I'm interested in anything new. 我对任何新鲜事都感兴趣。

注意，形容词修饰复合不定代词时，要放在所修饰词的后面，作后置定语。这一点常考。

小问号：嘻嘻，明白！明白！那 nothing 和 everything 呢？

曹老师：nothing 意为"没有什么事物"，everything 意为"每样事物"。如：

There is nothing in the basket. 篮子里什么都没有。

Everything goes well，万事如意。

小问号：Mr. Cao，关于"人"的复合不定代词又有哪些呢？

曹老师：常用的有 somebody/someone，anybody/anyone，nobody/no one，everybody/everyone，具体说来……

小问号：（打断状）我知道！somebody/someone 意为"某人"，用于肯定句；anybody/anyone 意为"某人"，用于否定句或疑问句。anybody/anyone 也可以表示"任何人"。对吗？

曹老师：嘿，行啊……

小问号：（得意）我还没说完呢，nobody/no one 意为"没有人"；everybody/everyone 意为"每个人"。

曹老师：哈哈，不错！如：

There is somebody/someone waiting for you outside，外面有人等你。

Is anybody/anyone else going with us? 还有其他人和我们一块儿去吗？

Anyone can answer the question，任何人都能答出这个问题。

Nobody/No one knows the secret，没人知道这个秘密。

Everybody/Everyone looks very happy，人人看上去都很开心。

小问号：（思考状）还有需要注意的吗？

曹老师：有啊！在表示邀请、请求、建议或希望得到肯定答复时常用 some 构成的不定代词。如：

Would you like something to drink? 你想喝些饮料吗？

小问号：谢谢，Mr. Cao！这回我彻底明白了。

曹老师：不说了！我先去喝口水……

连载 2013 年第 1 至 6 期《考试与评价》

02

教育管理体验

不懈的追求

——江都第三中学实施素质教育纪略

素质教育是面向全体学生、全面提高学生基本素质的根本途径。近年来江都第三中学在实施素质教育的过程中，努力以学生为教育中心，全面提高学生素质，积极培养合格人才。

素质教育的主阵地是课堂。江都第三中学优化课堂教学结构，他们的"一人一课"制度颇具特色，其具体做法是每周安排一名教师面向全校开课，并组织教师观摩、评课，保证开课质量，这样的课成了该校优化课堂结构的样板。同时，为提高课堂效率，学校还实行各年级备课组集体备课制度，目的是通过集体备课弄清疑点、抓住要点、突出重点、分析难点，统一教学进度，统一学习要求。高效率的课堂教育使江都三中的学生学得轻松，学得有效率。

为创办江都第一流的初级中学，三中的教育工作者们深刻地认识到要想充分发挥学校的教书育人作用，关键在于造就一支高素质的教师队伍。学校通过各种方法努力提高教师队伍素质。教师们通过教研活动互相交流授课方式，交流育人经验；通过教研活动评价同行教学所长，认识自身教学水平的不足；通过教研活动总结教育教学得失，构思新型教育模式，大批教师逐渐懂得科学教学、科学育人的重要性与优越性。《教学工作永远是学校工作的主旋律》《课堂教学中教师的轴心作用》《初中英语的整体教学》《对语句语境义教学的初步感知》《初中数学解题思路与技巧》等一篇篇较高质量的理论文章正是三中教师队伍素质显著提高的明证。

学校是培养人的场所，江都第三中学很重视优化校园文化，他们经常开展主题教育活动，起到了文明育人的效果。如"了解昨天，珍惜今天，建设明天"主题活动，促进了学生整体素质的提高和爱国意识的形成；从《祖国万岁》到《强国之路二十年》五年读书活动强化了学生的爱国意识；"踏寻先辈足迹"采访活动激发了学生的爱国热情；"知家乡，爱家乡，做新一代江都人"实践活动增强了学生的爱国情感；"红领巾监督岗"制度的推行培养了学生的主人翁意识；"少年志愿者行动"增强了学生合作互助、解决冲突、服务社会的能力；连续五届的"校园文化节"为学生提供了展示自身特长的舞台，促进了学校精神文明建设的加强；丰富多彩的"雏鹰"假日小队活动既教会学生热爱劳动、学会生存，也培养了他们自教自理、自护耐挫的能力。其中"杨柳风"服务小队还被表彰为全国文明"雏鹰"假日小队。

在实施素质教育过程中，江都第三中学努力使学校教育和家庭教育形成合力。学校通过家长会和家访帮助广大家长提高对家庭教育的认识。和家长谈古人教子的故事；和家长谈学校教育与社会教育的不足之处；和家长谈家庭教育的重要性。鼓励广大家长从孩子成长的客观规律出发，着力满足孩子成长过程中的各种合理需要，结合孩子的反应不断调整自己的教育行为，不断改善自身的教育者形象。事实证明，家长对孩子的这种关心和爱护最终换来的是孩子的积极进取。

几年来，江都第三中学实施素质教育取得了丰硕成果。学校一丝不苟的治教作风推动了学生水平的稳步提高。先后有四人获全国数学竞赛一等奖和全国初中物理知识竞赛一等奖；"青春风铃"文学社的社员们在全国"跨世纪杯"中学生征文竞赛中，有三人分获一、二等奖；在江苏省中学生作文竞赛中，有一人获一等奖。

和谐教育的办学方针加快了优秀学生的成才步伐。几年来，江都第三中学学生的毕业合格率 100%，录取重点高中的人数也在逐年递增。

载 1998 年 8 月 6 日《扬州日报》

初三离队前教育

为了有效地促进团队一体化建设，密切初中少先队与共青团的衔接，我校把推迟离队时间至初三年级作为加速初中生自我意识发展，增强初中生自我教育能力的有效途径。1995 年我们在"七一"结合党的生日举行了 95 届毕业生的离队仪式；第 96 届毕业生的离队仪式是结合"元旦"举行的。两年的摸索使我们认识到两种方案各有千秋，前者利于初中少先队组织教育的全程化，而后者则有利于初三学生集中精力迎接考试。但两年的实践都证明，推迟离队时间至初三年级是符合初中生生理、心理特点的，是加强初中生素质教育的一个重要举措。在初中阶段，随着队员年龄的增长，共青团组织教育的加强，少先队员在进步标准和成才意识方面有了更进一步的认识与追求，广大少先队员迫切需要积极有意义的、利于自身素质提高的活动。初三各中队在团支部的带领和支持下，充分发挥少先队自动化小队的自我教育功能，结合"争章达标"和"推优入团"，开展了以"行最后一个队礼"为主题的系列活动，取得了良好的教育实效。整个离队前的教育活动大致分为五个阶段。

第一阶段：回忆当年入队时

少先队员进入初中后，他们的自我意识有了飞速发展，开始关心自己和别人的内心活动，有了追求入团的愿望，有了自己的理想和信念。他们渴望自立、渴望成熟。经过对全年级 512 名少先队员的调查，整理出如下表格。

你赞成离队时间放在初三吗？			
意见	赞成	随便	反对
人数	323	46	143
比例	63%	9%	28%

结果表明大多数队员是赞成延长离队时间的，但也有28%的队员反对，他们认为少先队组织是儿童的组织，自己已经上了初三，已经长大了，还戴着红领巾不自在、难为情，尤其怕社会上的人把他们当小孩看。针对这种情况，学校大队部进行了中学少先队标志改革的探索，初一年级戴大号红领巾，初二、初三年级平时戴队徽，重大活动时戴大号红领巾。同时请辅导员给队员们讲少先队组织的历史、中学少先队与小学少先队的区别、中学少先队与共青团水乳交融的关系。队员们心中一下子亮堂起来，明白了中学少先队是团前预备队，是培养共青团员的摇篮。为了更有效地使队员们认识到身为一名少先队员的光荣，各小队开展了"回忆当年入队时"的回顾讨论。队员们畅所欲言，纷纷讲述自己如何从一个稚龄儿童成长为光荣少先队员的经过。讲述中，队员们重新认识了自我；交谈里，队员们更深地了解了他人。队员们的优点一次次闪光，长处一次次展现。队员们通过活动了解了自己的集体，更加热爱自己的集体。红领巾在队员们的眼中越看越亲切，越看越鲜红。

第二阶段：我在队旗下成长

要使这些富有朝气、团结和谐的红领巾集体蓬勃地发展下去，没有激活机制是不行的。经过调查，形成以下表格。

初三要不要开展活动？			
意见	需要	无所谓	不需要
人数	384	72	56
比例	75%	14%	11%

结果表明只有少数的队员怕开展活动影响自己学习，而75%以上的队员则认为初三学习紧张，活动又少，太枯燥乏味，他们希望一改以前"初三是活动禁区"的局面，开展一些符合毕业班特点，能满足他们需要的，富有知识性、趣味性、创造性和实践性的活动，使队员们在活动中开阔眼界，了解新事物，在活动中受到教育，学到知识。为此，大队部和校团委商量后决定在初三年级继续开展"争竞达标"活动。在辅导员老师的帮助下，各中队队员选定了三枚必修章和五枚选修章，具体内容如下表。

	章目	要求
必修	体育章	1. 学校各项体育测验达标； 2. 有一技之长（如打球、游泳、下棋、跳高等）； 3. 参加过 1~2 次学校或校级以上的运动会。
	外语章	1. 能用英语流利地朗读文章； 2. 能用英语给自己的亲朋好友写一封信； 3. 上课能用英语和老师正常会话。
	服务章	1. 为班级、学校做一件令人难忘的好事； 2. 连续 3 次以上带领低年级队员参加实践活动； 3. 参加志愿者奉献活动总时间不少于 15 小时。
选修	家政章	1. 懂得一般的家政常识； 2. 做力所能及的家务事，能操持一日三餐。
	社交章	1. 懂得社会交往的基本原则； 2. 能正确处理与同学、与老师、与长辈之间的关系。
	信息章	1. 注意阅读多方面的报刊杂志，了解各方面的知识； 2. 坚持收听新闻，了解国内外大事。
	社会考察章	1. 利用节假日考察革命历史遗迹、名胜古迹或人文景观； 2. 写 3~4 份有一定价值的考察报告。
	辅导章	1. 当好初一年级少先队员或本年级团校学员的小辅导员，组织开展团队活动； 2. 保障所带队员有一定程度的进步。

奖章的达标要求能紧紧围绕毕业班学生的学习和学校的教育工作，所以深受科任教师、家长和学校领导的支持。各中队和团支部还根据队员和团员的建议，实行中队和支部内"三三争优制"（即夺取三枚必修章、三枚选修章，以全新全优的成绩争做优秀少先队员或优秀共青团员），大大激发了全体队员的积极性。几个月下来，不仅队员们的个人素质和能力有了大幅度的提高，而且队风、学风也有了大的改观。

第三阶段：光荣属于我们

在开展"争章达标"的活动中，各个自动化小队充分发挥独立自主精神和自治自教能力。如"希望小队"利用活动课时间，请体育老师辅导队员们打球、跳绳；"志远小队"连续三次主动去城区困难企业义务劳动；"自然之旅"利用自身优势首先争得社会考察章，令其他小队的队员羡慕不已。各小队开展的活动丰富多彩，卓有成效。队员们在活动中不断进步，不断完善，其中涌现出大批优秀少先队员。各中队及时地把这些优秀少先队员推荐给团支部。团支部带领中队举行"光荣属于我们"的主题队会，请各小队队长介绍小队优秀队员的事迹。团支部大会讨论确定各个优秀队员的培养人名单。队员本人制定"入团奋斗计划书"。优秀队员的光荣事迹鼓舞了一大批少先队员奋勇争先。同时广大少先队员的入人团呼声和争优热情也激励着积极分子们刻苦上进。"一二·九运动"纪念日，全年级共有 81 名优秀少先队员光荣地加入了共青团，305 名非团员中有 71% 希望加入共青团组织，这说明团的教育已经初见成效，毕业班队员的上进欲望强烈。

第四阶段：心中永系红领巾

红领巾是少先队员的标志，少先队是广大少先队员们心中的常青组织。中队委在受团支部委托给新团员们佩戴上团徽的同时，也给他们戴上了队徽。新团员有了自己的两个组织——共青团和少先队；有了自己的新名字——团队员；同时也承担起团、队组织所赋予的义不容辞的责任——和少先队员手拉手，共同进步。

调查表明，初三团员 100% 明确团员的义务和责任，明确共青团组织与少先队组织的关系。而非团员对于团员（也是优秀少先队员）的关心、帮助是求之不得的，接受关心就表明有了进步的希望，接受帮助就意味着学习成绩的提高。从此课间有了团队员帮学帮教的身影，有了团队员检查监督的语声。团员队员们一起劳动，一起学习，一起参加社会实践，一起开展文体活动。后进队员们在团队员的关心帮助下，成绩有了提高，能力有了增强。他们从内心深处感谢团组织、感谢队集体，是红领巾架起了同学之间真诚的友爱之桥，是红领巾托起了后进队员们心中的希望。

第五阶段：青春从这里起步

元旦之后，每一个少先队员又长了一岁。根据《队章》要求，各中队举行了"青春从这里起步"集体离队主题队会。在雄壮的鼓号声中，全体少先队员起立敬礼，深情地注视着队旗。"星星加火炬，这就是我们的队旗，它经历了无数次血与火的考验，依然那么鲜艳"，这是队干部们的心声。"诚实、勇敢、活泼、团结将是我们永远的作风"，这是全体队员的铮铮誓言。初三（7）中队还安排了 10 名离队队员代表做一分钟"离队前我所想到的"即兴演讲，如"我的中学生活是在少先队组织中度过的，是在鲜艳的队旗下度过的""是少先队给了我自信、光荣与希望""红领巾我永远热爱你""我恳请队员们在我的红领巾上签上你们的名字，因为这是我深爱的集体"。这哪仅仅是队员们的发言，这分明是队员们心灵一次次的震颤。校团委书记说得好："我们今天就要离开伴随我们成长进步的少先队组织了，我们都很激动，还是让我们向着队旗敬最后一个队礼吧，感谢队组织给了我们无私的关怀，感谢红领巾给了我们美好的希望……"

请看离队仪式上的两份调查表：

你喜欢少先队组织吗？			
意见	喜欢	一般	不喜欢
人数	476	36	0
比例	93%	7%	0%

谈谈你此刻的感受，好吗？	
队干部（1 名）	从今天起，我们跨入了青年时代
团员（1 名）	今天是少先队组织和共青团组织正式交接班
优秀队员（1 名）	入不了团，就什么都不是了，也不是优秀少先队员了
普通队员（1 名）	活动搞得蛮好的，就是心里不舒服
后进队员（1 名）	我有要哭的感觉

两份调查表说明少先队组织和它的活动在毕业班确实有它的位置和魅力，不同层次的队员对离队的态度也不一样。

离队仪式在队员们响亮的队歌声中结束了，队员们抚摸着鲜艳的红领巾，久久不语。虽然红领巾不在胸前了，但星星火炬仍在队员们心中闪耀，它仍将指引着全体队员迈开更加矫健有力的青春步伐，信心百倍地完成初中最后阶段的学习任务，去迎接光辉灿烂的明天，在未来谱写最华美的生命乐章。

初三年级的"行最后一个队礼"主题活动很好地完成了初中团与队的衔接任务。在初中这一团队衔接期内切实做到了由团直接来带好队，既充实了团的工作内容，发挥了团员的模范带头作用，又在队员中加强了团的组织观念，提高了少先队员的综合素质，真正发挥了"预备队"的作用，促进了初中共青团与少先队的全程一体化。

载 1997 年第 4 期《少先队研究》

吹面不寒杨柳风

——记江都第三中学初一（1）中队

"杨柳风"是江都第三中学一支雏鹰假日小队的队名，寓指"春风送暖"之意。它是第一支由校团委授旗的"雏鹰假日小队"。这支小队由初一（1）中队的10名队员组成，他们按照"自愿组队、自主活动、自定目标、轮流任干、自我管理、自聘辅导、按需活动"的原则，利用课余时间和节假日，走出家门、走出校门、走向社会，开展了一系列有意义的活动。

"杨柳风"雏鹰假日小队组建于1997年9月。它的前身是"春风小队"，队员已经毕业。"杨柳风"小队从一组建便把江都敬老院作为本队的实践基地，队员们利用节假日时间带上水果、补品和自编的文艺节目去慰问孤寡老人，到敬老院打扫卫生，做力所能及的事情。节假日便是老人们最开心的时候。春节快要到了，队员们带着用节省下来的零花钱买的年货、挂历，来到敬老院，为老人们做好过新年的准备。

校门口的那条水泥路走的人特别多，自然也少不了杂物脏物。队员们带着清扫工具来到路口，所到之处，尘土扫净了，碎砖捡掉了，果皮纸屑不见了，电线杆、围墙上的"牛皮癣"也被清除干净了。看着近两百米长的道路面貌一新，队员们欣慰地笑了。

听说张纲镇少先队的工作开展得有声有色，"杨柳风"小队联合"ENGLISH乐园"小队与张纲镇总辅导员吴立宏老师取得了联系。张纲中心小学的队干部们热情接待了"杨柳风"小队，详细介绍了张纲镇的少先队工作和红领巾活动。交流中队员们了解到，张纲镇"小新星气象站"几年如一日为农村少先队员按时报道天气情况；"小华伦诊所"帮助农村少先队员识别常用的药物及其药性，进行一些简单的治疗与护理。大家一起交流学习方法，一起讨论小队目标，队员们之间的友谊加深了，工作的劲头更足了。

"杨柳风"小队除了利用节假日走出校门开展活动外，在校内也发挥着小队的自主自动功能。队员郑遥的妈妈在医院工作，小队便请她担任辅导员，利用课余时间传授健康知识，讲一般性意外伤害的紧急处理方法，通过黑板报进行饮食卫生的宣传并介绍一些流行性疾病的症状与预防。队员们还自愿捐出一些常用药品用于应急。在小队活动中，他们逐渐懂得如何自教、如何自护。

"杨柳风"小队还利用组织优势，把帮助小队内的后进队员"脱贫致富"当作一件大事来抓。现在，全体小队队员正齐心协力向着更高的目标迈进。

载 1998 年第 8 期《辅导员》

关于单亲家庭子女教育问题的思考

摘　要：如何通过教育，帮助单亲家庭子女坦然面对家庭变故，是一个社会性的大课题。本文阐述了单亲家庭子女教育中存在的问题，提出了对单亲家庭子女教育的对策及建议。

关键词：单亲家庭，子女教育，对策建议

近年来，离婚率的不断攀升，给学校教育带来一个新的课题，那就是增加的一个新的特殊群体——单亲家庭子女。在这些单亲家庭子女中，有的是父母离异后由父亲或母亲一方抚养，有的是在父母离异后直接由爷爷奶奶抚养照顾。目前在学校就读的学生当中，单亲家庭学生占有一定的比例。客观地讲，相当一部分单亲家庭学生，由于父母离异、家庭破裂，心灵遭受沉重打击，造成了心理上的残缺。如何通过教育，帮助单亲家庭子女坦然面对家庭变故，积极调整心态，是一个社会性的大课题。

一、单亲家庭子女教育中存在的问题

家庭对于子女的教育是至关重要的，原生家庭的完整或残缺对子女生活、学习都有着很大影响。客观地说，父母离异是对子女最大的伤害。实践证明，许多单亲家庭的孩子在家庭变故、父母离异几年之后，心理创伤仍然存在。笔者在多年的教育教学实践中发现，单亲家庭学生主要存在以下四种问题。第一种是沉默自卑。在孩子的心目中父母就是丰碑，尤其是父亲，在年幼的子女心目中，就是万能、神通的象征，是孩子心中最了不起的人。对于一个缺失父亲或母亲的孩子来讲，当然就没有了这种优越感，如果单亲家庭的经济状况再有所恶化，离异父母对子女抚养再互相推诿，必然造成孩子形成沉默的个性、自卑的心理，而长期的沉默自卑会让孩子更加缺乏自信，甚至会让相当部分的孩子萎靡不振、放任自流、自暴自弃。第二种是情感脆弱。出现这种情况的以女学生居多。离异家庭子女由于缺失父亲或母亲，在家庭中会倍受母亲或父亲溺爱，这种溺爱会导致孩子在生活自理方面的能力极差，同时，这些孩子总是会觉得家庭亏欠自己，从而对母亲或父亲萌生诸多过分要求。如果这些要求得不到满足，孩子会更加觉得家庭亏欠自己。长此以往，这些孩子的心理会很脆弱，承受不了小小的挫折、小小的失败。稍有一点不顺，就会觉得天崩地裂。在与同学的交往中，也会呈现出情感脆弱的一面，很容易与同学产生或大或小的矛盾，总会觉得自己很可怜、很弱小、总是被人欺。第三种是品德不良。父母离异必然影响对子女的管教，如果再因为工作繁多或因为工作时间特别，更会疏于对学生的管教，学生在冷冷清清的家庭中，感受不到亲情、温情和关爱，这样会让孩子觉得外面的世界很美好、很有吸引力，别人比父母更能给自己关爱和温暖，更能关照自己，与自己更贴心。所以，有些学生就开始在社会上交狐朋狗友，浪迹网吧、厮守游戏室，甚至彻夜不归。这种类型的学生会逐渐产生错误的道德意识，会缺乏道德和社会责任感，对周围的学生影响很坏。第四种是产生嫉妒敌对心理。由于家庭的不完整，父爱或母爱的缺失，单亲家庭学生嫉妒同学谈论自己的父母，谈论自己温暖的家庭。这种嫉妒的心理，会让单亲家庭学生产生羞于启齿，却又十分强烈的憎恨心理；会让单亲家庭学生不相信周围的人，敌对、排斥周围的人，长此以往，单亲家庭学生更加缺乏与同学、教师的情感沟通和交流，甚至会出现将别人的好意批评、善意相劝，看成是刻意、恶意的情况。这些单亲家庭学生会经常性挑起一些带有恶作剧色彩的事端，有的还会戏弄或殴打他人，甚至寻机报复其他同学。

二、对单亲家庭子女教育的对策及建议

单亲家庭学生教育问题已经成为学校教育面临的重要问题。能否教育好单亲家庭学生事关社会稳定，事关义务教育的健康发展。下面，笔者结合自己教育教学实践及平时的思考探索，谈谈以下几种方法。

第一，努力发挥综合力量关怀教育单亲家庭学生。要想真正做好单亲家庭学生的教育工作，必须发动方方面面的力量，要综合教育行政部门、妇联、共青团等力量，搞好宏观面和微观面的调控，做好单亲学生教育的指导、监督和评估工作。要尽快研究出既具理论意义，又切实可行的单亲学生教育方式、方法。中小学校要结合学校实际、学生情况，不断探索、强化研究，实践出更加有针对性的教育手段和管理手段。教师处于与单亲家庭学生接触的第一线，更是要密切关注单亲家庭学生的心理变化、情绪状况，并及时进行情绪疏导，为

其创造良好的外部环境，不断提升单亲家庭学生调控情绪能力。司法部门也要从自身职能出发，切实加强对单亲家庭学生的法制教育，增强单亲家庭学生遵纪守法意识和自我保护意识。在此基础上，学校还应及时与单亲家庭学生所在社区强化沟通，更加细致地掌握学生课余活动情况、家庭生活状况，及可能早发现单亲家庭学生的不良习惯，从而做早预防、早规范、早矫正。

第二，努力促使单亲家庭学生融入集体生活。在具体教学实践中，教师可以做到以下三点。首先要有豁达的心态，要尊重单亲家庭学生的人格尊严和生活方式，单亲家庭学生心理有时特别脆弱，因而对单亲家庭学生不能有丝毫的歧视、嘲笑或戏弄。其次要在课堂上对单亲家庭学生多提问，多让其参加集体讨论，让单亲家庭学生感到同学和老师都非常关注和重视他们，逐渐淡化单亲家庭学生与其他学生之间的距离和差别。最后要不断发现单亲家庭学生在学习和生活中呈现出的亮点，关注他们身上或大或小的进步，并不断地鼓励和引导单亲家庭学生多为集体做好事，帮助单亲家庭学生在集体中树立良好形象，让同学们乐意亲近单亲家庭学生。

第三，努力通过活动培养单亲家庭学生健全个性。教师要通过活动有效培养单亲家庭学生的健全人格，教师要努力了解单亲家庭学生喜爱什么、讨厌什么、需要什么，不断做好引导工作，让单亲家庭学生生机无限地融入班集体，正面、乐观地面对问题、克服困难。教师可以在班级中开展"同一个希望同一个梦想""我们都是一家人"等主题班会，让学生之间更加团结友爱，互帮互助，平等相处，共构和谐，帮助单亲家庭学生形成健全的个性。

第四，努力加强单亲家庭学生心理健康教育。特殊的家庭构成会导致单亲家庭子女在心理上或多或少有点特殊性，因此，对单亲家庭子女有必要进行一定的心理辅导，使单亲家庭子女恢复和保持心理健康。一方面要针对单亲家庭子女共同的心理问题开展心理辅导。组织那些家庭背景比较相似的单亲家庭学生集中在一起，统一进行心理辅导，这样也可以让单亲家庭子女发现与自己相同状况的学生也不少，从而有效降低单亲家庭学生在心灵上的孤独感。在此基础上，教师还可以鼓励单亲家庭子女之间相互学习、相互辅导、相互进行情感交流。另一方面要针对单亲家庭子女心理差异进行个别辅导。单亲家庭学生在个性和心理上也有很大的差异，这就导致单亲家庭学生在心理问题、心理特征方面也是呈现出大不一样的格局，这就要求教师必须做到特殊情况特殊对待，尤其是涉及个人隐私的问题，更需要采取个别辅导。这种私底下的个别心理辅导形式既稳妥又有很强的针对性。辅导者在对学生进行个别心理辅导时，一定要遵循保密的原则，与单亲家庭学生要真诚相见、真正交心。

尽管单亲家庭学生遭遇了家庭破裂的不幸，比一般的学生缺少关爱和幸福感，但是只要我们教师真正付出爱心和耐心，以科学的态度对待每一位单亲家庭学生，就一定可以在一定程度上为他们弥补爱的缺失，医治他们内心的创伤，从而让单亲家庭学生学习得快乐、生活得幸福。

载 2009 年第 10 期《科教导刊》

贫困家庭子女心理问题的成因及辅导

　　摘　要：初中正是学生身心发展的高峰期，也是自尊心的形成时期，在这一时期容易形成心理问题。在学校生活与学习中，学生家庭的经济条件不同会给学生的心理带来多重影响。这一时期学生的心理易受外界因素影响，甚至形成心理阴影。针对这一现象，教师应采取相应应对措施。

　　关键词：贫困家庭，心理问题，形成原因，学生，辅助站

　　由于经济发展及地区间的差别，亦或是家庭成员之间的差异，目前，我国人民的经济生活还不在一个水平线上，很多人过上了富裕的生活，但是少部分家庭还处在贫困线以下。生活在这样家庭的孩子，不论是生活还是学习都受到很大的制约。随着人们经济水平的不断提高，学生们的供给条件也相应上升。在学校生活与学习中，学生家庭的经济条件不同也会给学生们的心理带来多重影响。以初中生为例，初中正是学生身心发展的高峰期，也是自尊心的形成时期。那些家庭经济条件稍微差一些的学生，内心会形成焦虑、自卑、茫然、胆小等症状。这些现状直接影响学生的学习以及生活问题。

一、贫困家庭子女心理问题形成的原因

1. 物质方面

　　物质生活是衡量人们生活水平的硬性指标，物质匮乏就可以评价为贫困，而贫困有时候可以改变人的价值观和人生观。一般来讲，贫困家庭子女心理问题形成的根本原因在物质方面。笔者通过多次调查与分析，了解到很多贫困子女会形成自卑的心理。他们的穿着、学习用品等生活消费远远落后于那些家庭条件比较优越的同学。这些贫困家庭的子女会觉得自己落后于那些同学，尤其是物质条件不能或很难支撑学校组织的活动时，学生会产生极大的心理阴影，甚至逃避这样的活动。

2. 人际关系方面

自卑心理是影响一个人正常工作和学习的重要心理因素，往往会影响人与人之间的交往。贫困家庭子女在学校的人际关系远差于那些条件好的同学。他们的人际关系非常单一，甚至很多学生性格内向，不擅言表。他们不愿意与那些家庭条件非常优越的学生共处，他们在心理上畏惧，认为自己与他们不是一个级别。初中正值学生充满激情活力的时期，他们应该性格开朗，同学之间应该快乐地一起生活与学习，可是心理的障碍导致他们不合群，甚至这些同学与教师的关系也是极度紧张。这些家庭贫困的学生对教师与同学的任何一句话都非常敏感。这样的状况导致学生的心理非常消极，也非常脆弱。

3. 环境方面

初中学生生活的环境对其非常重要。一个良好的环境促进其生活与学习。但是这些学生的自我评价非常低，自我意识也非常低。尤其在周围都是条件比较优越的同学时，他们的自尊心更是容易受到伤害，加上某些顽皮学生的语言讥讽和嘲笑，这些家庭条件不好的学生的自尊心会受到严重打击，形成不良的心理障碍，使体验的主体在遇到挫折或者突发事件时容易产生绝望、挫败等心理。甚至有些自尊心过于强烈的学生会出现自我伤害或伤害其他同学的行为。

4. 学习心理方面

在初中学习生活中，学习环境以及人际关系等可以促进学生更好地学习，尤其是家庭贫困的学生，他们会更加努力刻苦。但是那些学习方法或者思维上进步比较慢的学生往往就会将原因归咎于其他方面，对学习产生厌倦的情绪，他们甚至排斥教师对其鼓励，认为教师或者同学都不喜欢自己，也会认为大家都嘲笑自己的家庭。所以他们不会主动向同学寻求帮助，也不会主动向教师请教。这些同学会在心理上产生极大的阴霾，最后导致学习成绩下滑。

二、辅导措施

初中时期是学生青春期的叛逆阶段，是人生观和世界观形成的关键时期，也是学生形成心理品质的关键时期。作为初中教师，在传授学生知识的同时，也要关注他们的心理健康。尤其是对那些生活在贫困家庭中的孩子，他们的心理大都在承受一种或多种煎熬，这种煎熬与贫困有关。如果不能正确疏导和引导，很可能会导致他们出现一些心理健康问题，从而影响他们的健康成长。

1. 心理辅导站的建立

为了更好地帮助贫困家庭的孩子在心理上获得阳光，学校领导以及教师可以在学校建立不同类别的心理辅导站。贫困家庭子女可以在遇到问题的时候向辅导站的教师请教，向他们倾吐自己的不愉快之事。心理辅导站的教师们可以更好地帮助这些贫困家庭的孩子找到方向，让阳光照进心里。因此在初中学校中建立心理健康辅导站或者是心理问题咨询室；由专业的心理健康教师负责，定期对学生进行心理辅导，不定期对学生进行心理问题咨询；这是解决贫困家庭子女心理问题的重要措施之一。

2. 父母、学校之间的沟通

笔者发现，贫困家庭子女中的父母教育问题也应规划其中，学校教师应第一时间与父母沟通，与学生父母共同教育孩子，化解贫困家庭子女的心理阴影。初中是学生心理发展的关键时期，只有学校与家庭无缝对接与紧密联合才能更好地教育孩子，让学生朝着正确的人生道路前进。

3. 同学之间的互帮互助

学生之间由于年龄相仿，对一些问题的看法往往会产生共鸣，所以要发挥学生之间的相互帮助作用，引导学生帮助那些贫困学生。有时在班级中会有学生嘲笑和讥讽那些家庭条件不好的学生，这个时候教师可以在班级中成立互帮互助小组，促进同学之间相互帮助，发挥学生主体自我教育的力量，杜绝学生之间的嘲笑与讥讽，让学生互相监督，形成互爱互助的团体。

4. 教师的参与

贫困家庭的子女教育问题，教师要给予更多的关注与帮助。在学习中教师可以主动咨询，课下多与其沟通。和谐的师生关系可以让这些贫困家庭的孩子更相信教师，他们会打破心理的防御，将内心的秘密向老师倾吐。这样教师便可以更好地帮助学生，尽可能地杜绝不良心理因素的形成。

三、总结

总体来看，初中学校的学习与生活中有很多不良的因素导致家庭贫困的孩子形成心理问题。对此，广大教师要找到更好的教育对策以及解决办法，减少这些不良心理因素的形成，让健康向上的阳光永远停留在学生的内心。

参考文献

【1】李敏. 城市贫困家庭青少年发展的现状及对策［J］. 浙江青年专修学院学报, 2010（01）.

【2】胡冠荣. 学生心理贫困成因与解困策略研究［J］. 现代企业教育, 2011（06）.

载 2014 年第 10 期《中学时代》

强化青少年思想道德教育

江都第三中学在实施素质教育的过程中，努力以培养"四有"新人为目标，强化青少年思想道德教育，促进学校素质教育的全面实施。

一、以教师为主体，突出师德建设，强化青少年思想道德教育

教师是对广大学生实施思想道德教育的主体。我们始终狠抓教师队伍的职业思想素质和职业道德素质的培养与建设，引导广大教师树立为人民服务、敬业、乐业、精业和艰苦创业的职业意识，用自己良好的教师形象感化学生，塑造学生高尚的道德情感。每周一次的全体教师政治学习已经成为基础理论与教育法规学习、教育心得交流、先进人物介绍与班级德育工作评估的主要阵地；深入持久开展的"学陶师陶"活动，不但强化了教师"捧着一颗心来，不带半根草去"的奉献意识，而且坚定了教师"改革教育、振兴三中、培养合格人才"的决心；"团结、勤奋、文明、求实"的三中校风反映了广大教师正以自己良好的言传与身教发挥着示范与导向作用。

二、以基地为依托，突出素质提高，强化青少年思想道德教育

江都三中在对广大学生进行思想道德教育的过程中，不回避矛盾，充分发挥社区立体教育网络作用，根据培养目标，有目的地选择一些有特色的单位作为素质训练的基地。如许晓轩烈士的故居是革命传统教育基地，城区派出所是法制教育基地，江都敬老院是社会服务教育基地，少年宫是书画培训基地，武警中队是双拥基地。为了充分发挥基地的教育功能，学校还根据其教育内容和条件，组织系列活动，促使青少年思想道德教育落到实处，也收到了良好的教育效果。如利用校外服务基地开展的"四个一"活动：每天为家庭做一件实事，每周为他人做一件好事，每月参加一次社区内的公益劳动，每学期参加一次社会性的服务活动。学生们通过实践，懂得了关心社会、体贴他人、尊师爱生、保护环境等基本道德准则，也逐渐形成了团结知礼、坦诚坚强的良好品格。

三、以报告为中心，突出理论宣传，强化青少年思想道德教育

党的十五大报告对思想道德建设的内容做了明确规定，学校在组织教师学习十五大报告的同时，能紧密围绕这一内容，密切联系青少年的思想实际，通过橱窗、黑板报、广播台的宣传，引导广大学生结合我国社会主义革命和建设的历史经验，结合改革开放和现代化建设的伟大成就，充分认识邓小平理论的科学性和可行性，帮助学生认识基本国情，了解建设有中国特色社会主义的基本目标。

四、以学生为根本，突出个性培养，强化青少年思想道德教育

我们坚持"以人为本"，认真分析研究不同年级、不同学生的思想道德状况和学生的个性特点，大胆探索学校思想政治工作的新途径、新方法，初步形成了多开端的团队活动系列。所谓多开端的团队活动系列，就是以德育目标为核心内容，开展各种长短结合、多种形式并存的系列化团队教育活动。这一系列分时期、分层次、分阶段开展的思想道德教育，不仅深化了教育主旋律和初中素质教育，而且也促进了初中生良好个性心理品质的培养，增强了他们的自主性、判断力、想象力和创造力。

五、以活动为联结，突出文明育人，强化青少年思想道德教育

主题教育活动是强化青少年思想道德教育的一个最直接，也是最有效的手段。我们始终把抓好青少年的主题教育活动作为一项长期的工作来抓，也确实起到了文明育人的效果。"了解昨天，珍惜今天，建设明天"主题活动，促进了学生整体素质的提高和爱国意识的形成；从《祖国万岁》到《我们的香港》，四年读书活动强化了学生的爱国意识；"红领巾监督岗"制度的推行培养了学生的主人翁意识；"少年志愿者行动"增强了学生合作、互助、解决冲突的能力；连续五届"校园文化节"促进了学校精神文明建设的加强；丰富多彩的雏鹰假日小队活动更是培养了广大学生自教自理、自管自护的能力。

六、以"四有"为目标，突出科研兴教，强化青少年思想道德教育

1995年下半年，我校率先在全国开展了中学少先队工作的研究，这个以"初中团队一体"为研究项目的国家级课题在整个研究与实施过程中，通过"推

优入团""推迟离队""以团带队"等手段，把初中团队思想政治工作、素质教育和丰富多彩的活动有机地融为一个整体，让每一个学生在初中阶段都接受了全程化、全员化、全面化的组织教育与培养，真正促进了初中生的健康发展。广大学生在实施"初中团队一体化"的过程中，兴趣爱好、关注焦点发生转移；尊师爱生、孝敬长辈人人皆知；自理能力、身体素质有了提高；学习能力、动手能力普遍增强；服务精神、劳动意识逐步强化。

实践证明，用科学的态度来研究青少年的思想，用正确的方法来开展青少年工作，的确能促进青少年思想道德教育的新发展与新突破。

载 1999 年第 1 期《德育天地》

在管理中走向名校

构建和谐校园，提升管理水平，离不开科学的办学理念，离不开务实的细节管理。实践证明，凡是办学有特色、综合实力强、教育教学秩序井然的学校没有不重视常规管理的。多年来，我校一直坚持不懈抓常规，反反复复抓常规，从严从细抓常规。

一、校园管理突出"精细化"

近年来，我校不断加大基础设施建设力度，为师生提供了一个良好的工作和学习环境。校园是师生整体素质和美好形象的体现，也是学生学习的场所、教师育人的阵地。我们始终坚持环境育人的思想，围绕学校素质教育培养目标，有目的、有计划地创设具有综合和激励作用的教育环境，营造浓郁的校园文化氛围，追求"润物无声"的教育效果。学校先后投入400多万元进行教学楼配套设施和校园整治、绿化以及运动场的建设等。如今的校园处处洋溢着和谐的气息，达到了净化、绿化、美化的境界，已成为一个和谐、绿色、催人奋进的校园。高雅的校园文化陶冶着每个学生的情操，激励着每个学生全面发展、健康成长。

二、制度管理突出"人性化"

学校管理的起点和归宿是人，管理的成败与否也取决于人。学校管理一直坚持以人为本，相继制定了《江都第三中学教师工作考评办法》《江都第三中学教师工作管理办法》《江都第三中学班主任工作考评细则》《江都第三中学校园管理规定》《江都第三中学学生一日常规》等规章制度。学校领导班子成员还经常深入教师中，找教师谈心，与教师交流，引领教师积极参与学校的管理工作。这样，既使学校各项管理工作有章可循，依章行事，也使教师自觉、主动地执行各项规章制度，充分调动了广大教师的工作热情，促使学校的管理工作逐步走上制度化、科学化、人本化的轨道。我们还不断完善民主建设，在制定和修改学校有关规章制度时，会让教师充分讨论，广泛征求意见。我们坚持实施校务公开和民主评议学校领导制度，建立了"校务公开栏"，把学校的财务情况、奖惩情况、业务考评、晋级评优等重大决策都予以公开，阳光操作，使每个教师都能以主人翁的态度去关心学校的每一件事，去做好每一项工作。

三、班子管理突出"务实化"

"火车跑得快，全凭车头带。"因此，建设一个作风民主、素质过硬、团结高效的领导班子是规范学校管理、提高办学质量的关键。我校的领导班子是一支素质过硬的领导集体，当中有全国优秀外语教师、全国教育科研先进个人、江苏省德育先进工作者；有扬州市学科带头人、扬州市教育教学基本功大赛一等奖得主。这是一个以身作则的领导集体，班子成员待人真诚、严于律己、爱岗敬业、为人师表；这是一个团结奋进的领导集体，领导班子分工明确、互相沟通、分工协作、发挥整体功能。各部门对教师的各项工作能明确要求，定期检查。学校要求每位中层以上干部每学期听课不少于30节，听课做到有计划、有目的。全体领导班子也都进行了分工，每人确定一个教研组，重点参加教师备课，了解教况。全校上下基本形成了一个良好的干事创业的环境。

四、教师管理突出"正常化"

学校工作其实就是教师工作。学校重新修订了备课、上课、作业、辅导等一系列常规要求。每周一的政治业务学习时间着重组织教师重视理论学习，认真学习《新课程标准》《基础教育课程改革纲要》以及各种报刊杂志上的理论文章。同时，主要采取走出去、请进来的办法，培训、提高教师的业务素质。严格课程管理，严格按课程计划制定、执行"三表"，开齐、开足各类课程，杜绝私自调课或把班会等挪作他用的现象。我们还把"努力建设一支善教育、精教学、能科研的教师队伍，使学校走上可持续发展之路"作为一项长抓不懈的工作，引导教师正确认识科研在教育改革与发展中的作用；引导教师把科研的重点定位于解决教育教学的问题；引导教师积极开展各种形式的科研活动，在活动中提升自己。在对学生教育上，也要求教师做好榜样，要求教师不断学习《公民道德建设实施纲要》《教师职业道德规范》，严格规范教育教学活动，努力打造新时代教师形象。近年来，我校教师的良好形象深受群众好评，数十名教师受市级以上表彰和在市级以上教育教学比赛中获奖，他们正辛勤耕耘在三中教育教学的第一线，这是一支师德好、层次高、科研型、创一流的现代化教师队伍。

五、学生管理突出"灵活化"

德育是各种教育管理的核心与灵魂。我校一直坚持把德育工作放在首位，围绕贯彻《中共中央国务院关于进一步加强和改进未成年人思想道德建设的若干意见》这一主题，不断提高德育工作的针对性和实效性，教育学生"学会做人、学会求知、学会健身、学会审美、学会劳动"。我们在对学生进行品德教育的过程中还将爱国主义、集体主义、人生观、价值观等教育内容有机渗透，不断提高初中生的文明素质和品德修养。具体做法：一是加强组织建设，发挥团队组织的自我教育和监督作用；二是加强阵地建设，营造积极、向上、健康、和谐的氛围；三是加强规范建设，注重《中学生守则》《中学生日常行为规范》和《江都第三中学学生一日常规》的学习；四是重视养成教育，要求学生养成文明守纪的良好习惯；五是严格检查评比，每天公布"红领巾监督岗"的检查情况。我们还针对学生的个体差异，对不同层面的学生提出了不同的德育要求，对优秀学生提出了在工作中"增长才干"的要求；对普通学生提出了"参与管理"的要求；对问题学生提出"学法守法"的要求。并把主题教育活动与学生常规教育相结合，分年级、分层次、递进式开展活动，形成了养成教育、集体主义教育、青春期教育、理想教育等不同层次的主题，让广大初中生在自我管理、自我教育中实现自我完善、自主发展。

六、教学管理突出"严格化"

教学工作是学校的中心工作。因此，我们集中主要时间和精力，着力追求教学最优化。认真制订学校、教师、学生的发展规划以及教育教学目标，对学校的校风建设提出明确的要求。要求教师读透课程计划、课程标准和教材，定期参加培训，认真学习和领会新课标的理念，通过"集体备课""一人一课"等教研活动形式展开对教材的研究和实践。学校严格按教育部门的规定开设课程、安排作息时间，按规定订购课本和必备的教辅用书，不随意停课或增减课时，严格按规定布置作业，严格控制考试次数，节假日不加班补课，确保了各项教育法规落到实处。对教师的教育、教学行为严格规范，提出明确具体的课堂教学规范要求，制定出具体的"七认真"检查要求，每学期做到两次检查，并有明确的记载。学校形成了以全体教师为研究主体的群众性教研活动体系，教研氛围浓厚，教研管理规范。学校每学期都组织教师进行教育、教学的论文交流活动，并积极推荐优秀论文在各类刊物上发表或参加市级以上教育教学论文竞赛。

七、后勤管理突出"规范化"

学校有健全的总务、财务组织机构，制定了各类人员职责，确定了后勤工作"服务第一"的宗旨，尽心尽职地为教育、教学服务，为师生的生活服务。学校严格执行财务纪律，严格财务审批审核制度，严格执行收费许可制度和规定的收费标准，每学期末向教师公布账目。学校绿化工作有专人负责，专人管理，植物品种有近二十种，绿化面积达20000多平方米，校园常年有绿，四季有花。学校校产资料完整，档案完备，有购物审批制度，赔偿制度等。学校的资料搜集和档案管理有专人负责，针对教育、教学特点和自身的需要，有的放矢地做好了学校档案的搜集和整理工作，为了完善软件资料，我们要求平时所做的工作都力求留下痕迹，都要有记载，如学校班级常规工作检查评比材料、全体教师会或班主任会记录簿、国旗下讲话稿等。齐全的教育教学资料为学校的教育教学工作和学校的规范管理提供了充足的信息来源。

八、安全管理突出"全员化"

保障每一个学生在学校安全、有序地学习，是每个教育工作者的愿望和义务。由于初中生的认知水平、社会能力、防范意识与对抗能力以及校园的规范化建设、人口密度大等因素的影响，每年都有学校或多或少出现或大或小的安全事故。因此，安全教育是我们每次学校集会、每周班会都必不可少的内容，我校师生"人人懂安全，人人重安全"。首先我们成立了学校安全工作领导小组，制定《江都第三中学安全工作管理制度》，层层签订《安全责任书》，形成了"学校工作安全第一""安全工作无小事""学校安全，人人有责"的齐抓共管局面。其次开展好学校安全卫生的宣传和教育活动，各年级都开设健康教育课，广泛对学生进行预防流行病、传染病的知识教育和身心健康教育，做到有教材、有教师、按时上、效果好。再次因地制宜地开展交通安全等各种安全知识的教育，经常组织交通、远离毒品等安全警示图片展，对学生进行安全教育，以便让学生掌握一些必要的安全常识和自我保护的知识，增强师生的安全意识。

加强学校的常规管理，不断提高办学水平，这不仅是学校自身发展的需要，也是当今社会和广大家长对学校的殷切希望。通过师生的共同努力，我校连续五届蝉联扬州市文明单位，先后被评为扬州市优秀家长学校、江苏省示范初中、江苏省德育先进学校、江苏省教科研先进单位、江苏省素质教育先进学校和全国红旗大队等。我们的下一个目标是进一步加大常规管理工作的力度，自我加压、不断进取，力争早日跨入江苏省名校的行列。

载 2007 年第 12 期《中国基础教育研究》

中学里飘扬的红领巾

　　长久以来，中学少先队组织因为缺乏中学少年的青春气息和面向未来的视野，一直得不到中学少先队员的欢迎。怎样才能创建一个既符合孩子们的成长需要，又深受他们喜欢的少先队组织呢？

　　没有尝试就没有创新。1995年我们开始大胆尝试在初中阶段实施"团队一体化"的少先队组织形式。那么，什么叫"团队一体化"呢？就是将少先队和共青团相互融合、相互渗透，将初中少先队员的离队时间推迟至初三，让初中少先队成为初中学生的主要组织，推优入团，入了团以后可以留队带队。

　　"让红领巾碰撞每一颗心灵，让红领巾渗透每一户家庭，让红领巾影响每一个中队，让红领巾接触每一个社区"就成了我们中学少先队工作的目标。

一、我们的各种特色小队

　　根据孩子们的特点，我们在三个年级选择了12个实验班，将队员打散，按不同主题建起一系列的小队、中队、大队。有家住市区龙城苑的"龙城小队"；有属于篮球爱好者的"篮球一家亲"；有个体户子女组成的"自强不息中队"；也有学科竞赛获奖队员组成的"奥林匹克风"。2002年6月下旬"龙城小队"的13名少先队员在团员辅导员和家长辅导员的帮助下，组织起社区内的其他中、小学的学生，举行了别开生面的"夏日纳凉中队会"，并邀请了物业管理人员参加，生动活泼的形式在龙城苑内外引起了强烈的反响……新型的队组织模式既丰富了校园生活，又激活了校外活动，真正实现了少先队组织的"自我教育"。

二、"爸爸辅导员学校"

　　父母是队员的家庭辅导老师，尤其在"切实减轻中小学生负担"的今天，家庭辅导的科学与否直接影响孩子未来的发展。我们根据少先队组织教育目标和家长辅导员的要求，在上大课的基础上，针对团队员、优秀少先队员、普通队员和单亲家庭孩子把家长辅导员分为 A、B、C、D 四个中队，分别进行主题为"提高优秀少先队员的实践创新能力""加强普通队员的自我教育能力""怎样进行单亲家庭孩子的心理辅导"的中队活动。

我们还针对当前初中少先队员渴求父爱这一现状，专门创办了一期"爸爸辅导员学校"，呼吁父亲多关心爱护孩子，多与孩子沟通，主动承担辅导孩子的责任。"环保假日小队"的少先队员在团员们的带领下，深入社区参加各种环保宣传活动，主动向父母提出"小手拉大手，环保一起走"的倡议，呼吁全社会"拒绝方便袋，提起菜篮子"。

广大家长辅导员通过评选"最佳家长辅导员"和参与丰富多彩的大、中、小队活动，进一步了解了孩子，懂得只有不断提高自己的素质和修养，才能把自己的孩子培养成知识丰富、富于创新、身体强壮、心理健康的有用人才。

活动得到了少先队员们的喜爱，孩子们的心和我们贴得更近了。中学少先队活动使少先队员充分得到了锻炼和成长的机会，为他们早日成为国家栋梁之材打下了基础。

载 2003 年第 10 期《少先队小干部》

自主争章促成长

——中学少先队争章活动的新尝试

组织初中阶段的少先队员开展争章活动，有利于发挥队员在活动中的主体性，促进其全面发展。因为争章活动是队员的自主活动，能让队员感受到不断进步、取得成功的快乐；因为争章活动充满愉快、有趣的内容方法和形式，具有开放性、发展性；因为在丰富多彩、生动活泼的争章活动中，队员能长知识、增才干、育品德、强身心。通过开展争章活动辅导员更能发现队员的价值，发掘队员的潜能，发展队员的个性，发挥队员的力量，促进队员的健康成长。

一、快乐争章与推优入团

我校根据初中不同年级队员的特点，由队员们自主选择，制定了相应的必修章、选修章、兴趣章、特长章以及集体荣誉章等。

年级	学期	必修章	选修章	兴趣章
初一	上学期	生物章、关爱章、国防章、健身章	电脑章、自然章、天文章、科模章、娱乐章、鼓号章、音乐鉴赏章、金嗓子章、绘画章、篆刻章、写作章、演讲章、书法章、篮球章、乒乓球章、金话筒章、足球章、大师章、技工章	收藏章、摄像章、气象章、种植章、红舞鞋章、乐器章、戏曲章、广播章、绳编章、纸艺章、插花章、盆景章、雕塑章、剪贴章、影评章、体操章、排球章、羽毛球章、溜冰章、游泳章、武术章、橡筋章、编织章、小厨手章、绳结章、木工章、洗熨章、电工章、园艺章、茶艺章
初一	下学期	生存章、法律知识章、口语章、组织章		
初二	上学期	科研章、服务章、会话章、阅读章		
初二	下学期	远足章、自护章、金头脑章、健心章		
初三	上学期	环保章、野营章、交往章、英语章		
初三	下学期	责任章、EQ章、巧学章		

初中三个年级的奖章既有递进性，又各具特色。我们把奖章与课程结合起

来，使每一枚奖章都有配套的活动课程、专门的辅导员、辅导计划、课时保证、监督检查。并利用团队活动时间，由考章员对申请考核的队员进行考核，及时颁章，保证争章活动的有序、高效。我们充分发挥课堂教育的主渠道作用，把奖章融入学科课程，使每一节课都成为围绕一枚奖章的争章训练课，让队员们在课堂上长知识、学技能，促进其综合素质的提高。

我们还聘请了一批有一技之长的社会人士担任争章辅导员，提高队员所获奖章的"含金量"，创造性地开展符合初中生特点、适应初中生需求的一系列争章活动，并力求使之比队员们在小学时期开展的争章活动更具有深刻的理论思辨性、丰富的社会实践性、广泛的主体参与性和广阔的知识包容性，更加突出主体性，体现活动的少年化。比如结合"环保章"开展了"清除城市'牛皮癣'，争当环保小卫士"行动；结合"关爱章"开展了"'小鬼当街'义卖募捐"活动；结合"发明章"开展了"校园金头脑"大赛；结合"国防章"和"组织章"开展了"寻英访烈"采访活动；结合"巧学章"开展了"初三，我该如何度过"师生沙龙；结合"青春自护章"开展了"花季雨季"校园情景剧比赛等。富有时代气息和少年情趣的教育活动促进了广大初中生思维的飞跃，加速了广大初中生社会化进程。争章的要求适中，广大少先队员经过努力都能得到，其目的就是淡化争章结果，深化争章过程，注重知识、方法、过程、态度、情感、价值观的全面激励，使队员能通过不断的成功营造自己的自信心态，积极主动地提高自身素质，更易激发他们的创新潜能。

我们有目的、有计划地选择了十多个校外教育实践基地作为不同奖章的争章训练基地，并以此为依托举办不同主题的假日争章训练营，使得广大少先队员在体验中提高思想道德素质，培养健康向上的人格意识，提高创新精神和实践能力，增强在社会激烈竞争中的生存和发展能力。在此基础上，我们还完善了原来的推优制度，要求优秀少先队员首先必须要获得3枚必修章、2枚选修章和1枚特长章，也就是我们的少先队"三二一"工程。我们的推优程序是：争优→评优→培优→荐优→纳优。随着争章活动的不断深入开展，我们总结出"争章推优"新模式即自主争优（队员自定目标、自主培训）→双轨育优（争章达标教育和少年团校教育）→逐级推优（中队推优教育激励，大队推优上报团委）→团委纳优（团组织审批，吸收入团）。13岁戴着红领巾入团，已成为团组织发展新的生长点，也成为广大低年级少先队员的时尚追求。

以奖章为激励机制的多样化的实践活动让少先队员有了更多成功的机会，以"推优"为评价机制营造出了积极的导向，那就是推动全体少先队员向优秀少先队员看齐，形成一种追求进步、共同向上的氛围。少先队员在努力与成功中建立起自信、自强的健康心理，获得了成功的快乐，从而自觉主动、生动活泼地发展。

二、快乐争章与社区教育

把"奖章活动"开展到校外，"让红领巾碰撞每一颗心灵、渗透每一户家庭、影响每一个中队、接触每一角社区、学习每一种技能、优化每一方面素质"，让广大少先队员在社会教育的大环境中实现自身综合素质的优化。这是我们引领少先队员快乐争章的第二步。

我们对以往在一个中队范围内组建自动化小队的形式进行了改革。在三个年级选择了实验班，将队员打散，按不同主题组建起一系列的小队、中队，甚至大队，这些队组织不分年级、不分班级、不分性别，自选队长，自主活动，使队员们锻炼了能力，学到了知识，也享受到了成功的喜悦。产生的教育效果是学校教育所不能代替的。"红领巾网络兵团"中队的少先队员同时上网，参加了全国少工委举办的"争做网络文明小使者"网络主题队会，与全国各地的少先队员一起通过网上讨论、制作个人主页、张贴宣传画等形式，积极参加"青少年网上文明公约"的宣传活动，把争交电脑章、青春自护章等落到了实处。"龙城小队"的13名少先队员在团员辅导员和家长辅导员的帮助下，组织起居民区内其他学校的中、小学生结合争服务章和娱乐章举行了别开生面的"夏日纳凉中队会"，并邀请了物业管理人员参与其中，在龙城苑内外引起了强烈的反响。初一（7）中队的推优会上，"QQ力量小队"还邀请了社区辅导员……新型的队组织模式大大增强了少先队的组织战斗力，既丰富了校园生活，又激活了校外活动，真正实现了少先队组织的"自我教育"。广大队员在自我教育过程中拓宽了视野、提高了能力、增长了见识、增强了社会责任感。

我们通过家长会、家访和定期举办家长辅导员研修营，让家长辅导员学习一些科学的辅导孩子尤其是对孩子进行心理辅导的方法。我们根据少先队组织教育目标和家长辅导员的要求，在上大课的基础上，针对团队员、优秀少先队员、潜能队员和单亲家庭孩子把家长辅导员分为A、B、C、D四个中队分别培训指导，帮助家长辅导员端正辅导思想、更新辅导理念、提高辅导水平。开展"争创最佳家庭成员"和"争创最健康家庭"活动，把争章活动真正开展到家庭。我们针对初中少先队员渴求父爱这一现状，定期举办"爸爸辅导员学校"，呼吁父亲多关心爱护孩子，多与孩子沟通，多关注孩子的心理，主动承担辅导孩子的责任。环保假日小队的队员们在团队员的带领下，深入社区参加各种环保宣传活动；前往花木示范区开阔视野；到造船厂、造纸厂表演自编的环保节目；主动向父母提出"小手拉大手，环保一起走"的倡议，呼吁全社会"告别方便袋，重提菜篮子"。广大家长辅导员通过听讲座、学理论、看录像、办论坛、进课堂、评选"最佳家长辅导员"和参与丰富多彩的大、中、小队活动，真正认识了子女，了解了孩子，懂得只有不断提高自己的素质和修养，用科学的辅导方法才能把自己的孩子培养成理想高尚、品质优良、知识丰富、智力发展、富于创新、身体强壮、心理健康的有用人才。

我们在原来的基础上又增加了 8 个校外实践基地，针对不同年级段少先队员的特点，调整和充实团队组织教育内容，以争章训练营活动为依据，形成爱国主义教育、遵纪守法教育、人生价值教育、人际交往教育、社会实践教育、技能训练教育、心理素质教育、审美怡情教育、集体主义教育、家庭观念教育、创造思维教育、组织观念教育、团员意识教育等十三个递进式育人系列，并融入学校课程改革，建立初中少先队校本活动课程，使争章推优活动真正走上制度化、规范化之路。

教育系列	初一年级			初二年级			初三年级		
	主题	主要形式	课程	主题	主要形式	课程	主题	主要形式	课程
爱国主义	我们的中国心	故事会	语文史、地思品	以史为鉴知兴衰	知识竞赛	历史	托巨龙腾飞	主题队会	思品
遵纪守法	知法、用法、守法	参观	思品	道德警戒线	辩论会	团队活动	法律为你护航	讲座	思品
人生价值	成功的等式	对话	团队活动	在平凡中寻找	征文	语文	寻找职业理想的星座	演讲	班队活动
人际交往	交往的技巧	优秀团干部讲座	团队活动	少男少女之间	特长展示	音乐体育美术	友谊是主旋律	友情团队联谊	团队活动

续表

教育系列	初一年级			初二年级			初三年级		
	主题	主要形式	课程	主题	主要形式	课程	主题	主要形式	课程
社会实践	与自然为善	看录像	生物	让环境对大家说	参观	团队活动	我们生活在地球村	采访	语文生物
技能训练	多彩的课余生活	竞技	音乐体育美术	红领巾"数字化"	程序设计比赛	电脑	人才招聘告诉我们	模拟招聘	语文英语
心理素质	适应新环境	大队会	团队活动	自律最高为"慎独"	讨论会	班队活动	战胜挫折	即兴队会	团队活动
审美怡情	我喜爱的电视节目	实话实说	班队活动	不做超前消费族	小调查	团队活动	学会欣赏	表演	音乐
集体主义	独生子女不"独"了	手拉手结对	团队活动	人字的结构就是相互支撑	主题队会	班队活动	在比较中认识自我	演讲	语文思品
家庭观念	爱的甘泉	社会调查	团队活动	理解万岁	通信	语文	成长勿望父母恩	系列队会	班队活动
创造思维	学会学习	学法交流	数学物理化学	开发大脑	"金头脑"大赛	数学物理化学	科技前沿风景线	参观	劳技
组织观念	创建优秀队集体	系列活动	团队活动	迈向新高度	争章达标	团队活动	在离队的日子里	系列队会	团队活动
团员意识	团旗向我们招手	团校培训	团队活动	我们的"五四"	推优系列活动	团队活动	第二起跑线	名誉大辅（校长）寄语	团队活动

三、快乐争章与课程改革

新课程的实施，给初中少先队工作带来了前所未有的新机遇，如何找到少先队参与新课程的切入点，打造这一时期少先队的特色，成为很多学校关注的新问题。我们经过积极地探索、思考，依托社会实践基地，以"奖章"为评价载体，实施多元化评价，使广大初中少先队员通过自主体验获得思考，提高素质。

当今少先队员的心理总体上正朝着一种日益开放、多样、理性的方向迈进。通过奖章的自主选择与自主争章引领少先队员创造性开展自主性活动、创造性建设自动化小队，确立队员的活动主体地位，促进队员积极主动地优化自身素质。我们在做好综合性的、全面性的辅导工作的同时也兼顾队员个体能力的发展，把争章的主动权还给队员，使队员人人都有参加的权利，人人都有获章的机会，让每个队员都有发挥自己个性特长的舞台，进而在获得成功喜悦的基础上形成起自信、自强的健康心理。

少先队建在学校，服务学校改革也就成了少先队的必然使命。学会合作也是新课程改革的核心和关键环节。初中少先队员在少先队组织的引领下，在快乐争章的过程中培养了自己的合作精神、团队意识和集体观念，培养了自己的竞争意识与能力，真正弥补了教师教育面的不足。选修章、兴趣章、特长章的设置真正使每个初中少先队员都有发展的目标。少先队的争章活动同时与学科教学活动有机地结合起来。内容上，增加了奖章活动内涵。形式上，开放空间、自主合作、动手实践、情感体验，让生动的课堂激发队员的学习兴趣，激活队员思维，让队员在交流中提高，在实践中进步。评价上，打破单一的学科评价体系，强化队员的成功体验，更有效地促进队员对学科知识的追求。同时通过学科奖章获章标准体现质性评价，提供给队员合作学习、实践操作等更大的发展空间，树立努力目标，促进初中生的全面发展。

快乐争章给初中少先队员最大限度地提供获得体验、建构知识和掌握方法的空间。教无定法，学无定法，成长也无定法。我们的活动只要有利于队员的健康成长、只要有利于队员健康个性的形成，那我们的辅导方式也不妨"开一开无轨电车"，让少先队员们"想干什么就干什么"。如初三（3）中队一直坚持把争科普章和科模章作为本中队的特色，培养队员的创造思维能力，在江苏省船模竞赛中，该中队获得4金、7银、2铜的优异成绩。初二（5）中队辅导员结合争法律知识章，发挥思品课的主阵地作用，围绕遵纪守法教育系列，强化队员的思想道德意识，培养队员养成良好的习惯。队员们还自发聘请城区法庭庭长做中队校外辅导员。学校大队部和市图书馆联合举办的"告别电脑游戏，走进图书宝库"系列教育活动连续开展了三年，使一批批沉溺于网吧的少先队员成为新一代的"读书族"。在城区龙川广场举行的"争创全国文明城"大型签名活动更是体现了初中少先队员积极向上、健康正直的风貌。雏鹰奖章进入新课程改革，既促进了新课程理念的确立，推动了新课程在教育内容、教育方法、评价手段的全面创新，又提升了中学少先队教育的水平。广大少先队员在快乐争章的过程中既学到了知识、练就了技能，又完善了品质、健全了个性。

载 2007 年第 11 期《辅导员》

03

北美研修散记

特别

时间：2011.7.1

今天注定是一个特别的日子，因为今天是中国共产党九十华诞。1921 年 7 月 1 日，中国共产党成立了。这是中华民族发展史上开天辟地的大事件。从此，中国人民踏上了争取民族独立、人民解放的光明道路，开启了实现国家富强、人民富裕的壮丽征程。90 年来，我们党团结带领广大人民群众在中国这片古老的土地上，书写了人类发展史上惊天地、泣鬼神的壮丽史诗。

而就在这一天，我第一次离开自己的祖国，赴北美游学。从 7 月 1 日至 8 月 11 日我将在加拿大学习 42 天。早晨 6 点 20 分离家，下午 13 时 50 分抵达上海浦东机场，16 时 35 分登上了加拿大航空公司 AC088 航班，17 时 10 分飞机准时起飞，前往加拿大多伦多。飞行时间约为 14 个小时。

飞机上的这一段时光说好过也好过，说不好过也不好过。飞机上除了定时供应自选饮食，不让我的嘴巴闲着外，每个座位前都有一部小型点播机，电影、电视、运动、音乐等丰富多彩的节目让我眼花缭乱。期间我看了 3 部电影、1 部电视剧、1 场高尔夫球赛，听了 1 张专辑，读完 1 本小说。因为坐在 22 排 B 座，右边 C 座上是个 40 岁左右的老外，老半天都一动不动，害得我也只能窝在自己的座位上。实在憋不住了，一声 "Excuse me" 总算撬动了他的臀部。之后在和他的攀谈中，了解到他就是多伦多人，在北京民族大学做教师，特别爱好中国武术，胸前一个 "中国武术" 的 LOGO 也不知哪儿弄来的。还别说，有他在旁边真好！协助点餐、指导填表、帮忙拿包。嘿，跟咱一样，文明知礼呀！终于到了说 "Bye－bye" 的时候，一看手机，7 月 2 日 6 时 55 分。哦，不！准确地说应该是加拿大时间 7 月 1 日 18 时 55 分。中加两国时差约为 12 个小时。

今天注定是一个特别的日子，因为 7 月 1 日也是加拿大的第 144 个国庆日。1867 年初英国国会通过《英属北美法令》，让加拿大省、纽布郎斯威克和诺瓦·斯高莎组成一个名为加拿大自治领地的联邦。1867 年 7 月 1 日法令正式生效。多伦多（Toronto）是加拿大最大城市，安大略省的省会，全国工业和商业中心。多伦多市地处安大略湖的西北岸，拥有超过 250 万的人口，是北美洲第五大城市。

出了多伦多机场，乘车 15 分钟左右便到了此行的目的地——苏安中心（SUON COLLEGE）。苏安中心成立于 2007 年，是江苏省教育厅在海外的教育机构之一。一到中心，大家首先要做的就是上交护照，领取房间钥匙和一张价值 5 加元的电话卡。大家一边吃着由中国厨师准备的中式晚餐，一边听中心工作人员介绍苏安中心和交代注意事项。苏安中心占地 3000 平方米，距离多伦多市中心、多伦多大学、约克大学都很近，交通便捷。中心 10 层大厦分为教学区和宿舍区。教学区可以同时容纳 350 人同时上课，教室配有电子投影、录放设备和教学电脑。住宿区拥有 300 个单人房间。学员一人一间，房间配有空调、电视、电话以及简单的盥洗设施。每层设有公共浴室和公共卫生间供学员使用。看着叽叽喳喳的同行们，我不禁莞尔。教书育人的老师们又回到了学生时代。

总之，今天很特别。听说明天就有考察项目了，真是期待啊！

各位同学，加油！

感慨

时间：2011.7.2

由于时差一时半会儿还没倒得过来，这一觉睡得并不踏实。早上5点多我就醒过来了。走出苏安中心，呼吸新鲜空气，感受一下加拿大的早晨。听工作人员介绍，苏安中心周围居住的都是一些移民的意大利老人。苏安学院国际项目协调员小顾提醒起得早的学员，不要在周围大声喧哗，以免引起老人们的投诉。

漫步在中心所在的 Queenslea Avenue，两边的 house 基本都是独立的两层，白色、红色、黄色，形态各异，每户门前屋后都有一个精心打理的 small garden。忙碌了一周的汽车也静静地趴在房前路边，享受着难得的周末。倒是一两只调皮的小松鼠或是捡拾着草丛间的食物，或是人立而起警惕地注视着我们，或是迅速地穿过道路，消失得无影无踪。真自然啊！

吃完早餐，大约花了两个小时才忙好自己的 QQ 代理设置和雅虎邮箱。因为除了宿舍内的一部固定电话，只能通过网络与外面交流了。上午9点，所有学员在 Cafeteria 集中，班主任 Jenny 大致介绍了本次培训的 Master Calendar。并结合地图，对多伦多的交通情况做了详细说明。进市中心路线是：步行至35路公交车 Church Street 站台→Jane Street 终点站→Jane Station 地铁站台→Bloor - Yonge Station→转车至 Queen Station→出地铁站进入市中心。回苏安中心则沿原路返回。真简单啊！

下午的日程安排是 Downtown Tour，在中心老师的带领下，全体学员分为4组开赴市中心。我们使用的是 TTC（多伦多公车局 Toronto Transit Commission）派发的 DAY PASS。周一至周五可供一个成年人使用。周六、周日或法定假日可供两个成年人使用。无论公交车，还是地铁只需出示 DAY PASS 即可。真方便啊！

多伦多最繁华的地方是 Yonge Street Strip，即著名的 Yonge Street，在多伦多市内位于 King Street 与 Bloor Street 这一段。街上大小商店遍布，餐馆酒吧林立。据说 Yonge Street 已经存在 100 年以上了。它被《吉尼斯世界纪录》列为"世界上最长的街道"。大街南起安大略湖畔，北到与美国明尼苏达州交界的雨河，全长近 1900 公里。将市内街道与城外公路连在一起用同一个名字称呼的街道可能全世界再也找不到第二条。真生猛啊！

出了 Yonge Street，我们来到 City Hall（多伦多市政厅）。这组建筑造型极富特色，两片薄的弧形高楼相对而立，一幢 25 层，另一幢 31 层，中间是一个扁圆形的议会大厅。它是多伦多市中心的著名地标之一。可能很多人想不到这组很有特色的建筑建于 1965 年。设计者芬兰建筑师 Viljo Revell 真可谓出手不凡。目前，此市政厅不仅用于政府官员办公，而且正常对外开放，为市民提供旁听并监督市议会的机会，里面还陈列有独具特色的艺术作品。电影《生化危机 2》中，该建筑曾作为浣熊市市政厅场景出现在电影中。

市政厅前面有一个大广场，叫 Nathan Philips Square，供市民自由休闲嬉戏。Nathan Philips 就是当时确定修建新市政厅的市长。广场上有一个巨大的喷泉水池。巨大的浅水池在夏季可纳凉，冬天是溜冰场。广场上经常有免费音乐会及各种演出，每年的新年晚会也在这里举行，体现出市民与政府的密切关系。今天我们就有幸欣赏了由多伦多华人社区组织的专场演出。新市政厅隔壁就是老市政厅，这是一座典型的英国 19 世纪的建筑，一块块厚砖石垒砌成的哥特式建筑，看着非常有厚重感。这里目前是安大略省最高法院。可能是正在开庭的原因，大门紧闭，无法一窥内貌。从市政广场上看新老市政厅，古典和现代两组建筑交相辉映，显得既有历史感又有现代气息。真和谐啊！

到了市中心，无疑要逛一逛商场。每个多伦多人首选位于 Yonge Street 的城市中心地带的 Eaton Centre（伊顿购物中心）。多伦多市中心的两个地铁站（Queen Station 和 Dundas Station）都在里面。购物中心内有 300 家商店和服务机构，为顾客提供一站式购物娱乐享受。Eaton Centre 的对面还有加拿大著名百货公司 Hudson Bay Company 的旗舰店，两者之间封闭式人行天桥相连，大大拓展了游客的购物空间。另有数不清的公司在伊顿中心两头和中间的三座 30 多层的大楼里办公。真庞大啊！

这是一座特别适合人居住的城市。这里环境好，绿化面积大，空气中带着浓浓的草木味道。城市节奏慢、人口少，给人一种宁静与安详的生活气息。除了在市中心，平时在居民区相当安静，在某些地区甚至连人都少见。多伦多在加拿大的地位相当于美国的纽约。"Toronto"在印第安语里是"聚会的场所"

的意思。多伦多是全球最多元化的都市之一，49%的居民是来自全球各国共100多个民族的移民，140多种语言汇集在这个北美大都市。从某种意义上来说，加拿大是一个移民国家，多伦多是一个移民城市。真具包容性啊！

　　坐在返回苏安中心的35路车上，感慨颇多：自然的多伦多、和谐的多伦多、现代化的多伦多、具有包容性的多伦多！

比较

时间：2011.7.3

昨晚下了一场大雨，空气格外清新。6点起床后，和南师二附中的张培生主任或快或慢地走了半个多小时。两个人谈环境、谈教育、谈英语教学、谈班主任工作、谈生活态度，倒是1分钟也没浪费。

因为有了昨天的乘车体验，早饭后，大家都急吼吼地要外出。张主任、宝应的两位老师和我一行4人的计划是直接坐车到安大略湖，回头到伊顿中心购物。

前往站台的路上，遇到几个老外，我想打声招呼，终究还是没有开口。倒是一位出门晨练的居民主动问了声"Morning"后，我的"Morning"这才开口，不过声音却比他大。看来，我不如加拿大人文明知礼，至少我主动性不够。于是在看见一位年轻的金发女郎蹲在门前台阶上抽烟时，我老远就"Hi"了一声，对方也很愉快地和我们一行人打了招呼。这回我总算捞到个主动。

加拿大人开车也很文明。我们走到路口，周围的车辆自然慢下来，都会主动地等，等我们过去以后再启动。有时还会把手伸出窗外，示意我们先走。加拿大人开车，可能是因为路上人少的原因，很少鸣笛。站台等车时，我突然发现马路上所有的车辆都是亮着车灯的。原来加拿大法律规定必须这样，在这里销售的汽车都是自动设置好了的，一发动就会亮着车灯。虽然奇怪，但这样做肯定会增加安全系数。一路上，我始终没有发现国内最常见的交通安全的两大抓手：交通警察和闯红灯电子抓拍系统。嘿嘿，加拿大人工作做得还是不够细啊！

作为一座北美名城，多伦多也确实存在一些问题，如地铁上有人肆无忌惮地高声喧哗；街边的自行车上套着很多把锁，想来是防"梁上君子"；地铁站口、安大略湖边，烟头、废纸、易拉罐等杂物随处可见。看来，多伦多很有必要开展"创建全国文明城市"的活动。

同行的老师提议，到伊顿中心买点护手霜之类的，听说加拿大的化妆品很出名。几个人也就买了 300 多加元的东西，结账却花了我们二十几分钟。收银女孩的算账水平一点不如她的长相那么可爱。明明用乘法可以解决的问题，她非得用加法，四张账单她算错两张。在收银机上修改又始终改不过来，只好重复着"I'm sorry"。要不是旁边的华人女孩帮忙，我还真想多听几遍她纯正动听的"I'm very very sorry"。临出店门，我再次用同情的目光看了看那位女孩。很显然，她有今天的表现，一定是当初输在了起跑线上。

由于急着赶回苏安中心，错过了下午 2 点开始的多伦多同性恋大游行。这是世界第二大规模的同性恋游行，仅次于巴黎，今年已是第 31 届。加拿大承认同性恋婚姻，在多伦多已经有几百对同性恋登记结婚。2005 年加拿大国会通过了《同性婚姻法》，成为世界上继荷兰及比利时之后的第三个同性婚姻合法化的国家。据说男同性恋叫 Gay，而女同性恋叫 Lesbian。在北美，同性恋是很被认可的社会现象，在你身边的某个很普通的友善同事或邻居有可能就是同性恋。不过，对于这种性取向，我一直持不认同的态度。

好了，今天就写到这儿。明天上午要举行开学典礼，下午还要去 YORK U-NIVERSITY，得拿出点精气神儿，早点睡吧！

教育

时间：2011. 7. 4

作为苏安学院和加拿大著名的约克大学联合举办的 2011～2012 学年度海外培训的首批学员，今天就算正式开学了。上午的 Opening Ceremony 在中心礼堂进行，由苏安学院副院长杨晓波女士主持。来宾有苏安学院的领导和约克大学的教师代表。典礼分四个议程。

首先，苏安学院院长陈亦工先生致欢迎词并介绍了苏安学院的各项基本情况和培训成果。他鼓励全体学员在加拿大期间勤学多问，积极体验，加强理解，提高水平。

其次，约克大学教育学院国际培训负责人 Laura 介绍了来自约克大学的专家和他们的课程。她还代表所有授课教师对学员们提了几点关于学习、生活、教研、考察方面的建议。

再次，苏安国际高中校长 Tony 谈了自己对教育的认识。针对大家对于语言与沟通的烦恼，他提出"Don't worry, Keep smiling"。他告诉我们，加拿大是北美一个具有现代化工业及科技水平的发达国家。国土面积和森林覆盖面积均为世界第二（小于俄罗斯），海岸线世界最长（约长 24 万多公里）。边界长达8892 公里，为全世界最长且不设防边界。约有 3300 万居民。由于北部的严寒气候，只有 12% 的土地适合耕种。所以居民大多居住在气候温和，距离南部边界几百公里以内的狭长领土内。加拿大湖泊众多，拥有全世界七分之一的淡水量。加拿大由十个省和三个地区组成，首都为渥太华。省由各省所立的政府管辖，而地区则由联邦政府直接管辖。

最后，全体学员和来宾在苏安学院的大楼前合影留念。期间有个小插曲，在我邀请 Tony 教授合影时，他问我是否来过加拿大。我说："Never, But I've known about Canada since I learnt about Dr Bethune when I was young." 他兴奋地告诉我约克大学就有 Norman Bethune College。

最后，约克大学的另外两位教师 Maggie 和 Sheena 以 *Education in Ontario* 为题，向我们介绍了加拿大的教育概况。加拿大政府很重视教育，加拿大是世界上教育经费最高的国家之一。加拿大没有联邦教育部或类似的教育机构，教育由各省政府负责，因而全国没有统一的教育制度，学校大多数是省立的，各省宪法对该省的教育组织机构、学制、考试制度和经费等都有明确的规定。各省均设有教育部，负责全省的教育事业。加拿大是双语国家，英语和法语都是官方语言。大部分的省教学用英语，而魁北克省因为居民绝大多数讲法语，因而教学用法语。加拿大学校分公立和私立两种性质。公立学校由政府资助，私立学校由家长或一些组织团体资助。大多数学生就读于公立学校。学段都分为幼儿园、小学、中学、高等教育、成人教育。学制为幼儿园小班（4 岁）、幼儿园大班（5 岁）、小学初级班（1～3 年级）、小学高级班（4～6 年级）、初中（7～8 年级）、高中（9～12 年级）。公立学校从幼儿园到高中教育结束全部免费，高等教育有补助，成人教育免学费。在教育部注册的私立学校有 890 所，家长负担全部学费。

两人说相声一般，相互提问、相互补充，新颖的授课方式平添了讲话的趣味性与生动性。

整个开学典礼耗时两个小时，有形式、有层次、有内容、有收获。

为了让我们进一步加深对联合办学单位约克大学的了解，下午 1 点 45 分，扬州、盐城一组共计 26 名学员在 Maggie 的带领下前往约克大学参观。

约克大学（York University）是建立于 1959 年的一所公立综合性大学，现有两个校区，开设了 150 多门专业课程，拥有超过 50000 名学生和 7000 名教职员工。规模仅次于 Toronto University。它的商学院、法学院和艺术学院在加拿大排名第一。学校为所有国际学生指定辅导老师。学校的就业服务中心向学生提供在校学习期间校内外临时或兼职工作的招聘信息。我们熟悉的澳门特首何厚铧、香港艺人杨恭如都是该校的毕业生。

约克大学没有围墙，入校处只有一块大石头，上面写着"YORK"。在和学校接待人员 Neil 交谈时，我开玩笑说，解除围墙就是解放学生的大脑，可以让思想自由飞翔，可以让创意层出不穷。

约克大学派了一位大二的美国学生担任我们的向导，在她的带领下，我们一路参观、一路留影。校园内不时有城市公交在行驶，学生们井然有序地上下车；每层楼道都摆放着报刊杂志，供学生免费自由选读；随处可见在看书、上网、或在聊天的学生；图书馆内则是学生聚居最多的地方，查阅资料、交流探讨……通过参观约克大学，我们依稀接触到了加拿大最核心的教育理念：培养能力、鼓励创新、包容合作。

乘坐 35E 公交车返回 Church Street 时，却又让我们目睹了另外一幕：车上一位白人妇女可能是将头发不小心碰到了一位黑人妇女，结果引发一场愈演愈烈的争吵，"Shut up" "Stop it" "You're crazy" "Look, the lady touches me" "Let me see your face" 等不绝于耳。白人妇女寻求司机的帮助，未果。而黑人妇女则得到了车上另一位黑人妇女的声援。争吵就在这位黑人妇女的 "I want to fight" 声中宣告结束。回想起来，不过一件鸡毛蒜皮的小事，却在众目睽睽之下闹得沸沸扬扬。值得吗？

"百年大计，教育为本。"教育大计，应是育人为本。看来，仅有好的教育体制还不够，人性的教育，无论何地，无论何人，都不能放松！

根据课程安排，明天上午 10 点到 12 点是在中心二楼图书馆上戏剧课，这是提高口语能力的有效课程。

期待中！

交际

时间：2011.7.5

今天的课上得比较晚，10 点才开始。我们 A 班的课程 Expanding Oral Language through Drama 安排在二楼的图书馆。戏剧课的老师就是昨天在开学典礼上和 Maggie 一起讲加拿大教育的 Sheena Robertson。直到 9 点 50 分，同学们才在 Sheena 一遍遍的 "Is everyone here?" 询问声中陆陆续续到齐。

戏剧课开始前，Sheena 先动员所有人把桌子全部撤掉，现场只留下椅子，大家围坐成一圈，依次介绍自己的中文名字和英文名字。没有英文名字的或名字出现重复的，Sheena 现场帮助解决。

就像很多小学和中学英语老师一样，Sheena 也是通过游戏开始她的戏剧课的。游戏规则如下。

第一轮，全体起立。Sheena 首先随意报出其中一位学员的英文名字，并把手中的彩球扔给他（她）。这位学员如法炮制，把彩球传递给另一位学员。以此类推，直到最后一名学员把球扔回到 Sheena 手中。这一轮下来，50 个人嘻嘻哈哈，耗时近 7 分钟才完成游戏。

第二轮，Sheena 要求我们重复第一轮的动作，"The same person, the same action"。由于有了第一轮的经验，游戏只用了 3 分钟。

第三轮，Sheena 有了新的要求，"Can we do it faster?" 有人提议按照上一轮传递的顺序按顺时针方向重新站成一圈。因为只是 pass the ball one by one，所以本轮只用时 1 分 14 秒。

第四轮，面对 Sheena 速度再快点的要求，我的建议是站紧一点，都只伸出右手。我们不到 50 秒就完成了游戏。

十分钟左右的时间，Sheena 就让我们这个 50 个人的集体彼此间熟悉了、互相接纳了。看来她的确是一个教育的行家里手啊！

"What is drama?" 这是 Sheena 一开始就抛出的问题，也是这一节课的学习中心。我是第一个举手回答的，"Drama is performing art"。这可能也是大多数人的答案。在 Sheena 的启发之下，黑板上不断出现不同的理解。

Drama is telling stories.

Drama is emotion, action.

Drama is imagination.

Drama is expressing by speaking language and body language.

Sheena 提醒我们，我们忽视了一个重要内容，"Drama is communication" 一言惊醒梦中人。不错，戏剧是人与人之间的交际活动。戏剧表演的过程就是对真实交际活动的模拟和再现。随着课改的深入，英语课堂教学越来越注重学生的口语交际能力。也许，戏剧表演可以进入我们的课堂。

这节课的主体部分应是 Sheena 组织的 Taking a Walk of Words。她给每位学员发了一张 Autograph Worksheet，要求大家根据纸上的问题随机调查至少 10 个不同的学员，并得到他们的亲笔签名。之后，学员们又自发组成 10 个 5 人小组，结合 something special 或 somebody special 进行自由对话。最后是个人汇报。

课堂气氛活泼而又热烈。学员参与积极而又大胆。

Sheena 其实是一位很和蔼认真的老师，来自约克大学。虽然身体胖，但这一点不影响她的灵活性。课堂上跑前跑后，不断地聆听着、指导着、提问着。

10 点到 12 点的戏剧课，我们基本都处在教师与学员间的对话、学员与学员间的对话以及学员个人的自我陈述的语言活动和语言环境中。

其实，我们的初中英语教学缺乏的恰恰就是这样的活动元素和环境创设。当然，中国学生的英语学习品质和课堂教育要求不一定符合 Sheena 的教学愿景。但总有值得我们借鉴的东西。

内心隐隐有点实践的冲动！

方法

时间：2011.7.6

今天再次见到 Maggie，已然是非常熟悉。既听过她关于加拿大教育概况的介绍，又在她的引领下参观了解了约克大学。

Maggie 主讲英语教学法。虽说她上课手舞足蹈，语调抑扬顿挫，但给我的印象却是认真细致。不必说课前在讲台旁边的课桌上贴上 A 班学员名单，请大家填上自己的英文名字和所拿教材的编号，也不必说在黑板旁边写上这节课的教学流程并给每组（5 人小组）准备了 Learning and Teaching English 教学光盘，单单她印发给所有学员的"校外实践信息摘要"（Field Trip Summary Information）和"课程综述"（Course Description）就反映出她的教学品质和教学风格。

她倡导的英语教学方法是 Communicative Language Teaching（CLT），说白了就是谈话法，这是始于 20 世纪 60 年代末的一种教学方法，至今仍被沿用与完善。该教学法的目的是培养学生用英语沟通表达的能力，让学生能在不同的社会情境下适时恰当地使用英语。教师常使用实物通过角色扮演和解决问题等沟通性教学活动来达到学习目标。

Maggie 举例说，"This is an apple. We can ask：What does the apple look like? What does the apple taste like? What does the apple smell like? What does the apple feel like? …"这其实就是通过问与答引导学生感知语言。

再如，她组织的"Ice Breakers"教学活动也是通过小组成员间不断的英语问答来达到训练听说读写能力的。实践下来，效果好像还不错，毕竟学员们都是英语教师。

但是，这种交际教学法，我认为，只有全英语教学才能发挥它的最大功能。而在中国，这种形式几乎行不通。这一点，我们初中英语教师最有发言权。作为一门学校课程，英语几乎是全国开设面最广、投入最大、学程最长的，但教学效果却并不十分满意。这到底是为什么呢？我认为，第一是缺乏英语语言环境，缺乏精通英语的师资，缺乏英语使用平台（学生难以适应沟通式的教学活动而对其产生排斥心理），而且也摆脱不了母语的影响。有的学校够牛，请外教。可三天不到，外教就吃不消学生、家长紧皱的眉头和怀疑的眼神，也开始迎合学生学习词汇和语法知识的热情期盼。第二是因为教育部门考量学校英语教学效果的标准是测试。我们很多英语教师都是语法控（被逼的），且教学自我感觉良好。注意，我说的是"自我感觉"，而非"他人感觉"。这就导致课堂沟通变得越来越难。

当然，"教无定法，贵在得法"，存在即价值。任何一种教学方法都是在不断的实践当中产生和发展的。我们不可说翻译法、听说法就一无是处，我们也不会说情景法、交际法就完美无缺。最适合学生的也许就是最好的，我们也应该在学生身上做文章。Maggie 一上课就在黑板上板书"Negative Thinking"和"Positive Thinking"，她建议教师帮助学生摒弃消极的情绪，建立积极的情绪，如"Hard work is fun""I love homework"等。很有道理！

Maggie 认为小组合作是学习英语的上佳途径，但她也知道班级学生多数带来的问题就是"Very difficult to do group work"。我们的初中英语教学，不否定哪一种方法，也不唯一哪一种方法，应该因地、因校、因班、因人而采用多种英语教学模式，以求在具体教学环境中扬长避短，取得相对优良的教学效果。

所以，有时一些自己感到非常得意的课，得来全是偶然！

建构

时间：2011.7.7

　　走进戏剧课的教室，先来的学员已经自觉地围坐成一圈了。今天的戏剧课，Sheena 倒是开门见山，直接在投影仪上呈现了一首小诗："Pitter patter rain drops. Spitter Spatter rain drips. Windshield wiper, windshield wiper. Swish, Swish, Swish"。她要求我们用 Solo voice（独唱）、Duo voice（二重唱）、Whole group（合唱）、Echo（回声）等形式演绎这首小诗。同时，她还要求小诗演绎过程中要有音量变化的使用，如 Repetition（重复）、Staccato（断音）、Rhythm（韵律）、Beat（拍子）、Timbre（音色）等。

　　Sheena 呈现给我们的是一种戏剧策略，一种富含情感的说英语的方式——Choral Speaking，姑且解释为"合唱式演说"。Sheena 的解释是"Choral speaking is a drama strategy in which a group of people use their voices to communicate deeply the meaning of the words they're speaking. The goal is to create a performance that enhances the intention of the writer"。在她的帮助指导下，我们组当堂演绎了这首小诗。演出相当成功！

　　Sheena 在指导的过程中，一直提到"Emotions（情感）"这个词，她还在黑板上板书了"悲伤、孤独、高兴、生气、失望、激动、疯狂、焦虑"等表达不同情感的单词。她鼓励全体学员每人至少用 5 种不同的情感说"Chrysanthymum"，极大地调动了大家使用英语的热情。的确，语言不应该只是机械地使用与重复，而应该是有生命的交流工具。Sheena 提到的第二个词是"Emphasis（强调）"。不懂得如何强调的人，他的语言也必定不会鲜活。譬如，He's not going out with her, is he? 这一句，我们就可以分别对其中的 He's, not, her 以及 is he 等进行强调。

　　这一节课的高潮部分出现在 Chant 环节，投影仪上的"Where's your mama gone? She's gone downtown. Did she take any money? Yes She took ten pounds. When your mama comes back, what's she gonna bring back? Hats and socks, and shoes and frocks" 被 Sheena 以 RAP 的形式反复吟唱，她一会儿耸肩挥手，一会儿摇头晃脑，不时引得我们报以热烈的掌声。大家不由自主地跟着她 RAP 起来。

最后 Sheena 要求全体同学分为 10 组（5 人一组），以这段 Chant 设计一个场景，有人物、有地点，5 个人都要参与其中，并且要站起来表演出来。这场 scene 的设计就是把学习到的语言融入现实生活，这才是真实的语言、鲜活的语言、生成的语言、交际的语言。

英语学习其实是一个并不轻松的认知过程和知识技能的学习过程，在此过程中，学习者的非智力因素在一定条件下也能起着决定性的作用。Sheena 总结说，"Teaching students step by step. Scaffolding is good teaching"。通过建构性英语教学，逐步唤起学习者的求知意识，逐步激发学习者的积极情感，逐步提升学习者的语用能力，值得我们中学英语教师思考与实践。

Sheena 以她对语言学习的理解，由浅入深，从说英语到有感情地说英语，再到有重点地说英语；从诗朗诵开始，到多形式朗诵，到有节奏地反复吟诵，再到设计场景表演，以建构的方式引领我们逐步达成语言学习的不同目标。

两个小时的戏剧课，不知不觉已近尾声。实践证明：当英语教学激发学习者积极的情感时，就能促使学习者的注意力更加集中，更好地感知、记忆、思维和运用，从而获得更高、更牢固的知识与技能。

让每一个学生都体验到英语的乐趣吧！让每一个学生都享受到成功的喜悦吧！让我们的英语课堂散发出生命的活力！

传承

时间：2011.7.8

今天是星期五，是我们外出考察的时间。我们要去领略的是原汁原味的多伦多街区之一——St. Lawrence Market（圣劳伦斯市场）。

出了 Union 地铁站出口向西步行 10 分钟左右，就到了圣劳伦斯市场的入口处。本来和 Maggie 约好 1 点钟合，但由于苏安学院新到的一批学员举行开学典礼，推迟了吃饭时间，所以等到我们匆匆赶到时，已经是下午 1 点 30 分了。Maggie 带着一部分学员先行一步了！

无奈之下，我们只好自行参观起来。

圣劳伦斯市场位于 Jarvis 街和 Front 街交汇处，地处老城区的中心地带。这里也是 1793 年多伦多最初成立之地，如今被称为约克老城（Old Town of York）。古老的圣劳伦斯市场沿用至今，历久不衰。许多曾经的库房已被改装成别具特色的住宅、商店、酒吧和餐馆。

现在的市场由位于 Front 街南北两侧的两座建筑组成。南楼市场建于 1905 年，是一座醒目的红砖建筑，将历史遗迹——圣劳伦斯市政厅（St. Lawrence Hall）拥入其中，形成有趣的楼中楼格局。南楼市场从星期二到星期六营业，两层楼里聚集了货真价实的蔬菜、水果、食品、肉类、艺术品、服饰、饮品以及现场制作的熟食，等等。

我们正漫无目的地张望着，突然看见前面出现几张熟悉的面孔。嘿！竟遇上先前进来的那批学员和 Maggie 请来的市场工作人员 Richard！

"老多伦多人最爱来圣劳伦斯市场吃正宗的加拿大特色早餐——Peameal bacon（面包夹豌豆咸肉片）。"Richard 告诉我们。听说豌豆咸肉是加拿大人的最爱，用豌豆粉包裹的腌瘦肉烤制后，切薄片油煎食用，味道绝美！由于熟食店前排队购买的人太多，当场品尝不太可能了。真可惜！下次找个机会再来，绝不放过"你"！

　　过了马路就是北楼市场，北楼市场仅在星期六开放。我问 Richard 原因，他说，"It's traditional"。北楼市场主要出售自产的瓜果蔬菜、鸡鸭鱼肉。Richard 告诉大家，星期六来北楼市场最好。这一天，农夫们通常早上 5 点就来布置摊位了，室内室外忙得不亦乐乎。7 点不到，市场上就热闹得了不得了。遇到重大节日，更是熙熙攘攘。看来，下周六无论如何也要赶过来凑凑热闹（顺便吃吃 Peameal bacon）！

　　多伦多是的地标之一——Gooderham Flatiron Building（古德汉熨斗大厦）也地处圣劳伦斯社区。大厦位于 Wellington、Church 及 Front 三条街道的交汇处，建于 1892 年，是金融大鳄 George Gooderham 用来作为旗下 Gooderham and Warts Distillery 以及其他家族生意的办公大楼。这是一座罕见的平底熨斗式楔形维多利亚式建筑，大厦中央的木制楼梯围绕着升降机井回旋而上。这部升降机也是多伦多最古老兼首台人手操作的 Otis 升降机。罗马式及哥特式建筑风格与金融区内的其他现代摩天大楼格格不入，却又相映成趣。这座大厦 1975 年被列为古迹建筑物。

　　Richard 另外还带我们参观了三处建筑。一处是座建于 1880 年的旅馆，一处是座建于 1907 年的银行，还有一处是多伦多著名的 St. James 大教堂。这三处建筑今天都仍在使用。在加拿大，很多建筑，在 50 年前，甚至更多年以前就建造了，到现在还好用得很。加拿大的建设，都要留至少 50 年的发展空间，不会建了拆，拆了再建，建了再拆。

　　作为一座现代化的大都市，多伦多是了不起的，它在接纳不同风格的建筑特点的同时，仍保留着自己的建筑文化。作为一座现代化的大都市，多伦多是有魄力的，它没有通过拆迁的方式建设一座新城，而是通过传承、融合不同的建筑文化，让城市散发出别样的魅力！

　　我爱多伦多！

元素

时间：2011.7.9

按照课程计划，今天是去考察 Niagara Falls。由于这一批学员多达 100 人，苏安学院的车子不够用，临时通知我们扬州、常州、徐州三个城市的学员改为明天活动。

周六、周日学院都给我们发 DAY PASS，类似于国内的一票通。早饭后，便和南师二附中的 Person Zhang 商定去 Downtown 的 Chinatown（唐人街）转转，感受一下中国人在多伦多的生活。下午再到安大略湖的多伦多岛上休闲休闲。计划够赞吧？

多伦多的唐人街有好几个，我们去的这个位于市中心。坐地铁到 Spadina Station，转乘 510 路公交到 Dundas Street 下车就到了。

一到唐人街区，迎面而来的就是两对大红的龙门柱。南北向的主干道是 Spadina 街，东西向的主干道是 Dundas 街。两条主干道和另外几条与 Dundas 街平行的街道，都有双向的 Street Car（有轨电车）连接，交通非常便利。放眼望去，唐人街上人来人往，比较热闹。所有道路标牌以及商家店铺的招牌，都是中英双语，颜色也很醒目。但街内高楼不多，而且不少是比较低矮的旧楼。

唐人街有 5 个大型的华人 Shopping Mall（西南角的龙城商港、南边的文华商港、北边的亚洲城、新光广场和东边的名店街等）、50 多家华人超市、上百家华人餐馆、近千家普通商业店铺，以及电影院、邮局、警察局、教堂、华人社区中心等。另外，还有几百家其他少数裔族的店铺（犹太市场）和西方人的品牌商店。

对于华人来讲，唐人街是十分方便的，因为只需要讲汉语（很多讲粤语、闽南语或其他南方方言的华人，也能说一点点简单的国语）。这里就是一个浓缩的中国城市，从家电购买、电器维修、日用品购买、食品购买、报税、移民、旅游、法律顾问到打字复印、洗澡理发、换拉链、换手表电池；从幼儿园、美术班、音乐班到卜卦算命、中医中药；从面包店到一元店，几乎什么都有。甚至还能买到如脸谱、中国结、葫芦、印章等带有中国元素的东西。

另外，在龙城商港附近还能看见 Royal Bank（皇家银行）、CIBC（帝国银行）、TD Canada Trust（TD 银行）、Scotiabank（丰业银行）、Bank of Montreal（蒙特利尔银行）以及 Bank of China（中国银行）等金融机构，都提供中英文服务。可谓方便之至！

来回走了好远一段路，看看时间也已经接近 12 点。两个人就在 Dundas 街的喜洋洋中餐馆一人点了一碗面条。吃完一结账，13 刀！老板是福建人，用糟糕透了的国语和我们拉扯着，我一句也没听懂，我只知道我的 13 刀了没了。幸亏之前有过上海世博园的经历，要不然我这颗脆弱的心脏恐怕受不了。

从唐人街出来，我们继续乘坐 510 路公交前往多伦多标志性建筑 CN Tower（Canada's National Tower），即加拿大国家电视塔。电视塔建成于 1975 年，181 层，高 553.33 米，是世界第三高自立构造（第一位日本东京新电视塔，高 634 米，2011 年建成；第二为中国广州海心塔，高 610 米，2009 年建成）。1995 年，CN Tower 被美国土木工程协会收入现代世界七大奇迹。

电视塔自下而上由基座、观景台、"天空之盖"和天线塔四部分组成。基座呈三角柱体，内有纪念品商店、快餐厅、小电影院、儿童乐园和显示世界各地天气情况及时间的大型电子显示屏幕等设施。

搭乘时速 22 公里的电梯，58 秒就可抵达约 113 层楼高的观景台，其外形酷似一只轮胎，设有旋转餐厅、室内游乐场、夜总会以及可以让你呼吸到高空新鲜空气的户外瞭望台。从上往下看，整个多伦多的风景一览无余，宽阔的安大略湖宛如一泓清潭。在天气晴朗时，可视度达 120 公里以上。电视塔最独特之处是在观景台所建的扇形玻璃地面，几乎每一个踏上这块地面的游客都战战兢兢，冷汗直冒。

从观景台再上一层就是"天空之盖"，这里高达 443 米，也就是电视塔中白色"针"的基座。据说天气好的时候，从那里甚至能看得到尼亚加拉瀑布。今天可能是因为外面风力太强，"天空之盖"没有开放。真遗憾！

"天空之盖"的顶端是电视发射天线，全高 102 米，由 42 节钢架叠置而成。从地上望去，天线塔银光闪闪，宛如一柄利剑，直刺蓝天。

直到今天，CN Tower 仍在为 30 多个国家的电台、电视台、移动通信及传呼台等发射信号。加拿大所有重要的广播和通信机构，包括 CBC 广播与电视、CF-TO 电视、Global 电视、City TV、LOOKTV、Rogers Cable、Toronto1、TVO 等，还有 Bell 的移动电话、TTC 使用的通信等，都依赖 CN Tower 传送的电波。

关于 CN Tower，还有两段花絮。第一，1976 年电视塔正式开放时，一个小小的"时间宝瓶"被嵌进了观景台的内墙中。宝瓶中装着一封当时任加拿大总理杜鲁多的贺信，加拿大各省省长的贺信，来自不同学校的小朋友的贺信，多伦多星报、多伦多太阳报和环球邮报有关电视塔开放的新闻，以及电视塔建造、封顶的影像纪录。计划在加拿大国家电视塔 100 岁生日，即 2076 年时将这一宝瓶打开。第二，电视塔内建有高 447 米的 1776 级金属阶梯，是世界上最高的金属阶梯。每年秋季这里都会举办 CN Tower Stair Climb（爬楼梯比赛），为慈善机构筹募基金。

从这两段花絮中，我们或许看到加拿大人平和温良、积极进取的一面。

离开 CN Tower，我们沿着安大略湖边走边看。小摊小贩的吆喝声中艺术青年们演出正酣；湖边人造沙滩上晒日光浴的人们或坐或卧；不时有游艇载着满怀希冀的游客驶往大湖深处……周末的安大略湖比平日多了一份灵动与活力。

拐了一个弯，长龙般的游人队伍突兀地出现在眼前，Wow！竟有这么多的人要乘游轮去 Toronto Island。看来，我们下午的计划不能实现了！也许，这是老天对我们的眷顾，别太累着，明天还要去参观大瀑布呢！

或许真该休息休息！今晚就早一点睡觉吧！

瀑布

时间：2011. 7. 10

"你要嫁了？"

我这不是在和某一位女性朋友打趣，我说的是美国和加拿大边境的 Niagara Falls（尼亚加拉大瀑布）。你听说过吗？

尼亚加拉大瀑布是美洲大陆最著名的奇景之一，位于加拿大安大略省和美国纽约州交界处的尼亚加拉河中段，号称世界七大奇景之一，与南美的伊瓜苏瀑布及非洲的维多利亚瀑布合称世界三大瀑布。它以宏伟的气势，丰沛而浩瀚的水汽，震撼了所有的游人。从伊利湖滚滚而来的尼亚加拉河水流经此地，突然垂直跌落 50 多米，巨大的水流以银河倾倒之势冲下断崖，声及数里之外，场面震人心魄，形成了气势磅礴的大瀑布。

很多人都把尼亚加拉大瀑布误说成"尼加拉瓜大瀑布"或者"尼亚拉加大瀑布"。"尼亚加拉"在印第安语中意为"雷神之水"，印第安人认为瀑布的轰鸣是雷神说话的声音，他们把它称为"Onguiaahra"（后称 Niagara），意思是"巨大的水雷"。

1625 年，欧洲探险者雷勒·门特第一个写下了这条大河与瀑布的名字，称其为"Niagara（尼亚加拉）"。

1678 年，法国传教士 Louis Hennepin 来到这里传教，发现了这一大瀑布，不禁为它的惊世之美而折服。他仔细记下了自己的所见所闻并把这人间仙境介绍给了欧洲。

相传法国皇帝拿破仑·波拿巴的兄弟吉罗姆·波拿巴曾带着他的新娘不远万里来尼亚加拉瀑布度蜜月，回到欧洲后在皇族中大肆宣扬这里的美景。慢慢地，欧洲兴起了到尼亚加拉度蜜月的风气。时至今日，这里已经成为举世闻名的蜜月之城。每年来尼亚加拉瀑布旅游的情侣、恋人不计其数，所以把大瀑布称作"你要嫁了"真是再贴切不过了！

大瀑布所在的尼亚加拉市距离多伦多 140 多公里。我们乘坐的校车 8 点 30 分从苏安学院出发一路往南。整段高速一个收费站也没有，道路的两侧也看不见什么高层建筑，放眼望去，天高云淡，偶有几只雁。

校车行驶了大约 1 小时 40 分钟，终于抵达了我魂牵梦绕的尼亚加拉大瀑布。老远就看见了银白色的万丈飞瀑。

拿着票，乘电梯到达谷底。宏大、惊艳、壮观、美丽，尼亚加拉大瀑布一下就在我的心里留下了深刻的印象，这个印象将永远留在我的心里，永远不会磨灭！

直到 Person Zhang 提醒，我才穿上工作人员发的蓝色雨衣，登上 "MAID OF THE MIST（雾中少女）" 号游轮。我们爬上游轮的顶层，挤到了最前面。

尼亚加拉大瀑布由美国瀑布和加拿大瀑布两个瀑布组成。美国的瀑布叫 "America Falls（亚美利加瀑布）"，加拿大的叫 "Horseshoe Falls（马蹄瀑布）"。两者比起来，加拿大的更漂亮，更具观赏性。许多美国游客还专门越过彩虹桥，来加拿大境内观看瀑布。

据史料记载，美加（当时属英国）两国为了争夺大瀑布，曾于 1812 年至 1814 年间进行过一场激烈的战争。最终，两国签订了 "根特协定"，规定尼亚加拉河为两国共有，主航道中心线为两国边界线。两国还在瀑布两侧各建了一个叫作尼亚加拉瀑布城的姊妹城，一个隶属加拿大安大略省，另一个隶属美国纽约州。两城隔河相望，由彩虹桥连接，桥中央飘扬着美国、加拿大和联合国的旗帜，星条旗在南，枫叶旗在北，联合国旗居中。两国在此不设军队，人们自由往来，无需办理过境手续。和谐的环境使尼亚加拉大瀑布为两国带来了丰厚的旅游收入。尼亚加拉大瀑布也成为国与国之间和谐开发自然资源的经典案例。

"雾中少女" 号缓缓驶向亚美利加瀑布。宽约 320 多米的水幕兴冲冲地从 58 米的高处奔流而下，瀑声如雷，鸥鸟惊飞。激流撞上瀑布下的岩石，惊起千堆雪。凉风裹挟着水雾，扑面而来，眼镜一下子模糊起来。

转了一个弯，"雾中少女" 往南开进了马蹄瀑布。马蹄瀑布落差 56 米，岸长约 675 米。两个瀑布的水源来自同一处，但是只有 6% 的水从亚美利加瀑布流下，而 94% 的水是从马蹄瀑布流下。瀑布卷起的凉风掀起了我的雨衣，等到手忙脚乱地把包裹在头上的雨衣扯下来时，眼前突现一道雄浑的水墙。啊！这就是 "飞流直下三千尺，疑是银河落九天" 吗？心中无来由地涌起一股冲动，一股融入大瀑布的冲动。这哪是瀑布？这分明就是大自然踏着远古的节拍一路而来的欢歌！那种气势！那种豪情！声震万里，气冲九天。我们已经分不清哪是天？哪是水？哪是云？哪是雾？

当"雾中少女"号游轮调转船头，驶离马蹄瀑布折返码头时，我还停留在刚才的震撼中，久久难以平静。

……

下午的行程基本属于走马观花型。在一家浙江人开的餐馆吃了自助中餐后，苏安学院国际项目协调员小顾，同时也是这次文化考察的导游，带着我们一行到了 Niagara－on－the－lake（湖滨小镇），这是位于安大略湖边的美丽小镇。绿草大树、鲜花别墅烘托出一片彩色的世界，带给我们眼球对生命的遐想。坐在马车上，和驾驶马车的少女聊着天、赏着景，惬意之至！马车少女说她是利用暑假来打短工的，而我们这时候来湖滨小镇，来得正是时候，这是小镇最美的季节之一。她告诉我们她的梦想就是退休之后住在这儿。多可爱的女孩啊！

出了小镇，我们来到一个偌大的葡萄酒庄，据说窖藏的顶级葡萄酒就有上千桶。这个酒庄生产的冰酒非常出名。大伙儿排着队，依次品尝冰酒。"一摇二看三闻四尝五感"，这是听老外叽里呱啦半天，我总结出的"冰酒品尝五部曲"。酒的度数不高，味道很醇，非常甜，像果汁一样。呵呵，立马买了几瓶，毕竟是加拿大特产嘛！

返回苏安学院时，正好赶上晚餐时间。

一天的考察时间不短，够我们记得很多。然而留在我记忆深处的，也许最终能够留在我记忆深处的，只是尼亚加拉大瀑布。

今晚，我将枕着大瀑布的惊涛雪水入梦！

合作

时间：2011. 7. 11

一进教室就看见每张课桌上都放着两张纸，一张纸上印有加拿大地图和中国地图，另一张纸上画着两个部分重叠在一起的圆圈。嗬，今天的教学法课，Maggie 又有什么新创意啊？

"Are you happy？Are you healthy？Do you love homework？" Maggie 依然用她那字正腔圆的美式英语开始了她的教学。在总结了上一节课的所学之后，她叫我们看手头的两幅地图，要求每个人和自己的 deskmate（同桌）用英语讨论一下中加两国的相同之处和不同之处。

五分钟的两人小组热议之后，Maggie 一边听着大家七嘴八舌地发言，一边在黑板上板书开来。她在两个圆各自的部分分别写上中加两国的不同点，如中国有 23 Provinces（省）、4 Municipalities（直辖市）、5 Autonomous Regions（自治区）、2 SAR（特别行政区），加拿大有 10 Provinces、3 Territories（地区）；中国有 5000 多年历史，加拿大只有 140 年历史；中国有 13.4 亿人口，加拿大只有 0.33 亿人口；中国人用 chopsticks（筷子），加拿大人则用 knife and fork（刀叉）以及中加两国的相同点，如 Large landmass（国土面积大）、Four seasons（有四季变化）、Northern hemisphere（位于北半球）、Long seacoast（海岸线长）、Rich resources（资源丰富）、Multinational country（多民族国家）等。

当 Maggie 问到关于两个国家的"letter"相同之处时，Bert 抢着说："China and Canada both begin with 'C' and end with 'A'。"引得大家善意地哄堂大笑。

到了这儿，Maggie 才算真正涉及这节课的教学核心，那就是 GROUP WORK，即小组合作，意指两个或两个以上的个人或群体，为实现共同目标在某项活动中联合协作的行为。这是符合当下中国教育教学所倡导的新课程理念的。

"学会与他人合作"是当今世界教育改革的四大支柱之一。国务院《关于基础教育改革与发展的决定》中明确指出："鼓励合作学习能促进学生间的相互交流，共同发展，促进师生教学相长。"新课程理念下的学习核心就是"自主、合作、探究"。

Maggie 按照大家所坐的位置，把全班分为 6 组，每组 8 个人。她要求先做每一桌两个人之间的 Group Work。组内分工是：每组的 1 号、2 号做 Listening；3 号、4 号做 Speaking；5 号、6 号做 Reading；7 号、8 号做 Writing。具体做法是：先阅读教材 *Learning and Teaching English* 中的相应章节，然后选择每章提供的活动范例中的任意一项，写出选择这项活动的理由以及这项活动在中国课堂内的价值，并且要求活动在 15 分钟之内完成。

我和 Person Zhang 的讨论是激烈、理性而又事无巨细的。我们选择的听力活动是 Listen and complete a form（听并填表），理由是这项活动在中国初中英语教学过程中作用明显，它有助于学生迅速了解语言材料的主旨大义和相关细节。听前的准备工作能使学生更加关注话题，使学生对话题产生兴趣，激发学生对话题内容的渴望。听的过程能帮助学生提升理解语境的能力，丰富获得更多信息的听力技巧。听后的检查能帮助学生正视自己的听力水平，从而积极地寻求改善的方法。

小组讨论之后，进入大组合作阶段。Maggie 建议每个大组（8 人）按照听、说、读、写的顺序分别进行大组内的汇报，然后相互提出问题或看法……Maggie 穿梭于各组之间，或倾听，或指导，或赞许，把活动的组织权完全交给了学员。

组内活动的体验使我们深刻领会到小组合作的形式本身就营造了共同学习、探索和研究问题的氛围，学习者在完成共同目标的过程中互相交流、互相帮助，还会主动调整合作方式，合作意识得到了强化，合作能力也会逐步提高。

Maggie 说："Group Work is a good way to learn" 针对大家提出的小组合作中出现的问题，Maggie 的解释是 "No problem, no story"。真是言简意赅！

当然，小组合作并非几个人围坐在一起就是合作。在很多课上，因为学生缺乏合作的愿望和意识，合作学习流于形式，缺乏实效。合作意识是隐性的，无法通过语言直接传授给学生，只有通过学生亲身实践才能逐步养成。

《牛津初中英语》教材吸收了交际语言思想，注重学生语用能力的培养，强调学生在真实的语言环境中通过交流合作学好英语。所以，在教育教学中，教师应努力为学生创设合作学习的情境。

让学生在学习中学会合作，在合作中学会学习！

让我们共同努力吧！

造型

时间：2011.7.12

一直以来都比较喜欢看相声、小品，尤其是小品，仅仅通过形体和语言就能充分表现各种角色的性格特征和语言特征。其实小品最早是电影戏剧学院考核考生艺术素质和基本功的面试项目，一般由考官现场出题，应试者当场表演。这对考生的临场应变和语言组织能力是一个不小的考验。

今天 Sheena 戏剧课的主题和表演有关，可以说是静态小品。她先要求各小组轮流表演 "Where's your mama gone?"，然后又以一个 "I've got a secret" 进行情节演示，算是开场热身吧！

接下来的 Carbon Copy，大家在 Sheena 的指导下，玩起了 "hand to hand, knee to knee, toe to toe（手对手，膝对膝，脚趾对脚趾）" 的游戏，虽然有点 childish（幼稚的），但真正到了 Copy 这一环节时，我们就感觉到自身英语表达的苍白和词汇的匮乏。

刚才提到静态小品，这其实就是我们这堂课的内容——Tableau（舞台造型；静态画面）。说白了，就是指导全体学员摆造型，这是我们某些学员的特长啊！（本期学员中有不少没事就爱摆 POSE）。Sheena 说："Tableau is a drama strategy which is essentially a frozen picture. The key is to choose a key element of a story, or an event to create a picture that is vibrant and significant。" 通俗点讲，Tableau 就是凝固的图画，不过是一幅有活力、有含义的图画。Sheena 先是指导学员围绕 "fear" 和 "peace" 两种情绪摆了两个造型。而后又喊了 4 个学员和她一道表演了一段构思：司机正驾驶的公交车上一人正坐着看书，另一人扶着车厢里的横杆正听着音乐。突然车子前方出现一条小狗（Sheena 亲自扮演）。静态画面出现了，司机急刹车，人前倾，面露紧张状；看书者身体右倾，书落地；面露惊诧状；站立者，前倾状，胳膊拉得笔直，面露恐惧状。表演非常逼真。

Sheena 告诉我们，Tableau 的要素包括所有人静止、高中低三个层次、强烈的面部表情、强烈的身体表现力、观众的认可和感兴趣的中心6个因素。她要求每个小组在准备本组人物雕塑作品时，不能忽略这些要素。她还补充说，Tableau虽然是舞台造型，虽然是静态的，但一定要有人物、地点和情节，否则造型会失去意义和价值。

看来，我们很多城市的雕塑要重新设计与规划。不是找块石头一放或是做尊铜像一竖，要根据所处地点、当地文化而为之，要让雕塑真正活起来！

完成了上午的戏剧课，下午倒是真的看了一场戏。

午饭后，Person Zhang提议到York dale Shopping Centre转一转。约克代尔虽然没有伊顿大，但感觉比伊顿有品位。我买了两张贾斯汀·比伯的CD和两盒迈克尔·杰克逊的DVD，这两个人虽然不是同时代的，但他们的音乐绝对有造型。

4点40分到6点40分，我们看了一部加拿大帅哥瑞安雷诺兹主演的电影 *Green Lantern*（《绿灯侠》）。在巨大神秘的宇宙中，一种虽小但力量强大的能源已经存在了数个世纪。一个被称作"绿灯战队"的队伍维护着和平与公正，每位成员都配备了一枚具有神奇力量的戒指。然而，当一名叫做Parallax的大反派闯入之后，宇宙的平衡即将被打破，"绿灯战队"以及地球的命运就掌握在一位新成员的手中，他就是第一个被召唤成"绿灯侠"的人类哈尔·乔丹（瑞安·雷诺兹饰）。哈尔本是一名颇有天赋却相当狂妄的试飞员，但是绿灯战队对人类并不是特别信任，人类此前从未戴上那枚具有无穷力量的戒指。但是，哈尔的果断与意志力证明了他具有绿灯战队成员们所没有的品质，那就是"人性"。在同伴和青梅竹马的朋友卡洛儿·菲丽丝的鼓励下，哈尔迅速掌握了新的力量，克服了身上的缺点，最终凭借自己的智慧和勇气击败了Parallax，拯救了地球。

这是一部讲述了勇气、无畏、意志力和奉献与牺牲的电影；这又是一部关于超级英雄拯救地球的电影。

在Green Lantern的预告片中，有这么一句介绍背景的话："这戒指可以把你的一切想象都化成真实。但也因此，它的力量会受限于你的创意。"

是啊，创意有多大，舞台就有多大。你的造型在于你的想象。

从York dale返回时，坐错两趟车。真希望自己立刻就成为绿灯侠，一下就飞回苏安学院，哦，不！成为绿灯侠，捍卫人类！捍卫地球！

先摆一个正义的造型！

创作

时间：2011. 7. 13

　　提到"创作"，我的理解就是创造文艺作品。有时我们过于注重作品本身，而忽视了创作的过程。其实这个过程才是最重要的，它能真正使我们获得求知和创造的快感。

　　下午的教学法课，Maggie 安排了三项内容：Monologue（独白）、Dialogue（对话）和 Plot - story（故事策划）。

　　对于独白，Maggie 不是叫我们简单地写一段话，她要求每个学员想一个事物，进行间接描写，要用到"I, me, my"和现在、过去、将来三种不同的时态。然后读出来让大家猜写的是什么。这个要求确实不低！Maggie 读了一段她自己写的关于"鞋"的独白，我们猜了七八次才猜对答案。

　　虽说只是写一段独白，但5分钟的创作时间实在太短了。时间一到，我也就堪堪完成对"扇子"的描写："I am not important to you now, but you used to love me very much. At many summer nights, you couldn't sleep well without me. Yet today you've forgotten me because you have a new modern friend. Do you remember it was me that brought you cool wind in hot weather? Do you remember it was me that helped you drive away the mosquitoes? No, you don't. You've forgotten it. But I'm sure you will think of my name one day。"Maggie 读后很兴奋，她开玩笑说我都可以去写剧本了。

　　对话难度更大，看5分钟内谁写的问答回合最多，并要求对话中 A 说的第一句话是"See, I told you it could fly!"然后接着往下写。看到我们面有难色，Maggie 得意地笑了："No Problem, No Story。"她这一关是在考验我们的想象力。

　　当然，最难的是故事策划。Maggie 指导说，故事策划的关键要素是"5W + H"。这一点，我们也经常讲给学生听，即 When（何时）、Where（何处）、Who（谁）、What（什么）、Why（为什么）、How（怎么样）。

　　Maggie 连续喊了两组学员（每组5人）上台示范，要求我们根据提供的图片即兴编故事。她对五个人进行分工，第一个人说开头；第二个人说问题；第三个人说发展；第四个人说解决办法；第五个人说结局。两组学员故事编得都不错，可惜 Maggie 说，"太中规中矩了，缺乏想象力。"

可见，我们的教育教学也不能太中规中矩，要有创造力和想象力，创造机会给学生运用语言的空间和载体。也许，引导学生创作就是一条帮助他们学习语言的捷径。

接下来的分组创作（4 人一组），难度比之前台上示范的有过之而无不及。每组任选一幅图和一个情节提示，在 Maggie 的"百宝箱"内随机抽选三件物品，然后开始创作故事。我们这一组选的是一幅跳水图，三件物品是 clip（夹子）、mirror（镜子）和 bracelet（手镯），情节提示是用这三件物品帮助故事人物逃离险境。这项作业下周一才交，看来我们这组周末有事儿做了。

教学法课一结束，大家就匆匆离开了教室。我们的下一站是 Royal Ontario Museum（安大略皇家博物馆），这本来是昨天的行程，但被移到了今天下。因为博物馆周一到周四下午 6 点关门，时间很紧，班主任 Jenny 叫大家动作快些。

我们 A 班一行 48 人，乘 3 辆车，先后赶到博物馆时已经 4 点多，于是只能拣主要的内容欣赏。

安大略皇家博物馆共三层，是加拿大最大，同时也是拥有最多收藏品的博物馆，它包含的项目有自然科学、动物生态、艺术及人类学，等等。这里珍藏着中国本土以外最丰富的中国艺术品，还有希腊、罗马等其他国家的珍贵收藏品。此外，馆内还收藏了埃及的木乃伊、脊椎动物化石以及各种矿石和动物标本。

博物馆新附属建筑被称为"Lee – Chin 水晶宫"，由著名建筑设计师 Daniel Libeskind（丹尼尔·利贝斯金德）设计。据说，利贝斯金德的安大略皇家博物馆扩建设计竞赛设计图是画在餐巾纸上的，结果和其他电脑画的设计图一起展示时，餐巾纸赢了。

"Lee – chin 水晶宫"这是一座面积达 17.5 万平方英尺、屋顶用铝和玻璃覆盖的建筑，新建的两层主体结构容纳了 7 个展厅和 2 个特别展区，以及新的餐饮区和一个新的主入口大厅。此外，"Lee – Chin 水晶宫"有着利贝斯金德标志性的棱角美学和水晶形状，由 5 座相互联结、自我支撑的菱形结构组成，基本上没有一个正角；倾斜的墙体塑造出独特的内部空间，体量较大；十字形的连廊穿过位于中间的"精灵屋（Spirit House）"，明亮的窗户使室内充满自然光并为城市增添了奇特的景观。"水晶宫"有着舰首一样的楼体，昂首于公共空间之上。

多么绝妙的建筑创作啊！

剧场

时间：2011. 7. 14

上午9点左右，我打开电脑打算上网和朋友聊天，Person Zhang 过来敲门，说把上节戏剧课拟定好的造型再摆一摆，准备下午上课时表演。

五个人来到楼下休息处，周围没人。由于我们之前设计的动作是"街头事故"，几个人都不太满意。七嘴八舌地争论之后，我建议摆一组"英雄慷慨就义"的雕塑，我们摆着、笑着、笑着、摆着、都觉得我们组的表演构思"太有才了"！

我们是最后一组上台"现眼"的，5秒钟之内雕塑完成。多么与众不同、多么富有内涵的雕塑啊！我们骄傲！我们自豪！可惜 Sheena 没看懂，我只好解释说："We're heroes to protect our motherland. Aggressors killed us"。她笑着摇了摇头。可能我们摆的造型太深奥了。毕竟这是静态表演，如果是动态，加上语言表达，我相信她一定明白。

其实，今天的戏剧课讲的就是动态表演——Reader's Theatre（读者剧场）。读者剧场就是将故事或一段富含情节的语言材料，以声音和表情丰富的变化表演出一段戏剧。它实际是一种以文本为主的发声阅读活动，运用口语说故事。读者剧场一般分为选择题材、编写剧本、演练修饰和朗读表演四个部分。

Sheena 先给我们播放了一段读者剧场案例"Ladies First"。然后解释道，读者剧场是由两个或两个以上的朗读者，从头至尾都在舞台或固定的区位上，搭配少许的身体动作、简单的姿势及脸部表情，朗读出所设计的各个部分。

Sheena 说，读者剧场教学引导学生通过剧本的探究与创作说、读英语。它与传统意义上的剧场教学不一样，重点在于口头表达。做得好的读者剧场能应用到许多合唱式演说的要素。学生们忙于理解剧本的每个单词、忙于朗读、忙于创作他们自己的台词、忙于表演，这给他们自己和观众都带来了乐趣。

这一节课我们的中心任务是把一篇中国成语故事 The Eyes of the Dragon（画

龙点睛）改编为戏剧。Sheena 把故事切割成 8 段，分给每组（6 人）一段，要求每组即兴创作剧本并组织排练。

图书馆内因此沸腾起来，各组学员围绕着本组的故事段落展开讨论。朗读的、记录的、设计身体动作的、模拟面部表情的，大家各抒己见，情绪高昂。Sheena 时而到这儿聆听，时而到那儿答疑，引导着大家迅速进入语言学习的情境。

从 Sheena 的教学中，我领悟到戏剧教学的重点不在故事戏剧化或扮演戏剧，而是在引导学习者进入学习主题的状态过程中，发挥创造力，去检视与学习更多的有关内容。读者剧场的目的是建立语言的联系，戏剧让语言学习不再是抽象的符号，而是具体的情境与过程。

剧本编写的过程是语言运用的过程，戏剧表演的过程是语言交流的过程。读者剧场是用声音演出的戏剧，它让学习者通过互动的方式练习听、说、读、写，更重要的是学习者在活动中共同诠释角色、共同建构意义，所以读者剧场也是一种合作学习的方式。

Sheena 提醒各个小组课后继续完善自己的剧本，并进行排练，好在下周二戏剧课上表演。她将从四个方面（小组把已知信息组织成一个可用剧本的能力、小组成员间合作的默契程度、小组每个成员是否平等参与、小组在表演过程中如何运用合唱式演说和读者剧场的有关要素等）对各组读者剧场予以评价。这让人压力不小!

美国读者剧场专家 Shirlee Sloyer 教授指出，读者剧场是戏剧化文学极低的舞台式诠释，可在任何空间举行。没有布景、服装与背台词的限制，它可从戏剧、诗歌、故事、情景的主题或表达意念上去创作表现，使学习者经历听、说、读、说的过程。

可见，读者剧场的取材十分简便，教师运用于课堂或活动十分容易。如今，国外越来越多的学校与班级在推行读者剧场教学。回国之后，我也要尝试!

圆梦

时间：2011. 7. 15

Maggie 是一个非常认真严谨的老师，而且严谨得有点儿"迂腐"。星期三下午上课前，她已把我们今天怎么到 St. Lawrence Community Recreation Centre（圣劳伦斯社区活动中心）做了详细说明。她不仅在黑板上画了路线，还把如何乘车在一大张纸写了下来，具体到要过几站、估计用时多少分钟。真是一个可敬可爱的老师！

我们去的地方 The Esplanade 230 号就是圣劳伦斯社区活动中心。中心很大，内有体育馆、游泳池、健身房、老年活动室以及音乐、美术不同活动的专业教室。School Age Day Care（适龄儿童日间托儿站）在二楼最里面的等四、等五间教室。教室的门上贴着"All Visitors Must Report To The Day Care Office."，意思是"所有访客都必须向日间托儿站办公室报告"。

今天的活动内容就是和托儿站 6 至 8 岁的小孩子交流，不仅要鼓励他们回答我们的问题，还要教会他们写出、读出对应的汉语。真的很难啊！

我们 40 多个学员被安排在蓝、绿两间教室，两三个学员指导一个小孩子。与我和 Person Zhang（张培生主任）交流的是个 6 岁的黑人小男孩，叫 Malcolm，我给他起了个汉语名字"马克"，他很喜欢，怪腔怪调地读了好几遍。我拿出 Maggie 事先布置的四个问题"My name is …；My favourite school subject is …；My favourite sport is …；I am talented in …"，先引导他回答问题，接着我把相应的汉语写在纸上，然后教他读音，最后再指导他写出相同的汉字。教一个仅仅只听过"China"这个词的外国小朋友读写汉字，可想而知，那难度不亚于我学说阿拉伯语。在我事先准备好的小礼物的轮番"诱惑"下，马克总算完成了这个难度系数极高的任务。相信他的家人看到他写的汉语时，一定会非常惊讶！

活动最后，我代表所有的学员向托儿站的校长赠送"中国结"，表达我们诚挚的谢意和衷心的祝福，并欢迎托儿站的所有老师和小朋友到中国旅游、学习。

出了圣劳伦斯社区活动中心，已是中午 11 点半了。这儿距离安大略湖边仅有 15 分钟路程。我和扬州的 5 位老师决定到多伦多岛上玩一玩。

多伦多岛（Toronto Centre Island）是镶嵌在安大略湖上的一颗璀璨明珠，与多伦多市咫尺之遥。小岛漫步，碧水蓝天，白云沙滩，红枫绿柳，茂草鲜花，笑语欢歌，鸥鸣鸟唱！6.5 加元的船票真是物超所值！

在多伦多岛上，随处可见野餐的家庭，随处可遇锻炼的人群。孩子们有的下湖游泳，有的乘坐帆船，有的踢着足球，有的鼓荡秋千；大人们有的烧烤热狗，有的拍着照片，有的喂着野鸭，有的卧睡沙滩……好一个休闲的小岛！

信步走上伸入到安大略湖中的栈桥，遥望湖面，波光粼粼，白帆点点，微风起时，波涌帆摇，仿佛在吟唱着一首动人的歌谣。

五大湖（苏必利尔湖、休伦湖、密歇根湖、伊利湖和安大略湖）是世界上最大的淡水水域，有"北美洲地中海"之称。安大略湖（Ontario Lake）是五大湖中最小的一个，大致成椭圆形，其北边是加拿大，南边是美国，湖岸线长达 1380 千米，最深处有 244 米，最宽处为 85 千米，是世界第十四大湖。"安大略"这个名字来自易洛魁语 Skanadario，意思是"美丽之湖"或"闪光之湖"。加拿大的安大略省因此湖而得名。

记得读中学时，五大湖就是我心中的一个梦。如今我们谈着走着，不知不觉竟已到了水边。我们脱掉鞋袜，踏入水中，冰凉的湖水透入毛孔，直沁入心脾深处。

弯下腰掬一捧安大略湖的清水，喝下一口，凉凉，淡淡的，内心却升腾起不一般的感觉，那么熟悉、那么温暖，仿佛是等到一个相守多年的约定！

乘坐渡船返回时，从远处看湖光掩映下的多伦多市，竟有"现代蓬莱"的风骨！

想象

时间：2011.7.16

因为还有些东西要买，早饭后，Person Zhang 建议再去 Yorkdale 转转。今天我们走的是条新路线，在苏安学院门口乘坐 59 路城市公交到 Lawrence West 地铁站下，转乘地铁一站就到 Yorkdale Shopping Centre，比我们上次走的路线更方便。

两个人在 Yorkdale 里面从服装店逛到食品店、手机店逛到手表店、玩具店逛到唱片店、面包房逛到洗手间，折腾了一个上午，手上多出好几个大大小小包，我们忙得腰酸背痛脚抽筋。

一人一杯咖啡、一个热狗就算给 stomach 一个交代了。再看时间，才下午 1 点 20 分，于是脚不听使唤地迈向了电影院。本打算看场 IMAX 3D《变形金刚》，一看预告，AVX 3D《哈利·波特与死亡圣器（下集）》7 月 15 日刚刚在北美公映。Cool！这 AVX 可是兴起于加拿大的一种比 IMAX（Image Maximum 的缩写，意为"最大影像"）还要先进的电影放映系统。"咱老百姓今儿真呀真高兴"！

可能是因为在国内看过上集，所以对后面的情节有着特别的渴望，以至在几近摒息度过两个多小时之后，才舍得喘了口大气。震撼！震撼！还是震撼！感动！感动！还是感动！

"……麦格教授击退了斯内普，接管霍格沃兹。漫山遍野的食死徒在伏地魔的带领下冲向霍格沃兹，所有教授和凤凰社成员用尽全力实施防护咒，唤醒守护石像，以保护这座古老的城堡……"

整部影片充满着打斗与死亡，可罗恩和赫敏在密室毁掉金杯魂器后的热烈拥吻，却温暖而令人感动。

"……伏地魔用蛇杀了斯内普。哈利将斯内普的记忆倒进冥想盆，解开了所有的秘密。哈利主动去找伏地魔，倒在伏地魔的魔杖之下。伏地魔将哈利的尸体带回霍格沃兹以震慑仍在抵抗的巫师们。哈利死而复生杀死了伏地魔，魔法世界恢复了平静……"

超大屏幕的全景、扣人心弦的战斗、寒冷入骨的惊悚和一个戛然而止的尾声，清晰地勾画出了所有人物的命运。

"19 年后，哈利和好朋友罗恩的妹妹金妮有了孩子，赫敏和罗恩也结婚生子。两家人重聚 93/4 站台，把孩子们送上了开往霍格沃茨的特快列车……"

一切魔法在 93/4 站台开始，在 93/4 站台结束，又从 93/4 站台开始。

终场时，影院里响起了雷鸣般的掌声和我知道，积聚了十年的掌声和发自内心的祝福，也是发自内心的不舍。哈利·波特，再见！

《哈利·波特》的作者英国女作家 J. K. Rowling 也曾经做过老师，她用一部系列小说影响了亿万青少年。24 岁那年，Rowling 在曼彻斯特前往伦敦的火车上，萌生了创作哈利·波特的念头，从此她以欧洲深厚的巫术文化为背景，用严密而又充满童趣的想象，把一个魔法男孩带给了全世界。

其实，《哈利·波特》讲的就是哈利和伏地魔的故事。情节很简单，第一部《哈利·波特与魔法石》是讲哈利抢了伏地魔的石头；第二部《哈利·波特与密室》是讲哈利毁了伏地魔的日记；第三部《哈利·波特与阿兹卡班的囚徒》是讲哈利到墓地扁了伏地魔；第四部《哈利·波特与火焰杯》是讲哈利赶走摄魂怪，救出教父；第五部《哈利·波特与凤凰社》是讲哈利与伏地魔武装械斗；第六部《哈利·波特与"混血王子"》是讲哈利偷了伏地魔的东西；第七部《哈利·波特与死亡圣器》是讲哈利死而复生，灭了伏地魔。

但简单的情节却向我们展示了一个不简单的世界——魔法的世界。《哈利·波特》之所以牵动着千千万万哈迷的心弦，正是因为它那个完整而神奇的魔法世界。Rowling 用她那充满丰富想象力的文字描绘出了一幅幅神奇而庞大的画卷，咒语、魔法、神器、喷火龙、小精灵、吼叫信、飞天扫把、隐身外套、会说话的报纸和壁画，无一不出人意料，尤其是伦敦火车站的 93/4 站台更是留给世人无尽的憧憬与遐想。

《哈利·波特》已经不仅仅是一部系列小说、一部系列电影，更多的是一起人们成长一段的经历。人生就是从开始走向结束，又从结束走向开始。

"信念、梦想、友情、亲情、爱情；执着、承诺、勇敢、责任、坚忍"就是《哈利·波特》带给我们的人生感悟。《哈利·波特》已经成为一种信仰、一个时代、一个世界的标志。

可能《哈利·波特》结束了，但 J. K. Rowling 天马行空的想象力还远远没有结束，相信她会给我们带来更多、更赞的惊喜！

爱因斯坦说，"Imagination is more important than knowledge"，意思是"想象力比知识更重要"。

没有想象力，就不会有李白"危楼高百尺，手可摘星辰。""白发三千丈，缘愁似个长。""天姥连天向天横，势拔五岳掩赤城。""君不见高堂明镜悲白发，朝如青丝暮成雪。"的梦幻诗句；没有想象力，就不会有吴承恩"大圣见天色将晚，即拔毫毛一把，丢在口中，嚼碎了喷将出去，叫声：'变！'就变了千百个大圣，都使的是金箍棒，打退了哪吒太子，战败了五个天王。"的奇诡描写；没有想象力，瓦特就不可能发明蒸汽机；没有想象力，莱特兄弟也不可能制造出飞机。

有位老师问学生："雪融化之后是什么？"大多数学生都答"是水"，有一个学生答"雪融化之后是春天"，但老师否定了这个答案。"春天"，多么富有诗意的答案！多么充满想象的答案！老师却抹杀了孩子心中的绿色与希望。我们的教育教学需要想象力，没有想象力就如同没有灵魂。

我们需要共同努力，让我们的孩子插上想象的翅膀，飞向心中的春天去聆听花开的声音，去品尝阳光的味道！

历史

时间：2011.7.17

"Fort York — Birthplace of a City（约克要塞——一座城市的诞生地）"

这是我在约克要塞展厅里看到的电视宣传片的标题。

约克要塞位于多伦多市下城区 Garrison 路 100 号，就在安大略湖边，是一片面积不大、绿草茵茵、安宁祥和的古堡遗址，也是我和 Person Zhang 今天文化考察的目的地。

约克要塞展厅要塞大门口的站岗士兵手持毛瑟枪、身着老军装一动不动。我们进去时，展厅内正在举行升旗仪式，低沉的军乐声仿佛把我们带回了两个世纪以前。展厅周边是一圈比人高高的石墙，几个拐角上开有楔形的豁口架设着几尊古旧的火炮，几座兵营式的翻新房屋散布在要塞内的草坪上。现场军训的枪炮声让我们感受到了当年的剑拔弩张。

1791 年至 1841 年，北美五大湖北岸一直是英国殖民地，被称为 Upper Canada（上加拿大），即现在的安大略省。

1793 年，英国害怕美国入侵 Upper Canada，时任英国代理总督 John Simcoe（约翰·希姆科）建造了 Fort York（约克要塞），希望在此建立一个海军基地控制安大略湖，以防御美国的水上进攻，而且他还趁机将上加拿大领地的首府从边境城市尼亚加拉搬到了这儿，随首府而迁的住民们也在约克要塞以东两公里的地方定居下来。约翰·希姆科给这一区域起名"约克（York）"，以纪念英王乔治三世的儿子约克公爵。

1796 年至 1798 年，英国政府又在要塞的东面和平民区各建了一座堡垒。

1812 年 6 月，美国对英宣战。

1813 年 4 月 27 日，美国海军 2500 多人，乘坐 14 艘战舰、携代 85 门加农炮，在约克要塞以西两公里处登陆。仅有 750 名英国守军和少数民兵的卫戍部队顽强抗击，经过 6 个小时激战，最终以 157 人的牺牲换来歼敌 320 人的战果，寡不敌众，被迫东撤至 Kingston。美军占领约克 6 天，放火烧毁了所有的一切，包括政府办公楼、议会大楼等。

1813 年 7 月 31 日至 8 月 1 日，美军重返不设防的约克，摧毁了遗留的军事设施，掠夺了大量资源。

一周之后，英军在约克开始重建防御工事，包括在原址上重建 Fort York，也就是我们今天看到的约克要塞。之后，美国海军多次企图进入加拿大港湾，均被约克要塞的火炮击退。

1814 年 8 月 24 日，英军反攻到美国首都华盛顿，一把火烧毁了美国国会大厦和总统府等公共建筑物。1817 年美国重新修复总统府时为了掩饰被火烧过的痕迹，外墙上刷上了一层白色的油漆。从此美国总统官邸被称为"白宫"。

和平时期，上加拿大发展迅速。1834 年，上加拿大首府约克更名为"City of Toronto（多伦多市）"，印第安语意思是"人们相会之地"。而约克要塞也逐渐失去了它的战略价值，大多数士兵都被派遣到了下加拿大（如今的魁北克）镇压叛乱。

1867 年，加拿大宣布独立。英国于 1870 年将约克要塞移交给加拿大军队作为屯兵处和训练场。1930 年，约克要塞终于交还给多伦多市政府。1934 年之后，这个约克要塞成为多伦多市的古迹。如今在约克要塞展厅中还能看到 1815 年时的兵营和防御工事。

现在的约克要塞已成为加拿大最大、最齐全的，1812 年与美战争的原始纪念馆地。我们今天深入闹市腹地，凭吊这座战争遗址，不仅仅是想了解英美之战、了解多伦多的过去，更多的是为了纪念，纪念历史的真相，以及渴望，渴望和平的降临。

走在约克要塞的展馆内，200 多年前的枪炮犹闪寒光，100 多年前的英美列强也正是用这些枪炮轰开了中国的大门。

记住历史，是记住教训。落后就要挨打，团结才能向上。

记住历史，是为了发展。只有经济繁荣，国家才会富强。

让我们记住历史，珍惜和平，共同创造美丽新世界！

作业

时间：2011.7.18

　　昨晚差不多用了两个小时才完成了 Maggie 布置的三项作业。包括我在内，有不少同学都认为 Maggie 布置的作业太多。也有人向 Maggie 提过意见。对此，Maggie 不以为然，她始终强调 "Homework is fun. Hard work is fun"。她告诉我们批改我们的第一次作业《教学反馈日记》（Reflective Journal）花了她差不多 8 个小时。她说："It's hard work for me. But I love it because I want to help you." 肺腑之言！谢谢你，Maggie！我们受组织的派遣，不远万里来到加拿大，不是为了其他或是帮助加拿大人民，而是为了学到有用的东西来指导我们的教育教学。

　　第一次的作业学员间的差距很大。有人 20 分（满分），有人 17 分，有人 13 分，甚至有人只得了 11 分。我和 Person Zhang 都是满分，我们倒不沾沾自喜，毕竟每节课后我们都进行研讨，研究哪些内容适合我们的英语教育，谈论哪些方法适合中国的课堂教学，我们的 Reflective Journal 中是真正有我们自己的思想的。

　　关于《教学反馈日记》，Maggie 提到了三点。一是写作要求。每个学员在 Reflective Journal 中要写出参观教育场所时关于英语教学的想法、困惑以及关心的问题；写出教材 Learning and Teaching English 的学习反思；写出作为一名学员和教师的自身需求和学习心得。二是存在问题。不少学员通篇 Reflective Journal 都未能回答出 "你看到什么？你想到什么？你觉得怎么样？" 三是改进建议。Maggie 建议每位学员坚持每天看教学法教材、听英语光盘，这对科学教育教学思想的形成有帮助。

　　其实，作为中国初中英语教师，我们对作业有着 "特殊" 的感情，我们不怕作业难，也不怕作业多，只是内心有 "惰性"。我们在制定课程计划时非常 "重视" 作业的布置，不求最好，但求最多！

　　这节课，Maggie 重点给我们讲的也就是如何制定 Lesson Plans（课程计划）。

简而言之，就是这节课上什么？怎么上？预期效果是什么？结果评价是什么？

Maggie 选了一个安大略省的小学课程计划。课程标题是"Canadian Animals"；课程类型是词汇课；课时时间安排为 1 至 2 个课时；教学中心是列举词汇、创新写作、引导学生用英语写诗；评价方式是诗歌作品展览。看着 Maggie 一步一步实施教学策略，我为它的精致、开放、有效而暗自喝彩！

第一步，Brainstorm（头脑风暴）。在黑板上列出若干加拿大的动物，让每个学生挑选自己最喜爱的动物，并说出选择的理由。教师选择一种动物作为范例（Maggie 选择了加拿大的白猫头鹰）。

第二步，Word Bank（词汇系列）。全班同学一起合作列举出与该动物有关的有趣的、合适的名词、动词、形容词、副词等。每个学生再针对自己最喜爱的动物列出词汇系列。

第三步，Syllables（音节）。让学生把黑板上和自己列出的每个单词的音节划分开来。

第四步，Haiku Poetry Format（三行日本诗格式）。教师告诉学生三行日本诗由三行组成，其第一行 5 个音节，第二行 7 个音节，第三行 5 个音节，并在黑板上写出例诗（Maggie 以加拿大白猫头鹰为例）加以说明。

The Snowy Owl

Feathery white wings,

Hooting from a winter wings,

Hunter of the night！

第五步，Creative Writing（创新写作）。要求全班同学用自己所列出的词汇系列写一首 Haiku Poem。Maggie 给我们布置了写诗任务。我和 Person Zhang 拿到的是一张山羊图，经过讨论与思考，我们一鼓作气连写三首：Woolen white body, Bleating on the green grassland, Friend of the mankind！；So tough and alert, Living in the big mountain, Wildflowers eater！；Upright ears, Looking gentle and lovely, Genius in the wild！。算是交了一份满意的当堂作业。

第六步，Transfer（转移）。将写好的 Haiku Poem 与自己最喜爱的动物图形粘贴在一起。

第七步，Display（展示）。把完成的作品布置在公告栏里或艺术展上进行展览。

课程计划没有关于知识与技能、过程与方法、情感态度价值观的具体说明，但我相信，通过这节课的教学，绝大部分学生都能够达成所谓的"三维目标"。

　　我想我们的课堂教学也要朝这一方面努力，而不是教学上花小力气，却在作业上花大力气。作业要布置、但怎么布置、布置什么、作业量多大、多长时间完成为宜，需要做科学理性的思考。

　　所谓作业，就是教师布置的学习任务，有书面和口头之分。现在不少教师只布置笔头作业，而且量很大，这就使得学生的课业负担过重。中国学生作业量大是人所共知的，这已算是中国特色。

　　当然，西班牙、土耳其等国政府宣布禁止给学生布置课外作业的做法，我也不赞同。毕竟课外作业是巩固知识的一种手段，是课堂教学知识的延伸。但作业布置要把握好一个"度"，适度是福，过度是祸。

　　教师重视作业的布置没有错，但要设身处地为学生着想，要有针对性地布置作业，注重作业形式的多样化，要有书面的、口头的，还要有动手的；要有知识的识记、运用，还要有能力的训练、培养。这样才能真正提高学生作业的有效性，也只有这样才有利于形成我们自己良性的作业特色——事半功倍，才能真正走有中国特色的课内课外作业之路！

智能

时间：2011. 7. 19

不是张主任提醒，我已忘了今天我们要表演读者剧场。我们 7 个人匆匆排练了 5 分钟就登台亮相，所幸效果不错，毕竟是 Section One（整个故事被 Sheena 划分为 8 个部分），未到故事高潮部分，难度也不大。

每组表演结束后，Sheena 都从小组把已知信息组织成一个可用剧本的能力、小组成员间合作的默契程度、小组每个成员是否平等参与、小组成员在呈现过程中是否自信、小组在表演过程中如何运用合唱式演说和读者剧场的有关要素、小组成员声音大小和声音表达是否有趣等六个方面进行评价，肯定优点，指出不足，学员们受益匪浅。

最后，Sheena 叫我们八组连贯起来表演，让大家一睹英语版成语故事《画龙点睛》的"庐山真面目"。Sheena 开玩笑说，读者剧场不仅训练了学员们的听、说、读、写英语的能力，还开发了大家的表演潜能。

Sheena 的评价是客观的、中肯的，也是比较全面的。评价就应该是一个不断从多方面收集评价对象的相关资料，并对这些资料进行解释和价值判断的过程。Sheena 还提到了 Multiple Intelligence Theory（多元智能理论）告诉大家评价应该是多元化的。

多元智能理论是美国哈佛大学著名心理学家 Howard Gardner（霍华德·加德纳）提出的一种全新的有关人的智能结构的理论。他于 1983 年出版了《智力的结构：多元智能理论》一书，引发了关于人类智能的争论，一直持续至今。

多元智能理论的核心是：人的智力结构是多方面的。人的智能可分为 8 个方面，即 Verbal/Linguistic Intelligence（言语语言智能）、Logical/Mathematical Intelligence（逻辑数学智能）、Visual/Spatial Intelligence（视觉空间智能）、Bodily/Kinesthetic Intelligence（肢体运动智能）、Musical/Rhythmic Intelligence（音乐节奏智能）、Interpersonal Intelligence（人际关系智能）、Intrapersonal Intelligence

（自我内省智能）和 Naturalist Intelligence（自然探索智能）。每个人都有自己相对的优势智能和弱势智能。教学评价应通过一定的方法给予学生发挥各自特长的机会，使他们在特定的领域或其他领域内发展并拥有较好的技能，产生自信心；利用强项来带动弱项，最终达到全面发展。

加德纳的多元智能理论说强调我们的评价不仅要关注智力因素，也要关注非智力因素。人的智能本身就是多元的，例如公务员的言语语言智能和人际关系智能相对较强；建筑设计师的视觉空间智能相对较强；运动员的肢体运动智能相对较强；音乐制作人的音乐节奏智能相对较强；文字工作者的自我内省智能相对较强……如果我们以单一的智能去评价别人，那这个世界将会失去多姿多彩的元素。

目前我国英语教学的评价主要依靠各种卷面考试等终结性评价，把考试成绩作为衡量学生英语学习能力与水平的唯一标准。这种单一的评价方式给我们的英语课堂教学带来了相当大的负面影响。而传统的"教师讲，学生听"的教学方式更是忽视了不同学科不同学生能力之间在认知活动和方式上的差异，导致学生对英语学习不自信、无兴趣，学习效果欠佳。

要真正实施有效教学，必须学习多元智能理论。要承认学生之间智能上的差异，因材施教；要强调对学生的全面综合考查，促使更多的学生参与课堂教学；要改变单一的评价方法，适当引入过程性评价，关注学生的英语学习过程，客观地反映其纵向发展情况；要重视学生自评、互评的作用，使评价信息的来源更丰富，结果更全面、真实。

智能是解决一个问题或者得出一个结论的能力。每一个人的智能组合都是不同的，通过教育可以发现孩子的优势智能，从而把每一个孩子培养成富有个性的、适合未来社会发展需要的人。西方许多国家都把加德纳的多元智能理论作为教育教学改革的重要指导思想，为教学评价提供理论基础。

其实我们不少教师在组织课堂教学的过程中，就已经有了多元智能理论作理念支撑。如课前准备阶段的歌舞热身开发了学生的肢体运动智能和音乐节奏智能；课上导入部分的自由问答开发了学生的言语语言智能；课上操练部分的小组合作开发了学生的人际关系智能；课后巩固部分的家庭作业开发了学生的自我内省智能。

实践证明，英语教师基于多元智能理论的教学方式，关注每位学生的全面发展，注重培养学生的学习方法，激发学生的学习兴趣，能使学生的英语素质得到显著提高。

多元智能的开发能有效促进学生培养主动成长意识，能全面提高学生适应社会的能力；多元智能的开发也能全方位提升学生未来生活的质量。

作为培养未来人才的中学教师，你是否愿意帮助学生全面发展他们的智能呢？

我的答案是："Yes, I do."

实践

时间：2011.7.20

说甚作业繁碎，我自从容应对。

智计传异客，此身何惧苦累？

得罪，得罪，但求满载而归。

——《如梦令·Maggie》

Maggie 布置的作业总让我们有力不从心的感觉。

今天教学法课的主要内容就是每个小组（每组 5 人）参照上节课学习的安大略省小学课程《Canadian Animals》的教学计划，设计 3 个课程计划。《课程计划 A》为技能策略课，通过图片、即兴表演、头脑风暴、写诗、读故事等方式，提升学生听、说、读、写英语的技能策略；《课程计划 B》为语言训练课，通过对单词进行词性归类、写出不同时态的句子以及朗读句子等方式提高学生的语法、词汇、语音素质；《课程计划 C》为综合实践课，指导学生完成一个故事、一场戏剧或者一本儿童读物的写作任务，其中要有人物、问题以及解决办法并当众作口头陈述。

Maggie 提出课程计划设计要以 EFT（English Foreign Language Teaching）教学法，即英语外语教学法为理论依据，而且自始至终要体现师生互动教学。Maggie 说得很轻松，但真正实践起来会是什么样子呢？

我们 5 个人坐在一起抓耳挠腮了半天，才确定以 "The Giant Panda of China" 作为课程标题，因为这一话题素材广泛，教师有内容讲，学生也有内容说。平时我们都是"拿来主义"，教材是现成的，只需要设计教学流程就可以了，而现在要我们自己设计教学内容，难度可想而知。

所谓英语外语教学，就是在英语不是母语或第二语言的地域，为了掌握一种补充母语功能的交流沟通工具而进行的英语教学。这种教学方式非常适合我国的英语课程。

我们在设计课程计划时，是把七年级的学生假想为教学对象，3 个计划并为 1 个，分 3 个课时完成。

首先，把学生分为 10 个学习小组。通过《动物世界》视频和猜谜活动导入"国宝大熊猫"，引导学生围绕大熊猫列举相关的名词、动词、形容词和副词，并从外貌特征、生活起居、食物结构等方面口头描绘大熊猫。其中，句数、词数不限。

然后，鼓励每个小组根据黑板上列出的词汇，任选一个角度写一首反映大熊猫的四行 Chant（反复有节奏地读唱）。我们提供的例子是"Little panda, Little panda. China treasure, China treasure. Little panda, Little panda. They're in danger, They're in danger."。

其次，要求每组学生根据本组所写的 Chant 内容，合作绘制一幅《熊猫图》，当堂展示并口头陈述。

再次，以"大熊猫濒临灭绝"为交流话题，各小组围绕"If we (don't) …, the giant panda will (not) …"这一句型展开讨论。既让学生在交流的过程中讨论了保护大熊猫的措施，也使得语法项目——条件状语从句的教学水到渠成。

最后，指导全班成立一个"大熊猫保护协会"，号召大家献计献策，商量如何向大众宣传"保护熊猫，人人有责"，并当堂设计一个保护大熊猫的海报。

其实，这也仅仅是我们单方面设计的课程计划，只有真正付诸实施之后才能检验它的可行性。实践才是检验真理的唯一标准！只有在教学实践当中才能发现它值得商榷和需要改良的地方。

设问

时间：2011. 7. 21

　　这几天加拿大气温高得惊人，几乎都在 37—38℃，让人感觉慵懒、疲惫。上午没有课，我一个人躲在宿舍里吹吹空调、看看书、上上网、写写东西、听听电视新闻，倒也显得很充实。

　　下午戏剧课，Sheena 再次提到哈佛大学教授霍华德·加德纳的多元智能理论。她把 8 种智能板书在黑板上，一一作了说明，并且要求所有学员都把自己最突出的 3 项智能在黑板上标注出来。最后的结果中，人际关系智能 32 人，言语语言智能 27 人，自我内省智能 25 人，肢体运动智能 22 人，自然探索智能 17 人，逻辑数学智能 13 人，视觉空间智能 7 人，音乐节奏智能 7 人。

　　Sheena 说，我们可以用许多方法学习，但事实上我们常常只用一、两种方法来学习。其实教学也是一样，我们可以针对不同学生的不同智能组织教学。Sheena 强调每种智能的重要性、强调因材施教就是因学生的智能施教。这一点，全体学员都很赞同。

　　针对学员们抛出的"如何开发学生的不同智能"这一问题，Sheena 作了较为详细的教学诠释。

　　Sheena 张贴出一张她自己绘制的"古旧"地图，说是"500 年前的一幅地图"，上面绘有古大陆、大洋、海豚、龙等。要求每个学员假设自己是一位历史学教授、人类学教授或考古学教授，看过地图之后设计一个"专业"问题。然后，Sheena 假扮成一位大学教授，即"古地图"的所有者，来现场回答各位"专家"提出的问题。学员们争先恐后地提问，甚至有学员问到了这幅"古地图"的来源以及"古大陆"上曾经居住着什么样的人类等极富技术含量的问题。Sheena 同样以"专业"的姿态与素质一一接招……

　　这项教学活动，用 Sheena 的话来说，就是创设生活情境提升学生的创造性思维能力和设问能力。亚里士多德说过："思维是从疑问和惊奇开始的，常有疑点，才能常有思考，常有创新。"而在我们的课堂上，教师却更多的是让学生理解、认识和接受现有的学科结论，而对于引导学生对现有知识的再认识、更新与创造往往忽略或者根本不提。

Sheena 的下一步更是出乎所有学员的意料，她在黑板上画了 5 个奇怪的符号，要求每个小组结合"古旧"地图，用这 5 个符号编故事。Sheena 首先交代故事背景，并叫我客串翻译，她说一句英文，由我翻译成中文。她要大家发挥想象，将这 5 个符号串联成一段完整的故事，要有矛盾冲突、故事发展，还要有结局。编好的故事，将在下周二戏剧课上表演。

唉，戏剧课也越来越不好上啦！

好在下课后是卡拉 OK 大联欢活动，总算才把大家的满面愁容一扫而光。

围坐在宽敞的礼堂里，品尝着班主任 Jenny 为我们准备的饮料、蜜饯、腰果、巧克力，聆听着优美的乐曲声，传递着欢快的笑语声，一种久违的激情与感动在每个人的心里肆意蔓延。那是关于学生时代的青涩回忆。大家随性地唱歌，放肆地鼓掌，勇敢地献花，幸福地拍照，尽情地徜徉在欢乐的海洋里。

也许，歌声和笑声就是我们留给苏安最美的礼物！

遗　产

时间：2011. 7. 22

很久以前就听说多伦多有个 CASA LOMA（卡萨罗马古堡）非常出名。这是19 世纪末 20 世纪初多伦多金融界巨子、工业家兼军人 Sir Henry Mill Pellatt（亨利·米尔·柏拉特爵士）留给后世的一份传奇物质遗产。

今天趁着外出考察 City of Toronto Archives（多伦多城市档案馆）之机，我和扬州的其他 11 位老师直奔卡萨罗马。

卡萨罗马古堡位于多伦多市中心以北奥斯丁台的山头上。这座加拿大最古老的城堡原是亨利爵士的私人住宅。亨利爵士生性浪漫，特别礼聘著名建筑师 E. J. 利诺斯为他达成毕生梦想——在一个可以俯瞰多伦多的山顶，兴建一座"中世纪"古堡，作为送给爱妻玛丽的礼物。古堡于 1911 年动工，由 300 名工人花了近 3 年时间才完成。古堡包括地下，地上一楼、二楼、三楼以及塔楼，当时总成本达 350 万加元（相当于现在的 1 亿加元）。古堡被命名为 CASA LO-MA，意为"山坡上的房子"。但可惜的是，亨利爵士和妻子玛丽只在卡萨罗马古堡享受了不足 10 年，便因经济困境而不得不把古堡产权转让给了多伦多市政府。政府接管后，所有计划都无法应付这个豪宅的巨大开支。所以从 1937 年起，由 Kiwanis Club（基瓦尼斯俱乐部——美国工商业人士的一个俱乐部）负责经营，向公众开放卡萨罗马古堡，使它成为多伦多的著名旅游景点，营运收益全部投入慈善事业。

走近高达 60 英尺的主楼大厅时，我们都免费租用了录音解说器。解说器有8 种解说语言可供选择，每到一个房间，只需按解说器上与房号一致的号码，它即对该室设施进行详细解说，非常方便！

古堡既有朴实浑厚的美感，又不失童话般的梦幻色彩。青铜大门、秀美的城垛、高耸的塔楼、典雅的温房，处处显现出建筑师的巧妙构思。主楼通过 270米的幽深隧道与庞大的马厩连接，环绕城堡的是 5 英亩的花园。我们现在正赶上花园开放的季节（5—10 月），阳光、繁花映衬下的卡萨罗马气势非凡！

古堡内共有 98 间房间，每间的陈设与装修都很豪华高雅，尤其是古堡内的浴室，很值得一看！当初建造这个浴室时，多伦多的居民还没有用上自来水，而亨利爵士却已经享受由 6 个瓷制水龙头控制的"淋浴装置"。这个先进的自来水喷淋装置，设计构思巧妙、工艺制作精湛，令人叹为观止。

而在亨利爵士的书房里，壁炉两侧的红木嵌板，实际是通向秘密通道的暗门。

登上西面的诺曼恩城楼，多伦多市的景色一览无遗。

走在古堡内的木地板上，看着陈列的中世纪盔甲，令人有种时光交错的感觉，仿佛又回到了 100 多年前。

步出古堡后门，奇异的花卉、闪烁的喷泉、独特的雕塑，让人流连忘返。

由于建筑上的独具特色，卡萨罗马成为许多电影的外景地，但是它的主人亨利爵士的坎坷命运却不禁让人唏嘘不已。

下山往南步行 5 分钟便到了多伦多城市档案馆。

"你有没有兴趣知道你的房子何时建成？想不想知道之前的业主是谁，或一个世纪前这片土地上有什么东西？多伦多城市档案馆珍藏丰富的资源，可以帮助你回答这些问题。"这是多伦多城市档案馆最好的广告词与宣传语。档案馆位于多伦多市中心 Spadina 路 255 号，对外开放，资料可供公众查阅。馆内 120 多万张图片、5000 多张地图、信件、政府文件、市议会记录、火灾保险图、物业估价册、建筑许可证、城市目录（均为正本）等珍贵的档案文献遗产见证了多伦多建市以来 150 多年的历史。

历史总是在发展的脚步声中不断地延伸。短短的 150 多年，这座城市不断创新，逐渐壮大，如今已发展成一个国际化的大都市，成为世界上最大的金融中心之一和世界上最宜居的城市之一。多伦多城市档案馆的资料收集工作仍将继续。

在档案馆《研究指引》手册的尾页上有这么一段话，让人读后很有感触。"我们的档案文献遗产非常珍贵，没有其他东西可以代替。为将来的研究人员着想，请帮助我们保存档案文献。做笔记时，只可使用铅笔。处理照片时，戴上棉质手套。在复印前，请向参考部的工作人员查询。请勿把任何有关档案的物品带离参考部。多谢合作！"很客气的一段话，却使我们明白了责任。

文化遗产是人类共同的财富！我们理应好好保护！

文明

时间：2011.7.23

下午5点，从 Lawrence 西站乘坐59路公交车回苏安学院时，车上有四个中学生模样的加拿大女孩，一路上不停地说着、唱着，肆无忌惮地笑着，惹得周围的乘客纷纷侧目，但她们毫无顾忌。这是我来加拿大近一个月里，很少见到的不文明现象之一。

其实，加拿大人给我的印象非常好，讲文明、有礼貌，很有人文素养。两个彼此陌生的路人碰到一起，也会相视一笑，道声"Hi"；无论在何处，有人想从你身边挤过会说"Excuse me"，不小心碰到你一下，则说"Sorry"；有屋檐的地方看不到任何一个加拿大人吸烟；在商场、书店、车站、宾馆等公共场所，走在前面的人都会用手扶住门等待下一个人通过；行色匆匆的路人听到你问路，都会停下来耐心地指明方向直到你明白；任何一辆汽车行驶到路口，哪怕是绿灯，也会主动停车5秒，若有行人，则挥手让行人先走；地铁、公交车上很少听到有人大声喧哗。此外，很多加拿大出门总是随身带一本书，有空就拿出来看几页，显得特有内涵；加拿大地铁站的出入口处都有免费的报纸供人们取阅。可见，加拿大普及知识、普及文明的行动一直"走在来去的路上"。

提到加拿大人的文明，给我印象最深的莫过于7月12日在约克代尔看完电影《绿灯侠》后，我在厕所全看到的一幕：偌大的男厕所外等待如厕的人们自觉地排成一队，没有人急吼吼地往里冲；厕所里，一个十一二岁模样的男孩紧挨着小便池方便，没在地上留下一滴尿渍。看到这儿，我很感慨，这个小男孩的社会责任感、规则意识、文明素养，值得大家学习啊！

世界厕所组织（World Toilet Organization，简称 WTO）发起人杰克·西姆经常讲这样两句话，一句是"厕所是人类文明的尺度"，另一句是"我们忽略厕所太久了"。

厕所是社会进步、文明发展的产物。厕所的状况在一定程度上反映了一个地方、一个民族甚至一个国家的文明发展状况。对个人而言，越是在厕所这样的环境中越能考验一个人的文明举止。古人云"慎独"，就是指人们在独自活动无人监督的情况下，凭着高度自觉，按照一定的道德规范行动，而不做任何有违道德信念、做人原则之事。这是提高个人道德修养的重要方法，也是评定一个人道德水准的关键环节。厕所是一个别人看不到你的地方，厕所中的你往往是最真实的你。慎独是一种情操，是一种修养，是一种自律，也是一种坦荡。

所以，教育引导孩子说文明话、干文明事、做文明人，不是空喊几句口号，多上几节政治课，组织几次形式主义的"主题"教育活动，而应该以身作则，从"不起眼"的小事做起，做好"文明"的传帮带。

多伦多终于下雨了，窗外传来的尽是淅淅沥沥的雨声。但愿文明能如这炎热夏季的一场细雨，无声地滋润每个人的心田！

放松

时间：2011.7.24

其实今天本来没打算出门，可因为有 DAYPASS（当日可全天重复使用的票），不用也是浪费，所以决定去北约克转转以放松心情。有道是："全日票根握在手，多伦多市任我游。公交电车地下铁，东南西北随便走。"

北约克距离我们所在的苏安学院比较远，要乘两次公交车，再转乘地铁向北。我们赶到北约克 Mel Lastman 广场时，已是上午 11 点，广场旁边中心大厦顶楼上传来的钟声好像在向我们致欢迎词。

广场以多伦多前任市长的名字 Mel Lastman 命名。Mel Lastman 曾于 1973 年至 1997 年担任北约克市市长，1998 年至 2003 年担任多伦多市市长。Mel Lastman 在任时行事十分低调，自己开车上下班，出入随从人员极少，但说话非常高调，常因口不择言被媒体讥讽批评。

今年 Mel Lastman 广场最引人关注的活动无疑是 7 月 10 日至 8 月 21 日的 Sunday Serenades（夜曲周日活动），即市民跳舞，乐队助兴，共享炎炎夏日里音乐所带来的欢乐。今天是周日，演出乐队是 Toronto All – Star Big Band（多伦多全明星爵士乐队），可惜时间是晚上 7 点半到 9 点，我和 Person Zhang 是无此耳福啦！

沿着广场拾级而下，绕过一方浅浅的水池，走进 North York Civic Centre（北约克市政中心）——一座很有特色的建筑物。这里曾是加拿大安大略省北约克市的市政厅所在地，1998 年之后成为多伦多市议会辖下委员会之一北约克社区议会（North York Community Council）的办公地点，内有许多地方市政部门和服务机构，负责服务原为北约克市的地区。

北约克原是农庄密布的市郊地区，第二次世界大战后才蓬勃发展起来。Mel Lastman 当选北约克市长后，致力发展北约克，使其逐步成为一个小型市中心。如今的北约克已是商铺林立，车水马龙。宝洁、雀巢等世界知名企业均落户此区，麦当劳餐厅的加拿大总部也选址北约克。北约克也是多伦多市内治安与居住环境最好的区域之一。区域内的 The Bridle Path 是加拿大最富有及最有影响力的豪宅区，宅区内房产价值数百万到上亿加元，居民主要为加拿大最富有的商人、各国贵族豪门以及世界知名的文体明星等。

出了北约克市政中心，穿过一条马路，往南走 5 分钟就到了 Gibson House（吉布森大宅）。这是一座高雅的乔治复兴风格建筑，建于 1851 年，是苏格兰移民 David Gibson（大卫·吉布森）及其家人的故居。大卫·吉布森是一位土地测量师，曾协助绘制早期多伦多的地图。但由于他参与了 1837 年的上加拿大叛乱而被政府通缉，被迫携家人逃亡美国达 11 年之久。吉布森家族回到加拿大后，便在此兴建了这座漂亮居所。如今这个两层的砖楼处在一片高楼和绿树相拥的环境里，是北约克区中心仅存的一座有着 160 年历史的古老建筑。它所展示的不仅仅是建筑的风貌，室内的壁灯、石墙、手绘地板布等陈设和礼帽、礼服、筒裙、书籍、绘图仪等展品更让人看到 19 世纪初北约克人生活的实景。

我和 Person Zhang 坐在吉布森大宅前的草地上，审视着这座居所，仿佛要看到大宅优雅别致的外观下所掩藏着的吉布森家族的传奇经历。

午餐问题，我们是在吉布森大宅旁边的一家中餐馆——Asian Legend（味香村）解决的。这家餐馆中国味十足，连外带菜单上都有草书唐诗"故人具鸡黍，邀我至田家。绿树村边合，青山郭外斜。"，我手捧菜单，心情激动！吃饭都能碰到这么有品位的餐馆，作为中国人，我心里感到无比的自豪！

离开这家有品位的中餐馆后，我们又去了另一个有品位的地方——Toronto Centre for the Arts（多伦多艺术中心），这里与北约克市政中心仅一路之隔。

美国纽约的百老汇一向以歌剧闻名，而多伦多的表演艺术也不遑多让。作为多伦多最负盛名的四大艺术中心之一——多伦多艺术中心，每年都有若干大大小小的演出。中心包括三个华丽的剧院，常年上演舞台剧和音乐剧。它也是 Toronto Philharmonia Orchestra（多伦多爱乐乐团）的大本营。多伦多爱乐乐团是一个拥有 30 多年历史的专业交响乐团，自 1988 年起成为多伦多艺术中心 George Weston 音乐厅的常驻交响乐团。

向中心工作人员打听得知，今天艺术中心内并无演出。真遗憾！但当我们走出多伦多艺术中心的玻璃大门，回头看这座玉白为底，红黑灰为建筑构图主色调的明快建筑，心中却涌起一阵欢愉。

今天跑了好几个地方，但并不觉得累。我们一路上谈天说地，谈加拿大、谈中国、谈社会风尚、谈学校教育。整个人很轻松、很愉快、很开心。

开心是一种心情，时时有好心情是一种境界！

税收

时间：2011.7.25

　　中午几个人一起吃饭时，偶然聊起退税的问题。Wendy Ding 说，从去年起加拿大这边已经不再退税了，听后大家叹息不已。

　　这一趟来加拿大游学，给我留下深刻印象的，其中就有一个"税"的问题。除了食品，买任何东西都要付税。其实许多国家的税制都很严格，只要消费都要交税，而加拿大的购物税尤其高，很多地方都达 13%，其中 5% 是联邦税，8% 是省税。

　　加拿大是一个高福利的国家。中小学教育（包括书本）免费；上大学或职业培训可以申请无息贷款，既交学费又可供家庭生活；低收入家庭 15 岁以下的孩子每月最多能领到 300 加元的牛奶费（相当于一个成年人一个月的餐费）；图书馆免费对公众开放；免费住院医疗；政府提供全民养老；高速公路免过路费等。但高福利的必然结果就是高税收以及严格的税收管理制度。加拿大居民收入的 16% 至 40% 一般都要用于纳税，所以有人说加拿大是"万税之国"，形象地道出了加拿大是世界上税负最重的国家之一。

　　加拿大对个人征收税种主要是收入税（Income Taxes）和消费税（Consumption Taxes）。实行联邦、省（或属地）和地方三级征税制度，联邦和省有相对独立的税收立法权，地方的税收立法权由省赋予。省级税收立法权不能有悖于联邦税收立法权。不同省之间，税率也不一样。

　　加拿大税收的设计原则是渐进税收法，保障基本生活，高收入高税收。报税、纳税几乎成了加拿大人的一种习惯，每年的 1 月到 4 月是加拿大的法定报税时间。加拿大税制采取"良心报税"的制度，纳税人填报税表时，必须宣誓证明所填税表每一项都是正确而完备的。根据加拿大的税法，逃税的最高惩罚为税款的两倍，另加利息和罚款，这对一个家庭来说无疑是一个沉重的负担，而且一经判决是逃税可以判处长达 5 年的监禁。这种严厉的处罚使绝大多数人都能够自觉纳税。

对于税制，我基本是白痴。我每月也交个人所得税，但都是学校直接从我的工资中代扣，具体扣多少，我概不知晓；税务机关应该出具的纳税凭证，我从未收到。据说，加拿大人在 1917 年之前连个人所得税都不用交，直到第一次世界大战，政府因财政问题开始把个人所得税作为一项临时税（Temporary Taxes）征收，不过这一"临时"一直持续到现在。

在加拿大境内，除了国际机场和关口的免税店，在其他地方买东西（食品除外）都要单独付税。买的东西越贵，交税就越多。如果你在多伦多看中一件衣服，标价是 100 加元，你付钱时就得付 113 加元，因为得付 13% 的税，包含加拿大联邦政府的商品与服务税和安大略省的销售税。如果你想交低一点的购物税，可以选择去 Alberta（阿尔伯塔）省，那里的购物税只有 5%。

其实，税与物价分列实际是国家税制成熟的一种表现。西方有增值税的国家均采取此法，人们从中可以一目了然地知道每一件商品的含税情况。同时，这也有利于培养公民的纳税意识，减少偷税漏税行为的发生。我们国家的许多消费品也都含税，只是我们不知道而已。中国实行的是价内税而不是价外税，也就是说，你买东西付了税，但付了多少你并不知道。

当然，依法纳税是每个公民应尽的义务。税收是一个国家财政收入的主要来源，征税是国家对经济活动进行宏观调控的重要经济手段。

古朴

时间：2011.7.26

下午学院安排去考察安大略省议会大厦（The Ontario Parliament）和多伦多大学（University of Toronto），我们和 Sheena 商量了半天，她才同意提前十分钟下课。到了楼下，排队就餐的老师、学生队伍至少 20 米长……

安大略省议会大厦和多伦多大学都位于女王公园附近。本来和其他老师约好，在学院门口乘坐 59 路公交车到 Lawrence 地铁站，转乘地铁直达 Queen's Park。可惜临上车前我才突然记起，因为中午处理照片，相机卡还插在手提电脑上，只好独自回头。

学院门口的 59 路公交车每半小时才有一班，无奈之下，步行 5 分钟到 35 路公交车站台，乘车到 Jane 地铁站，乘地铁到 St. George 站，再转乘地铁到 Queen's Park。就这样，折腾到女王公园时，已是 2 点 20 分。

女王公园因 19 世纪英国最高统治者维多利亚女王而得名。公园其实就是议会大厦所在的周围这一大块城市绿地，草坪、鲜花、树林、雕塑、跑来跑去的松鼠，飞上飞下的雀鸟，活脱脱的一个天然城市氧吧。

不过，我可没有欣赏的兴致，我得先找到"大部队"！还好，刚跑进议会大厦，我就遇见了三三两两参观的"亲人们"。

安大略省议会大厦建成于 1893 年，共 5 层。据说，这块地是安大略省政府从多伦多大学手中租下的，租金为每年 1 加元。议会大厦是安大略省的政府办公大楼，任何一个加拿大公民和外国游客都可以免费到议会大厦参观，旁听会议，这是真正的政务公开啊！

大厦内部陈设古色古香，雕刻壁画各具特色。许多的历史文物文献和珍贵的艺术品陈列其中。一楼南侧大理石墙壁上刻有历届议员的名字，北面墙上挂着历届议长的肖像画，其中包括安大略省省长和省督。

走出议会大厦，回头望去，大厦雄伟壮观，气势恢宏。东翼是欧式建筑风格，西翼的意大利云石和石柱上的恐龙化石则引人注目。大厦正中屋顶类似楼台形状，两侧各有一座圆顶，很有特色。古朴的建筑风格和淡褐色的大厦外表与周围环境相映成趣。

大厦门顶上左右各插了三面旗帜，依次为红白相间的加拿大国旗、红底的安大略省省旗和绿底的多伦多市旗。门前两边各有一尊旧式火炮，右侧还有英国维多利亚女王的坐像。另外，议会大厦的四周也有不少人物塑像，多为加拿大建国时的总理、议员。公园正门口的那尊塑像就是加拿大开国总理约翰·亚历山大·麦克唐纳。

穿过马路，就直接进入了多伦多大学的校区（没有围墙）。

多伦多大学是加拿大最负盛名的公立大学，始建于 1827 年，比加拿大的建国历史（1867 年建国）和多伦多的建市历史（1834 年建市）还要长。学校共有 3 个校区，这里是 1827 年建校时的校区——圣乔治校区（通常所说的多伦多大学），这是殖民时代上加拿大最早建立的高等学府，早期名为 "King's College（国王学院）"，直至 1849 年脱离圣公会而成为非宗教大学，才改为 "University of Toronto（多伦多大学）"。

多伦多大学给我的第一印象就是古朴而不失生机。维多利亚风格的建筑很有历史的厚重感，而现代化的楼宇又给校园带来勃勃生气。校区内至今还完整保留着当年修建的第一幢教学楼。

多伦多大学的校训是 "As a tree through the ages（像大树一样成长）"。受英国大学制度影响，多伦多大学是美洲少数实行独立书院制的学府，各书院享有高度自治权。每个书院都有自己的历史、特色和资源。例如，维多利亚书院是多伦多大学最富有的学院，因尼斯书院以招生严格著称，梅西书院则只许研究生入住。

多伦多大学的毕业生在加拿大非常抢手，所以想来这个学校读书的学生很多，因此竞争也很激烈。现在是暑假期间，若是在平时，校园内到处都是学生勤奋刻苦的身影，因为多伦多大学每年都有 30% 的学生会被淘汰。

多伦多大学拥有世界上最大的校友网络之一，有校友 48 万余名，其中包括 4 位加拿大总理，15 位加拿大最高法院大法官和 10 名诺贝尔奖获得者（1980 年起平均每 5 年 1 位）。国际共产主义战士诺尔曼·白求恩、eBay 首任 CEO 杰夫·斯科尔、中国 "两弹一星" 元勋郭永怀、中国近代力学之父钱伟长、著名加中文化大使大山（英文名：Mark Roswell）、2010 年快乐男声季军武艺、台湾名模林志玲等也都毕业于多伦多大学。

　　走在多伦多大学的校园内，蓝天白云，高树彩叶，鲜花遍地，绿草如茵。弧形穹顶的古典剧场，藏书丰富的图书馆；走过窃窃私语的三两学子，坐着默默看书的半百教授。和谐雅静、心旷神怡之感油然而生！

认真

时间：2011.7.27

来加拿大 20 多天，英语水平没见涨，倒是头发长得很快。苏安学院西边不远处有家理发店，每天散步时总是看到，就是一直没有进去过。上午和小组其他成员讨论完我们制定的课程计划，看看时间刚过 10 点，于是便决定去理发。

店里面已经先来了几个顾客，一直等到 11 点 20 分才轮到我。店主是个 50 岁上下的男子，我先跟他把要求提了一下，然后就闲聊起来。

可能看我不像这个社区的居民，老先生问我家是哪里的。我告诉他我从中国来，在苏安学院学习。我说："You must be an earnest man through your working." 他一听顿时高兴起来，自我表扬了一番。看墙上贴满了关于足球的海报，我便和他聊起了足球，谈梅西、谈巴塞罗那、谈世界杯，他还向我炫耀其中一张 16 年前的巴西队的海报。

老先生的手上活儿一点不含糊，时推时剪，时修时刮。谈笑间，镜子里呈现出一个有模有样的现代"酷头"。这 15 加元花的还挺值，既理了发，又练了口语。

下午的教学法课，Maggie 没有安排新的内容，按计划由 1 到 5 组依次上台阐述各自的课程计划。我们是第 4 组，正好先听听其他组的高见。

第 1 组的话题是 "Colours"，从 "彩虹有哪七种颜色" 到 "学生最喜爱的颜色"；从 "不同颜色代表不同的心情" 到 "模拟颜色治疗咨询中心"，计划得比较周详，结构上也很完整，尤其最后的 "颜色治疗咨询" 具有知识拓展与能力提升功效。美中不足之处的是，一开始的导入部分略显 "Simple" 与 "Baby-ish"。

第 2 组的话题是 "Brown Bears"，小组成员一会儿做老师，一会儿做学生，还不断发动在场的其他组老师参与他们的课程活动，忙得不亦乐乎。Maggie 对幻灯片中链接的 Flash 动漫 "Teddy Bear" 特别感兴趣，坚信学生们一定喜欢。

也许她不知道中国中小学英语教师在课堂导入趣味性上的追求与成就已趋极致。

接下来的 3 组话题都和"Giant Pandas"有关,但所谓"把戏人人会做,各有巧妙不同",每一组确实都有每一组的特色。第 3 组 A、B、C 三课均设置了 Assessment Form(评价表)来评价学生的课堂表现,令人眼前一亮;第 5 组把大熊猫的外表形象、生活习性等用《两只老虎》的曲调编成一首英语儿歌,把现场气氛推向了高潮;而我们组则另辟蹊径,从教学层次的变化入手,按照"图像→词汇→听说→写作→评价→听说→语法→语用→阅读→写作→评价"这一流程阐述课程计划(三课合一),自始至终体现了自主、合作、探究与建构,强调对学生语用能力的逐层逐步提升。

Maggie 不愧为长期从事成人教育的"老江湖",她对每一组的评价都是"Very well done.",肯定了每组在课程计划的设计过程中所表现出的认真负责的态度和创新求异的精神,也肯定了每组课程计划的实施都很好地体现了交际教学法、任务型教学法、英语外语教学法等现代教学理念。

Maggie 说,中学教师就像三明治中的夹层,压力与期望并存。中学教师的教学方法影响着学生的学习,不要总告诉学生是什么,多告诉学生怎么做,否则学生离开你之后怎么办呢?

是啊,学生离开我们之后呢?我们要做三明治中的夹层,给学生留下永恒的回味。

其实,我们今天的教学是为学生明天的学习服务!

尝试

时间：2011. 7. 28

Sheena 也布置集体备课作业了！

下午一进图书馆，就看见投影屏幕上硕大的标题"Culminating Project：Structuring Drama Work（结业课题：制定戏剧课程计划）"。真是"你方唱罢我登场"！那边 Maggie 的备课任务刚完成，还没来得及松口气儿，这边的活儿又到了。

对于 Maggie 布置的课程计划，我们还有章可循，无非是运用不同的教学法，提高学生听说读写英语的能力。而 Sheena 的戏剧课虽说给我们留下的印象比较深，但要我们自己设计一节这样的课，还确实不容易，好在每个组处境都一样，权且作为一次尝试吧！

我们组选的物件是一串装饰用的项链，上有 8 个小铜珠、2 个小铜片和 1 个形似骰子的棕色念珠。Sheena 的意思是每一组根据自己所选的物件或图片设计一节戏剧课，包括两个部分：一是教学资源导入和教学目标说明；二是至少两种戏剧策略的实际运用。

对我们组而言，教学资源自不必说。至于教学目标，我的理解就是教师通过运用不同的戏剧策略想要学生学到什么。至于戏剧策略，Sheena 先后也运用过十几种，只不过当时我们没有注意罢了。

虽说今天的任务只是酝酿、讨论，下周二才展示，但考虑到本周六、周日和下周一我们将去加东进行文化考察，留出的时间并不多，所以我很着急。我一会儿把 Sheena 喊过来，一会儿又跑到 Sheena 那儿去，告诉她我们的想法与思路，征求她的意见，直到她点头赞许，我们才算定下了一个课程计划框架。

第一步，资源导入。我们对这串项链的定位是，这是一串存放在故宫博物院的来自上古的项链，棕色念珠内封印着蚩尤的元神，每一个拥有这串项链的人都具有改变世界的力量。

第二步，角色扮演。要求学生假扮成来自世界各大媒体的记者，观看项链，设想与这串项链有关的问题，而且要求设想的问题一定要有创造性。

第三步，记者采访。教师假装是清华大学的考古学教授，假扮成记者的学生不断站起来提问，如项链从何处来、历史上哪些人物拥有过这串项链、项链的魔力到底是什么、项链背后还有什么故事等。

第四步，静态造型。要求每组学生根据这串项链的故事或想象这串项链可能会发生的故事，自行设计一组静态造型并现场表演。

第五步，读者剧场。这节课的作业设计是要求每组学生围绕这串项链展开想象，编写一段读者剧场的内容。课内小组讨论成型，课后书面完成剧本。

虽然我们是第一次尝试上戏剧课，但这节课并不复杂，其目的是帮助学生保留探究事物的渴望，帮助学生拓展词汇量，给学生提供一个用全新方式看待、思考事物的机会。

虽说这个设计显然还不够成熟，但这毕竟是我们的第一次。

期待下周二的展示！

体验

时间：2011.7.29

　　Peter Stokes 博士是苏安学院学术委员会主席，上午两个小时的讲座算是让我们体验了一回关于加拿大的文化大餐。

　　Peter 的讲座是从北美洲的发展开始的。大约在公元 1000 年，北欧冰岛海盗成为第一批到达北美洲的欧洲人，但海盗们没能在这里永久居住，很快就与新大陆脱离了联系。1492 年到 1502 年，意大利航海家克里斯托弗·哥伦布代表西班牙王室四次横渡大西洋，到达美洲大陆。新航路的开辟，使海外贸易的路线由地中海转移到大西洋沿岸。从那以后，西方终于走出了中世纪的黑暗，开始以不可阻挡之势崛起于世界，并在之后的几个世纪中成就了海上霸业，北美洲也因此沦为欧洲列强的殖民地。

　　加拿大最早的居民是印第安人和因纽特人。16 世纪起，法英殖民者先后入侵。1848 年英属北美殖民地成立了自治政府。1867 年 7 月 1 日，英国议会通过"不列颠北美法案"，将上下加拿大、新斯科金、新不伦瑞克合并成一个联邦，称加拿大自治领地。这个新国家的政府制度基本为英国的国会制度，国会由参、众议院组成。1870 年至 1949 年其他省陆续加入。1926 年英国承认加拿大在外交上的独立。1931 年加拿大成为英联邦成员国。1982 年 3 月英国通过《加拿大宪法法案》并获女王批准，加拿大从此拥有立法和修宪的全部权力。目前加拿大的国家元首是英国女王伊丽莎白二世。由女王任命的总督代行职权。总督由总理提名，女王任命，任期 5 年。

　　第二次世界大战后，加拿大的经济持续发展，加上政府的社会福利制度给加拿大人带来了高标准、高质量的生活，来自南欧、亚洲、南美和加勒比海群岛的移民越来越多，这也丰富了加拿大的文化。不同的文化、语言和宗教使得"求同存异"成为加拿大的立国之道，"和顺包容"成为加拿大的生存之基。

　　讲座开展过程中，Peter 不失幽默本色，一会儿拿黑板上手画的北美地图自嘲："I'm sorry for this map.",一会儿又把在座的中国学员恭维一番："The United States, No. 1;China, No. 2.",会场上不时传出学员们的笑声。

谈到加拿大的教育,Peter 说了这么一句话："Best education, best teachers, best students." 也许这是他心目中加拿大教育的真实写照。

加拿大的教育融汇东西方多元文化,形成了自身独特的教育模式。加拿大教育特别注意吸纳不同文化的精髓,尊重不同种族、不同民族;有完善的教育体制,人人享有平等的教育机会;各个省只管制定教育法规,由学区负责管理学校;每所学校都为学生创造出表现学生个性,体现学生生活,展示学生成就的环境和氛围;学校课程设置通常分为"学术"和"应用"两个层次,代表不同的升学方向,学生可根据自己的兴趣和智力发展水平选择适合自己的科目;通过开放和谐的教育教学活动,解放学生思想,放开学生手脚,真正体现了"以人为本"的教育理念。

同时,加拿大的教师队伍素质很高。从幼儿园至六年级均为包班制,除体育、艺术类课程外全部由包班教师任教。学生从七年级开始走班,任教七年级以上的教师一般都要任教 2 门或 2 门以上学科。除技能类和为土著学生授课的教师学历要求略低外,其他教师都必须是大学本科毕业并在具有学士学位后再攻读教育学一年,然后通过"教师学院"的任职资格考核方具备教师资格。具有教师资格者参加教师应聘,通过者才能成为真正的执教教师。政府对教师也有继续教育的要求,但大部分费用由教师自理,课程也多安排在业余时间,学期内的统一进修时间每学期一般只有一天(Professional Day)。

当我问到加拿大学生的课业负担和教师的工作负担时,Peter 告诉我加拿大一年级至十二年级的学生每天在校的实际学习时间均为 5 小时,教师必须在学生上课前半小时到岗,学生放学后半小时离岗。教师每天平均教学时间为 4.5 小时,教师办公室就在教室,全天基本上就是上课,工作其实很辛苦。

听到这儿,我不禁暗暗咂舌,看来我们除了学生数多点儿,总的来说,工作量还不算太大。

听完讲座后,我们扬州的 13 个老师又奔赴多伦多市中心,去品尝大餐——韩国烤肉。每个人连小费加起来 11 加元,牛肉、猪肉、鸡肉、三文鱼、鱿鱼随便点,不过得自己烤。虽说都是一帮有儿有女的人了,但是自己动手烤肉的兴致一点儿不亚于小孩子。大家吃吃喝喝,说说聊聊。这桌飘来的烤焦味儿逗得大家一阵偷笑,那边露出的"丑陋"吃相又引得相机一顿狂照……

恍惚间,有了回到学生时代的感觉!

东进

时间：2011.7.30

今天是加东三日游的第一天，但上车 5 分钟，我们满腔的喜悦顿时荡然无存。因为听导游欧阳说，我们今天的活动基本在车上度过。

汽车沿着 401 号高速公路（全长 825.1 千米）向东行驶，两侧蓝天白云，绿树碧草，茂密的玉米地，偶尔闪过悠闲觅草的牛群，让人心旷神怡，心情也随之舒畅起来。近 3 个半小时过去了，就在屁股即将难以承受身体之重的关键时刻，欧阳宣布加东游的第一站金斯顿市（Kingston）到了！

金斯顿市位于加拿大安大略省东南部，地处多伦多和蒙特利尔两大城市之间，距离加拿大首都渥太华 170 千米，是安大略省的工商业区和旅游中心。

作为加拿大的第一个首都，金斯顿依傍在丽都运河（Rideau Canal）与圣劳伦斯河（St. Lawrence River）交汇处的安大略湖畔，是圣劳伦斯航道的重要港口之一，也是一座融加拿大传统与现代都市风格于一体的城市。

金斯顿是冰球运动的发源地，素有"冰球之乡"之称。因市里房屋大多为石灰石建筑，也叫"石灰石城"。加拿大的国父、第一任总理约翰·麦克唐纳就生长于此，所以金斯顿也有"国父之乡"的美称。

以风卷残云之势在一家华人餐馆吃完午饭后，汽车直奔金斯顿市政广场。一路上目睹了联邦政府所属的男女两座模范监狱、著名的女王大学和加拿大首任总理麦克唐纳的故居。

金斯顿早年是加拿大的首都，但国会大厦还没有建成，加拿大就迁都他处，国会大厦也就留用为市政大厅。我们在市政广场只停留了 5 分钟，广场前就是加拿大的母亲河——圣劳伦斯河。虽是匆匆一瞥，但已觉人闲鸟趣，水天一色。

几分钟后，汽车又驶进加拿大唯一的一所高等军事学院——皇家军事学院（Royal Military College of Canada，简称 RMC）。RMC 地处安大略湖的一个半岛上，三面环水，校园不大但很漂亮。因为时间关系，我们没有下车，只能一边透过车窗张望，一边听欧阳介绍。皇家军事学院主要为加拿大国防部培养军事指挥官、军事战略研究人才和军事工程技术人才。该学院1874年建立，迄今已有近140年的历史，在北美地区堪与美国的西点军校媲美。学院西侧的草坪上摆放着一些停用的坦克、飞机、舰艇炮等。学院行政办公大楼前一群新生正在军训。

汽车沿着圣劳伦斯河向东北方向行驶了40千米公里左右，就到了欧阳流尽口水着力推荐的加拿大旅游"三宝（尼亚加拉大瀑布、千岛湖、圣路易斯湖）"之一——千岛湖。

登上游船，极目远眺，湖水浩浩汤汤，宁静明亮，大小岛屿，星罗棋布。呼啸而至的摩托艇犹如水鸟轻盈地划过水面，迎面而来的家庭游艇更像天鹅漂在水上悠闲自得。

游船上用英语、法语、普通话和广东话四种语言介绍千岛湖，让来自八方的游客有宾至如归的感觉。据印第安人的传说，天神看到人类连年战争，就对人类说，如果你们停止战争，我送给你们一件礼物。人类同意了，于是天神把美丽的花园送给了人类。但时隔不久，人类故态复萌，天神很失望，他用地毯卷起花园，回天庭。可他回去的时候不小心摔倒了，花园掉落人间，块块碎片变成一个个岛屿，形成千岛湖。印第安人称为Manitoba，意为"天神的花园"。千岛湖处于圣劳伦斯河的一个大河湾中，有大小岛屿1865个（1个人工岛），其中621个面积较大的在美国境内，1244个在加拿大境内。

船行湖上，没有喧嚣，只有宁静；没有污染，只有清新。站在船首，远远望去，一座钢结构的彩虹桥（千岛湖大桥）横跨美加，桥上车来车往，一片繁忙；桥下碧波深邃，白帆荡漾。

郁郁葱葱的小岛总是时不时地跳入我们的眼帘，让人目不暇接。岛上别墅时隐时现，空中鸥鸟忽高忽低，还不时地看到小岛上有小孩在嬉戏玩水。据说千岛湖上的1000多个岛屿都已卖给了私人，很多小岛的房前都插有美国或加拿大国旗，展示小岛的国籍。

不觉间已到了著名的扎维孔岛（Zavicon Island），世界上最短的国际桥像扁担一样，一头挑着加拿大（大岛），另一头挑着美国（小岛），桥两端分别印有加拿大和美国国旗。桥长9.75米，桥中心就是分界线。

拐过扎维孔岛，一片古堡映入眼帘，这就是千岛湖中最著名的岛屿——心岛（Heart Island）了。1900年美国纽约旅馆业大王乔治·博尔特买下这个岛屿作为献给爱妻露易斯的礼物。他将该岛修建成"心"形，并兴建了一座欧洲风格的古堡。在岛末端的水边，另外又建了一座小城堡和一个 3 米多长的小桥与之相连。但不幸的是城堡刚刚建好，露易斯病逝了。悲痛不已的博尔特下令停工，并终身不再踏足此岛。博尔特去世后，根据他的遗嘱把这个岛屿赠送给了美国政府。如今，只有持有美国旅游签证的游客才可以登岛游览。

我们只能带着欲哭无泪的神情，狠狠地瞪了几眼，便匆匆返航了。由于圣劳伦斯河的 75% 是美国和加拿大的界河（南面是美国纽约州，北面是加拿大安大略省），所以我们的游船有一半多时间行驶在美国的水域。但不管是美国的船艇，还是加拿大的船艇，彼此擦肩而过时，大家都挥手致意，会心一笑，温情满湖。

船至码头，仍不忍离开。回首看去，烟波浩渺的千岛湖面上，一座座绿岛宛如精美的盆栽，令人观之心醉。真是赏不完的自然魅力，看不够的千岛美景！

离开千岛湖，汽车又行驶了 2 个多小时，抵达我们加东游的第二站——蒙特利尔市（Montreal）。蒙特利尔坐落于加拿大渥太华河和圣劳伦斯河交汇处，是加拿大 20 世纪 70 年代前的最大城市，如今加拿大第二大城市、魁北克省最大城市。这是一座典型的英法双语城市，市内充满了法国情调，体现出独特的法国文化底蕴。

汽车直奔蒙特利尔的地标性建筑——圣·约瑟夫大教堂，远远地我们就看到了大教堂圆圆的绿色屋顶。大教堂始建于 1930 年，位于蒙特利尔市皇家山北侧，气势恢宏，体现了意大利文艺复兴时期的建筑风格。山脚下是救世主耶稣与其养父约瑟的塑像，庄严而又大气。教堂上方悬挂着教堂创建者安德烈修士的巨幅画像。圣·约瑟夫大教堂是加拿大罗马天主教圣地，是北美最大、世界第二大教堂（仅次于罗马的圣彼得大教堂），仅地下礼拜堂就可容纳千人。

当年安德烈修士为无数人治好了疾病，这里因此成为信徒们朝拜的圣地，每年有上百万来自世界各地的朝圣参观者。展厅内还能看到病人痊愈后留下的拐杖等物品，最令人惊讶的是还能看到教堂博物馆里浸泡在药水中的安德烈修士的心脏。

教堂内有自动扶梯直达顶层，站在平台上可俯瞰蒙特利尔城。

离开圣·约瑟夫大教堂，车子带我们迅速地转上了皇家山。蒙特利尔最初被称为"玛利亚城"（Ville－Marie），有人认为蒙特利尔现在的市名源自市中心的皇家山（古法语：Mont Réal，英语：Mont Royal）。

皇家山公园，其实就是皇家山公墓，相当于北京的八宝山。据欧阳介绍，此处墓地极其昂贵，基本是"富人躺着死，穷人站着死"。不过景色确实非常宜人，欧阳说，人们经常来皇家山休闲散步，因为这儿离上帝最近。听得人毛骨悚然，当时就有女教师高声抗议。

车子往山下行了一阵，停在了一处斜坡上，三五成群的人们或逗弄路边的小浣熊，或倚栏北眺，蒙特利尔市中心的景致一览无余，远处大河旁有一只白天鹅般的大型建筑，那是我们明天要去的蒙特利尔 1976 年奥运会体育场和美丽的圣劳伦斯河。

晚餐安排在蒙特利尔唐人街的"玉园畔溪"饭店，自助餐形式，非常丰盛，有水果蔬菜鱼虾肉类以及西式菜肴点心等几十个品种，令人垂涎。

吃完晚饭已是 8 点一刻，大家直扑蒙特利尔假日酒店（Holiday Inn）。安顿好之后，我到楼下健身房活动了半个小时，又在泳池畅游了 20 分钟左右、和 Roy 打了 5 局台球，感觉超爽！

也许明天的行程会更加精彩！

魁城

时间：2011. 7. 31

清晨的蒙特利尔犹如轻掩面纱的中年美妇，虽已不再年轻，但风韵犹存。

汽车行驶在这座加拿大历史最悠久的城市中，浓郁的拉丁气息扑面而来。自 1642 年法国在这里建立殖民地至今，这里已经发展成一个体现法国文化底蕴的北美"浪漫之都"。市内有全国最大的法语大学蒙特利尔大学和全国历史最悠久的私立大学麦吉尔大学。有好几百座大大小小、风格各异的教堂，构成了引人注目的宗教文化奇观。市中心有一段街区是世界上最大的同性恋聚集地，提供给男女同性恋像家一样安全友好和面向社区的生活方式。

蒙特利尔市曾先后 5 次申请主办奥运会。1970 年在国际奥委会阿姆斯特丹年会上，蒙特利尔赢得了第 21 届奥运会的主办权。但由于经济萧条，物价暴涨，建筑工人长期罢工，加上管理不善，本届奥运会耗费了巨额资金，蒙特利尔纳税人直到 2007 年才还清这笔债务。为此有人讥讽说，为了奥运会 15 天，害苦纳税人 30 年。

这届奥运会，加拿大仅获得 5 枚银牌和 6 枚铜牌，成为夏季奥运会有史以来唯一一个没有获得过金牌的东道主国家。

我们参观的蒙特利尔 1976 年奥运会体育场场馆造型别具一格，远看就像一只大白天鹅，天鹅头是一座高 175 米的高塔，为世界上最高的倾斜建筑物。虽说气势上不及鸟巢，但在 20 世纪 70 年代那可说是绝对的建筑大手笔啦！据说当时的法国建筑师 Roger Taillbert 想让天鹅飞起来，可惜由于技术原因，通过倾斜的高塔将体育场馆巨大的顶棚吊起来的梦想未能实现。

我们在奥运体育场只待了 15 分钟就又匆匆上路了。臀部在无声无息中默默受苦 3 个多小时，我们终于抵达本次加东三日游的第三站——魁北克。

魁北克（法语：Québec）有两个意思，一是魁北克省，一是魁北克城。魁北克省是加拿大东部的一个省，魁北克城是魁北克省的省会。魁北克省官方语言为法语，省内大多数居民是法国后裔，95% 的居民只讲法语。因为历史原因，魁北克省和加拿大其他地方在语言、风俗等方面差别比较大，省内有些居民希望该省独立。1980 年和 1995 年，魁北克省举行过两次全民公决，但半数以上选民并不同意脱离加拿大的管治。

魁北克城（Quebec City）位于圣劳伦斯河与圣查尔斯河汇合处。在这里，河面收缩到不足 1000 米宽，魁北克城犹如一头雄狮，扼守着这条水道的咽喉。"魁北克"源于印第安语，意思就是"河流变窄处"。这是北美唯一一座拥有城墙的城市，也是北美唯一被联合国教科文组织依照"世界文物保护区"规划的城市。

一顿丰盛的牛排午餐后，汽车直接把我们带到了魁北克古城的最高点。导游欧阳指着一座绿顶红墙的圆形大楼说，这是建于 1924 年的法蒂纳克（Chateau Frontenac）城堡酒店，二战期间，英国首相丘吉尔、美国总统罗斯福等就是在那儿召开会议决定开辟欧洲第二战场的。

魁北克古城建于 18 世纪初，是北美最古老的城市之一，地势险要，易守难攻，英法战争时期为争夺此地双方伤亡惨重，矗立在古城山顶的英法战争纪念碑就是见证。悬崖峭壁将古城划为上城和下城两部分。上城是宗教活动区和行政管理区，四周有城墙环绕，集中了许多豪华住宅和宗教建筑；下城则为港口和古老的居民区。上下两城由一条空中缆车连接。1985 年魁北克古城被列入世界遗产名录。

漫步在古炮台上，高大坚固的防御性古城墙、对着城墙下圣劳伦斯河河口的数十门大炮仿佛在讲述着一段厚重的历史。

沿着古城墙往下走，便是魁北克古城的商业街，鲜花簇拥着的狭窄街道上挂有 18 世纪牌匾的商铺比比皆是，店员身着古装、梳古老发型，使整个街区充满了古色古香的风情。时装店、饰品店、玩具店、艺术画廊人来人往，不时有法裔美女从身旁走过。街区广场上还立有路易十四的半身铜像。随意走进的一所家庭旅馆都有上百年的历史。

山脚下，食品店、咖啡店，一家挨着一家，闲暇的人们三三两两地坐在店门口，吃着喝着，听着音乐，惬意无比。偶尔还能遇到街头艺人，自弹自唱，乐在其中。整个古城弥漫着法国人的浪漫情调和小城独特的文化气息。

顺着阶梯回到山顶，高大的议会大厦在阳光照耀下，庄严神圣。广场周围的铜像引得游人流连忘返。马戏艺人的表演不断赢得观众的笑声和掌声。行为艺术家的奇特行为艺术也留住了好奇心强的孩子们的脚步。街道上宝马汽车与马车并行，构筑了一道靓丽的风景线。喷泉四周，游客们或坐或卧，或玩耍或闲聊，尽情享受着古城带来的乐趣与舒适。

结束了魁北克古城的游览，汽车顺着圣劳伦斯河赶回蒙特利尔。

圣劳伦斯河（Saint Lawrence River），是北美洲中东部大河，五大湖的出水道。加拿大人常说的圣劳伦斯河往往指的是从加拿大金士顿市旁的安大略湖东部出口至魁北克市以下的奥尔良岛这一段水道。夹岸落英缤纷，绿树成荫；河中千帆竞渡，水清鱼肥。

蒙特利尔就坐落在圣劳伦斯河与渥太华河交汇处的蒙特利尔岛上，是世界上最靠近内陆的海港（也是河港）。我们今天的最后一站就是蒙特利尔老港。

老港港区位于圣罗兰河与市中心之间，建于 1642 年。蒙特利尔最初以皮货和木材交易起家，港口是最早的发迹地，许多古老的建筑都在附近，有点像上海的外滩。如今的老港不复当年的繁荣，但一年四季仍然人流不断，年轻的情侣们依偎在河滨公园里窃窃私语，外地的游客们俯瞰着老港中的船帆谈笑风生。街道上有俄罗斯音乐、加拿大杂耍、中国龙狮舞等体现不同文化的表演。街道两侧法式餐厅、咖啡馆门口美丽的金发少女在招揽顾客……一切都好似在重复老港昨天的故事。

明天我们就将奔赴加拿大首都——渥太华。

蒙特利尔，让我再看你一眼！

首都

时间：2011.8.1

渥太华（Ottawa）距离蒙特利尔有 200 多千米，近 2.5 小时的车程。

渥太华是加拿大首都和政治文化中心，也是加拿大第四大城市，位于安大略省东南部与魁北克省交界处，为加拿大水、陆、空交通枢纽。市内有渥太华河由西向东穿流而过，将整个城市南北分开。南部居民是英国移民后代，讲英语；北部居民是法国移民后代，讲法语。丽都运河自南向北穿城而过，注入城北的渥太华河。

在印第安语中，"渥太华"是"贸易"的意思。1867 年英国议会通过《不列颠北美法案》，成立加拿大自治领，渥太华才正式成为加拿大的首都，也是世界上最寒冷的首都之一，1 月份平均气温零下 11℃，最低气温达零下 39℃，年均气温 6℃。

渥太华依山傍水，风景秀丽。旅游业是渥太华经济的一大支柱，每年前来渥太华观光的游客有近 300 万。透过车窗向外看，到处是花圃草坪，碧绿青葱、姹紫嫣红。据说每年 5 月份的"郁金香花节"更使得渥太华美轮美奂，令人神往。

汽车首先把我们送到了位于渥太华东北部苏塞斯斜街加拿大总督府（Rideau Hall）大门前。入口处有两名士兵把守，他们手持步枪、身着深红的上衣和黑色裤子，头戴黑皮毛高筒帽，庄严而又华丽。总督府是对外开放的，游人可以随意进入参观。我们随着人群走进总督府，偌大的府邸就像一座花园，绿草茵茵，花红柳翠。我们还有幸目睹了皇家仪仗队的换岗仪式，悠扬的乐声，庄重的步伐引得相机一阵暴闪。

总督府内有一片"友谊林"，来访的各国元首都在这里植树留念，每棵树下都插着一个特制铜牌，上面镌刻着何年何月何日由哪国领导人栽种。1997 年 11 月 28 日江泽民访问加拿大时在此种下了一棵大果栎树，祝愿中加友谊长存。

2005 年 9 月 8 日，胡锦涛对加拿大进行国事访问，在总督府中种下了一棵象征两国人民友谊的椴树。许多老师都兴奋地跑到这两棵树下拍照留念。

再往里走，可看见一幢三层灰色维多利亚式建筑，这就是加拿大总督工作和居住的地方，名为丽都厅，建于 1838 年。自 1867 年加拿大联邦政府成立以来，此处是历届总督的官邸。1952 年，加拿大人温森特·马西被任命为加拿大总督，从此丽都厅迎来了加拿大本土的总督（之前的总督都由英国女王从英国派遣）。

加拿大总督是殖民地时代英女王的全权代表，时至今日，总督仍然是加拿大的最高元首。时任总督是戴维·约翰斯顿（David Johnston）。据导游介绍，当总督府门前只悬挂加拿大国旗时，表示总督今天不在；当同时悬挂总督旗和加拿大国旗时，则表示总督正在此办公。但这里是不允许游人随意进入。

坐落在渥太华河畔的一片意大利哥特式建筑群就是加拿大国家权力中心——国会山庄（Parliament Building），这是渥太华最著名的建筑群。中楼为国会大厦，左、右两侧分别是众议院和参议院。国会大厦中央耸立着为纪念一战中阵亡的加拿大将士而建的和平塔（Peace Tower），塔高 88.7 米，被誉为世界上最精致的哥特式建筑。为了入塔一睹真容，我和 Person Zhang 又是掏口袋，又是解皮带，好不容易通过安检，但由于时间关系，我们未能如愿，只是听到了悦耳动听的钟声。塔内工作人员安慰我们说，下次再来。

宽阔的渥太华河横卧在国会山庄矗立的石崖之下，静静地体会着河谷的四季变换，也默默地注视着政府的人员更替。

国会大厦前的广场中心有"水火相容"的奇景，这是为纪念加拿大建国百年而建的火焰池，焰池之火点燃于 1967 年的除夕夜，并会长久地燃烧下去。设计者用这样的方式告诉世人：水火都能交融，英法也可共处。深刻的思维，深远的寓意！

离开渥太华时已是下午 1 点，由于今天是加拿大的公民日（8 月 1 日），路上车辆很多，稍微有点儿堵，我们坐了将近 7 个小时的长途车才到达苏安学院。

真感到高兴！终于到家了！

真想念苏安的馒头和豆腐！

戏剧

时间：2011.8.2

今天感觉特爽！早早地就把 Sheena 布置的戏剧课教学设计展示了。Sheena 对我们组的评价很高，但也提出了几点建议：一是开头教学素材和教学目标介绍得很成功，但花费时间过长；二是提出的问题很有启发性，但细节描述过于详细；三是让学生设计 Tableau 的想法不错，但要求说得不够具体。

通过对戏剧课的亲身实践，我意识到戏剧课可以帮助学生通过师生合作、生生合作等方式实现语言学习方式的建构。

英语交际教学法实际奠定了戏剧课在英语教学中的理论基础。戏剧课是一种综合性很强的英语教学课型，它开发了学生的学习潜能和表演欲望，激发了学生对英语学习的兴趣，使得学生在听、说、读、写、译等诸多方面得到了充分的锻炼，从而达到将英语作为交流工具的目的，使得学生的交际能力得到提升。

戏剧课前的小组准备可以有效地培养学生自主学习、搜集和处理信息的能力，培养学生相互合作探究问题的能力。戏剧课上的表演可以有效地刺激学生积极地思考和使用英语，通过彼此间的影响提高对英语的感性认识，增强学习英语的兴趣。戏剧课后的评价可以有效地提升学生口头表达和自我反思的能力，培养学生的参与精神和话语意识。

英语戏剧教学的显性优势就在于它能帮助学生克服害羞的不良情绪，激发学生学习英语的动力，吸引学生主动参与语言活动，变传统的"教师中心说"为新课程理念下的"学生中心说"，提高学生在特定语境中的口语交际能力，这也是英语戏剧教学的魅力所在。另外，戏剧课在培养学生的团队协作精神、创新与想象能力方面也是其他课型难以取代的。

当然，英语戏剧教学并非没有不足之处。例如，课前准备不充分、小组合作不到位就很容易导致课堂成为英语优等生的"表演秀"和英语学困生的"羞愧场"，这对英语教学是相当不利的。还有，一部分拙于言辞或是性格内向的学生，不一定欢迎这类课型，也许他们认为传统的"教师讲，学生记"的方式更加有效，更有利于考试。

其实我们的英语教学，尤其是初中英语教学，不应该误导学生把大量的精力花在应对考试上，而应该着力培养学生的英语语言能力、英语交际能力和英语文化能力。

正如邓小平所说，要摸着石头过河。我们的初中英语教学还需要更多的探究与尝试。

思考

时间：2011. 8. 3

3 点 10 分，Maggie 完成了对最后一组课程设计的评价，这就意味着苏安学院英语教学法课的顺利结束。

回首过去的教学法课，在学习领会的同时，更多的是思考。

思考一，中国学生不缺鼓励，只缺兴趣。Maggie 的课上充满着赞扬与鼓励，还真的让我们血脉偾张了好几秒钟。其实，中国的英语课堂也不乏"Good job""Well done""Excellent"与"Wonderful"等赞扬与鼓励的言辞。但夸张一点说，大部分初中生对英语学习兴趣都不浓，包括一些英语成绩不错的学生。究其原因，初中是学生学习了 4 年英语之后的延续，很多学习上的问题已是积重难返，再加上初中英语学习方式的改变和学习要求的提高，使得很多学生丧失了学习英语的信心。客观现实也是相当严峻，许多语数物化等学科相当不错的学生，英语却是一般或较差。还有一些英语学困生，对英语直接采取放弃的态度，甚至与老师唱对台戏。

思考二，中国教师不缺理念，只缺方法。在短暂的学习时间里，Maggie 也提到了一些先进的教学理念，如交际教学、任务型教学、英语二语教学、英语外语教学以及英语习得等。其实这些理念，国内的通识培训和业务进修也都涉及。我们需要的是方法，具体的操作方法。面对一群接触英语刚刚几年且接触的仅仅是英语皮毛的青少年，我们怎么教？20 人一个班、40 人一个班抑或 60 人一个班又该怎么教？当然，到国外来学习如何教中国学生英语，本身就是一件很搞笑的事儿。Maggie 的很多课堂教学方式和组织的语言活动确实不错，但我感觉也许语文老师听了（若是听得懂的话）更有收获。毕竟 Maggie 是把我们作为听得懂英语的学员来实施课堂教学的。

思考三，中国师生不缺努力，只缺环境。中国人一向以聪明好学、勤奋刻苦著称于世。中国的老师和学生对待教与学，总体上还是很认真、很努力的。

作为一名初中英语教师，我非常渴望让学生了解英语、了解英语背后的文化，非常渴望让学生喜欢英语、运用英语。但当前内外环境对初中英语教学都不利。内部环境指教育环境，应试教育下学生只知道考试与排名，不知道什么是真正的学习。英语教学在功利的氛围中已失去它的本真，英语教学不是在为学生交流服务，而是在为考试服务（现在中考要求越来越高，隐隐有挂靠高考的意思）。外部环境指社会环境，社会对英语已达到一种变态的要求，大学无论学哪个专业，英语要过六级；单位招聘员工，不管哪个部门，先问英语水平。我实在不知道这些所谓的"英语"到底对他们的专业或是工作能有多大的帮助。中国既不是一个"English – speaking country"，也不是一个"English as a second language country"，全社会都没有英语环境。学生学了英语除了应对考试，还真的没有什么用，正所谓"英雄无用武之地"。既然都无用武之地了，那还拼命地练武干什么呀？在加拿大就有感觉，懂英语走遍天下，不懂英语寸步难行。

我们的初中英语教学确实走向了一个极端，带来了大量的负面影响。

初中英语的教学效果离我们的愿景还很遥远，需要改进、需要完善的地方还有很多。也许只有当我们不把英语作为一门考试学科，而作为一项交际技能教授给学生时，初中英语教学才会真正走上一条回家之路！

感悟

时间：2011.8.4

　　包括星期二在内，10 组戏剧课悉数表演完了。其中有的很成功；有的一般般；有的内容丰富；有的单调枯燥。总之，大家觉得完成 Sheena 布置的作业就行了，至于作业背后的东西，大家都暂时忘却了。

　　在这么多年的业务学习过程中，苏安的戏剧课给我留下了极深的印象，不仅是因为大家在课上有说有笑、有唱有跳，心情非常愉快，更多的是我们学到了不少戏剧策略（Drama Strategy），这对我们组织英语课堂活动很有帮助。

　　首先是阅读。阅读是语言运用的重要技能之一，影响并制约着学生听、说、写能力的形成与发展。读者剧场（Reader's Theatre）和合唱式演说（Choral Speaking）等戏剧策略就是提高学生阅读能力的有效手段。剧本（尤其是学生的自我创作）相对于课本而言更具有情节性和吸引力，更容易激发学生的关注意识，更容易吸引学生去熟读剧本，学生会主动对剧中人物的动作、眼神、站位、说话腔调等进行想象和模仿，不知不觉中提升了对英语的理解和鉴赏能力。

　　其次是表演。表演是通过人的演唱、演奏或人体动作、表情来塑造形象、传达情绪、情感从而表现生活的一门艺术。戏剧课的目的就是通过学生演绎剧本人物来引导、指导学生感知英语、理解英语、运用英语。静态造型（Tableau）和动作复制（Carbon Copy）等戏剧策略就很强调对语言的理解与演绎，学生很喜欢。学生参与的积极性提高了，自信心就有了，语言能力和交际能力就得到了培养；学生参与的积极性提高了，也就增强了英语教学活动的生命力。

　　再次是互动。中国的英语课堂，学生互动得太少，即使有互动活动也是为互动而互动，是被动互动。角色会话（Speaking in Role）和角色教学（Teaching in Role）等戏剧策略更易促成师生英语课堂教学的主动互动，Sheena 的戏剧课就是例证。有些学员抱怨 Sheena 语速太快、说得不如 Maggie 清楚，听不懂她想要大家做什么。其实我们教英语的应该理解，学习本身也是一个适应的过程。

英语课堂有两样东西不能丢。一是语境，口语教学要坚持，教外语就要用这门外语本身去传授知识；二是语速，不能因为个别学生听不懂而去迁就他们，要逼着学生适应，这是方法问题。学生对语言掌握得越多，学得越积极；对语言理解得越深，表演得越充分。

戏剧课的巧妙运用会让英语课堂教学成为充满悬念的激情演绎，会让学生充满新鲜感和好奇心。

戏剧课就是让我们把语言学习的权利交还给学生！

成长

时间：2011.8.5

今天是苏安学院安排的最后一次文化考察，大家都颇为珍惜。

Maggie 通知 A 班的集合时间是下午 1 点 45 分，但我和 Person 早早地就到了目的地——Young People's Theatre（多伦多儿童剧场，简称 YPT）。

YPT 位于多伦多市圣劳伦斯社区 Front 东街 165 号，是加拿大最大的以年轻人为观众的非营利剧场。自 1966 年以来，剧场因演出了许多曾获奖的专业戏剧和音乐剧而闻名遐迩。

剧场的工作人员介绍，YPT 的场地属多伦多市政府，政府每年象征性收取 1 加元的租金，也算是对剧场最大的支持，正常开支基本靠向社会募捐。除了从事制作和演出之外，YPT 自 1969 年以来一直是未成年人的全年制戏剧学校。YPT 的艺术方针是在促进未成年人健康理智的成长方面起到积极而持久的作用，希望把孩子们培养成优秀的、独一无二的人。

星期五是 YPT 的演出日，剧场首先安排我们到演出大厅观看两场孩子们自编自演的话剧。Maggie 反复强调 "No Food. No Drink. No Photos."。在加拿大如果要拍摄未成年人的表演或与其合影，必须经过孩子的父母或监护人同意，否则会造成纠纷，这是对未成年人的尊重，值得我们深思与学习。两场演出都很精彩，第一场表演者是一群 12 岁到 14 岁的不同肤色的孩子，是一个关于寻找奶牛的童话故事，充满了孩子们的想象与创意；第二场表演者是 6 个 15 岁到 17 岁的不同肤色的孩子，是一个关于成长的故事，充满了孩子们的困扰与烦恼。

虽然两场话剧只排练了不到两周时间，略显粗糙，但通过孩子们出色的演绎，我们依然能从中了解到不同年龄段孩子丰富的内心世界，他们用自己的语言、动作、表情、音乐表达了对客观世界的独特理解与感受。

YPT 教育服务协调员 Karen Gilodo 告诉我们，YPT 有自己的独立创作表演权和多部自创的优秀作品，剧场所做的一切都是为了引导未成年人学习。YPT 坚信，世界变得越富挑战性、越富有敌意、越使人孤独，人类就越需要借助艺术来诠释宇宙、沟通心灵、想象未来。YPT 也坚信，如果成年人需要艺术，孩子就更需要艺术。

Karen Gilodo 还带我们参观了 YPT 的道具仓库、专业化妆间、制作服装和道具的车间等。看来加拿大政府给未成年人提供的社会教育环境确实是无微不至啊！

返回苏安学院时，目睹了两件事。

第一、Jane 地铁站，3 辆警车围堵一个黑人小偷，我们出站时，小偷正在掏出金项链等赃物，3 名警察正在做笔录。

第二、35 路公交车上，黑人司机与一名黑人乘客不知何事发生争执。最后黑人司机连说 5 遍 "Sorry, Sir!"，黑人乘客回了一句："You don't. I'm a black man."，车上众人莞尔。

有人说，孩子的成长过程就是堕落的过程。

我不同意，孩子成长的过程其实是一个接触社会、认识社会、适应社会的过程。问题是我们给了孩子一个什么样的社会。全社会都应该担负起教育孩子的责任，让我们的孩子时时处处都可以学习，不断增长知识和才干。

孩子的成长是一个自我觉醒的过程，但我们给了孩子多少自主选择权？没有！我们又给孩子提供了什么样的成长环境？不宽松！

传说

时间：2011.8.6

一直听说在多伦多市中心这片耸立着玻璃幕墙摩天大楼的钢筋水泥丛林之下，有一个长达 27 千米的世界上规模最大的地下城——PATH。

在多伦多生活了这么多天，真真切切地感受到这绝不是传说，而是一个客观事实。

今天闲来没事，再到地下城逛逛。

地下城的入口遍布市中心的各条街道，入口处有彩色的"PATH"标志，十分醒目。组成 PATH 的 4 个字母颜色各异，P 为红色代表南方，A 为橙色代表西方，T 为蓝色代表北方，H 为黄色代表东方。

PATH 北到多伦多长途汽车总站（Toronto Coach Terminal），南到多伦多会展中心（Toronto Convention Centre），与 50 多幢写字楼、20 个停车场、5 个地铁站入口、1200 多家地上商店、6 个大型酒店、一条铁路的起始站相连接，营业面积达 37 万平方米。它还可以通到冰球名人堂、Roy Thomson 音乐厅、加拿大航空中心、CN Tower、多伦多市政厅等市内主要旅游景点。

地下城给生活在多伦多的居民提供了巨大的便利。人们无论春夏秋冬、上班下班，几乎不必走到大街上。很多多伦多人戏称自己就像终日生活在地下不见阳光的鼹鼠。

其实，今天的地下城只是当初一个偶然设想的结果。20 世纪 70 年代，多伦多兴建地铁，有人建议以地铁站为中心修一些通道，既可以缓解地上交通的压力，还可以方便人们在天气恶劣时出行。此后，随着地铁网络的完善，地下通道随之延伸，客流量的不断增多引来了众多商家落户地下，最终形成了地下城。

地下城内店铺鳞次栉比，商品琳琅满目。我和 Person Zhang 各买了几支雪茄烟，作为光顾地下城的留念。

从地下城转出来，已是 11 点多，突然想起今天是中国的农历七月初七，七夕节。

关于七夕，有一段美丽的传说。

晴朗夏夜，群星闪烁，好似一道白茫茫的银河横贯南北，东西两侧各有一颗闪亮的星星，那就是牵牛星和织女星。传说每年农历七月初七的夜晚，是天上牛郎织女在鹊桥相会的日子。织女是天上一个美丽聪明、心灵手巧的仙女，凡间的女子便在这一天晚上向她乞求智慧和巧艺，求美满姻缘，所以七月初七也被称为乞巧节。

相传牛郎父母早逝，又常受到哥嫂的虐待，只有一头老牛相伴。在老牛的帮助下，牛郎认识了天上的织女并娶其为妻子。婚后，织女给牛郎生了一儿一女，一家人相亲相爱，幸福美满。老牛临死时，叮嘱牛郎把它的皮剥下来，急难时披上以求帮助。天庭的玉帝和王母知道牛郎织女结婚的事后，勃然大怒，命令天神下界抓回织女。牛郎回家不见织女，急忙披上牛皮，担了两个小孩追去，眼看就要追上，王母拔下金簪向银河一划，昔日清浅的银河刹那间波涛汹涌，牛郎织女被隔两岸。从此，两人只能哭泣流泪，隔河相望。他们的忠贞爱情感动了喜鹊，千万只喜鹊飞来，搭成鹊桥，让牛郎织女走上鹊桥相会。王母无奈，只好准许两人每年七月七日于鹊桥相会一次。

牛郎织女是中国四大民间传说之一，也是在中国民间流传时间最早、流传地域最广的传说。正所谓，千年的神话演绎出经典的浪漫，亘古的期盼等来了喜鹊的翩跹。汤汤银河隔开了牛郎织女的思念，却留下了一段天长地久的情缘。

时至今日，关于七夕的很多习俗已经弱化或是消失，唯有象征着忠贞爱情的牛郎织女的传说，一直流传在民间。2006年5月20日，七夕节被国务院列入第一批国家非物质文化遗产名录。

七夕节是中国传统节日中最具浪漫色彩的节日，被称为"中国情人节"。

我对"情人"的理解是"最有感情的异性"。这种感情不是一见钟情，而是心心相印，有道是"两情若是久长时，又岂在朝朝暮暮"。

想来对我最有感情的异性就是我太太了，于是我又乘地铁到 Yorkdale 买了两个女式挎包，算是情人节送予她的礼物吧！

物价

时间：2011.8.7

窗外又淅淅沥沥地下起了雨，那些树，那些草显得格外的绿。

加拿大的雨总是下得不痛快，不够阳刚，就像中国的江南春雨，润物无声。常常早晨出门，才发现昨晚刚刚下过一场雨。

两天之后就要回国了，大家都在整理行装，盘点自己购买的东西。

说起来，就加拿大人而言，这多伦多的物价稳定是稳定，但还真是不低。据瑞士银行公布的全球城市调查报告显示，多伦多是全球十大生活花费最昂贵的城市之一。

先说多伦多人的收入，这里说的收入是指就业人员，而不是人均年收入，多数人的税后年净收入在 3 万加元（基本与美元等值）左右。家中就业人数多的家庭总收入就多，家中就业人数少的家庭总收入就少（多伦多对家庭的人数定义为 2—3 人）。在加拿大，由于政府的保障，贫富差距不是很大。

我们再来看看多伦多人的衣食住行。

在多伦多，日常饮食比较便宜，住房和交通费用比较高，衣服的价格则视季节而定。买日用品和糖果、巧克力、饼干等零食另交 15% 的税，买米、面、肉类、鸡蛋、水果、蔬菜、鱼、豆腐等副食品不用交税。

就拿圣劳伦斯市场为例，东北大米 1 斤 0.5 加元，小米 1 斤 1.1 加元；面粉 1 斤 0.4 加元；植物油 1 斤 0.8 加元，花生油 1 斤 1.8 加元，橄榄油 1 斤 2.5 加元；牛肉 1 斤 3.1 加元，猪排骨 1 斤 1.9 元，精肉 1 斤 2.2 加元，猪里脊 1 斤 4.1 加元，三文鱼有 1 斤 4.5 加元的和 1 斤 6.7 加元的，基围虾 1 斤 4.5 加元；赤豆和绿豆 1 斤 1.1 加元，黄豆 1 斤 0.5 加元；鸡蛋一盒 12 只 2.4 加元；白糖 1 斤 0.5 加元；大白菜 1 斤 0.7 加元，韭菜 1 斤 2.2 加元，青椒 1 斤 0.9 加元，茄子 1 斤 0.9 加元，洋葱 1 斤 0.4 加元，西兰花 1 斤 0.9 加元，香菜 1 斤 1.1 加元；香蕉 1 斤 0.4 加元，红苹果 1 斤 1.1 加元，芒果 1 斤 1.5 加元，鸭梨 1 斤 1.5 加元，猕猴桃 1 斤 1 加元。除了蔬菜有时降价外，其他的价格基本不变。

在餐馆吃饭，菜单上的价格是不含税的，付款时要另交 15% 的税，还要给服务员至少 10% 的小费，其他如理发、打的、叫外卖、唱卡拉 OK 等，也都要付小费。而麦当劳、肯德基、Pizza Hut 等快餐店，食品价格是含税的，只要按价目表上的价格付款就可以，而且不用付小费。在多伦多，每周一、周三和周日，麦当劳是特价；每周二，肯德基是特价。

在多伦多，安装一部电话是 55 加元，每月 25 加元的月费，可以任意打本地电话。如果要增加额外的功能，如 Call waiting（来电等待），Call display（来电显示），Call answer（留言）等，每月每项 5 加元。多伦多的电脑价格和国内差不多，有品牌机也有组装机。卖组装机的公司很多都是华人开的，用的基本是加拿大的配件。电视机的价格也和国内差不多。一台 12 寸的三星电视 179 加元加税，17 寸的电视 319 加元加税，19 寸的电视 359 加元加税。

在多伦多，交通费用也不低，2.5 加元买一个 Token，可以乘坐同方向的地铁和公共汽车 1 次，一张月票（Metropass）是 89 加元。若是自己买车，宝马 X5 售价 58800 加币，奔驰 ML350 售价 58900 加币，雷克萨斯 RX350 售价 46900 加元，讴歌 RDX 售价 39990 加元，悍马 H3 售价 35485 加元，牧羊人 Sport 手动挡售价 19095 加元，本田 CRV 两驱基本型售价 26290 加元，丰田 RAV4 两驱基本型售价 24595 加元。汽油的价格则在 1 升 0.95 加元左右波动，不过一天一个价，随国际原油市场价格波动。

多伦多也有不少便宜的连锁店，如 Zellers，Price Chopper，Winners，Food Basic 等，还有 One Dollar 连锁店，里面的东西基本都是 1 加元。而 Sears，Bay，Maxi，Loblaws 等价格就比较高。

加拿大每年的 12 月 26 日是 Boxing Day（购物日），所有商店的商品都降价，有些商店的降价时间是一周（Boxing Week）或更长，很多人都赶在 Boxing Day 买电视机、空调等大件商品，那比平时要便宜很多。

与苏安学院周围的多伦多人聊天时，他们都慨叹税负沉重、日常花费渐增、房价居高不下……

素质

时间：2011.8.8

上午听了一场讲座，Maggie 请一位中学教师 Mary 从不同的角度给我们讲英语教学法，讲座从一句汉语问候"你们好"开始，到中国的风景名胜图片呈现，再到绘图展示各个学员最喜欢的教学风格，深入浅出，通俗易懂。

英国现代杰出的现实主义戏剧作家、诺贝尔文学奖得主 George Bernard Shaw（萧伯纳）说过，"你有一个苹果，我有一个苹果，互相交换各自得到一个苹果。你有一种思想，我有一种思想，互相交换各自得到两种思想"。这句话不但适用于学生学习，更适用于教师培训。

这一次到加拿大苏安学院参加短期培训，就是一次思想与思想的交换。

江苏省教育厅组织教师出国培训，今年已经是第 9 年了。这是江苏省教育厅加强高素质教师队伍建设、更新教育理念和改革教学模式的重要手段。

那么，新课程标准下的初中英语教师应该具备什么样的素质呢？我以为主要有以下几个方面。

第一，转变教育思想。要确立"以人为本"的教育理念，重新定位初中英语课程。要淡化初中英语教学的功利性，增强其人文性。要培养学生的质疑精神，激发学生的合作与创新意识，开发学生的学习潜能。要注重教学的跨学科渗透，提高学生的知识迁移能力。要及时了解国内外教改信息，开展与同行的学术交流，了解英语教学的最新动态，吸取先进的教学经验，提升自己的教学品位，做科研型教师。

第二，注重道德修养。师德是教师最基本的也是最重要的素质，要想成功地对学生进行素质教育，教师首先要加强自身的道德修养，养成良好的生活习惯，做学生的表率。古语云，"亲其师而信其道"。品德高尚、心理健康、无不良嗜好的教师会受到学生的尊敬爱戴，学生愿意听他的课，愿意接受他的教育，进而将从教师那里学到的东西内化为自身的知识能力和觉悟。

第三，完善知识结构。《英语新课程标准》提出了综合语用能力的级别目标，即：语言知识、语言技能、文化意识、情感态度与学习策略。这就要求每位英语教师要不断学习新的语言知识、发展新的教学技能、研究新的学习策略，还要有一定的教育学、心理学和英语教育法知识，通过实践形成自己的教学风格。

第四，丰富教学方法。初中英语的教学目标就是培养学生对语言的综合运用能力。我们应该努力避免过去那种单一的传授语言知识的教学方法，要拓宽我们的教学途径，要创造性地设计贴近学生生活、易于学生操作的语言活动，使学生通过参与、思考、讨论、交流、合作等方式，学习和使用英语，同时使学生养成良好的学习习惯，形成有效的学习策略。

第五，关注学生差异。教师只有正视并尊重学生个体之间的差异，才能平等地对待每一个学生，平等地对待每一个学生的学习。而学生只有对老师、对学习有积极的情感，才能保持学习的动力，尤其是英语这门情感决定动力的课程。英语教学过程中，我们应该坚持关注学生的个体差异和学习情感，努力营造和谐的教学氛围，建立民主的师生关系，这样才能真正做到教学相长。

人们常说："教师无小节，处处是楷模。"教师既向学生传授知识，也教育学生做人。教师的一言一行，政治态度，思想作风，道德品质，治学精神，行为习惯等都对学生有很深的影响。初中是学生世界观、人生观、价值观形成的关键时期，作为教书育人的主力军，我们肩上的担子不轻啊！

作为有幸参加今年赴加拿大培训的初中英语教师之一，我体会颇多。在与约克大学教育专家和英语同行的交流过程中，我发现当前初中英语教师的综合素质普遍较低。就专业素质而言，英语教育教学理论素养匮乏、课堂教学组织手段单一、教学思维缺乏创新、多媒体操作不熟练、不敢用英语与人交流、语音语调有问题、口语表述支离破碎、教育学与心理学知识欠缺、英美人文知识浅薄等。

看来，全面提升初中英语教师的综合素质，还有很长一段路要走！

结业

时间：2011.8.9

　　光阴荏苒，一转眼，我们在苏安学院六周的培训学习结束了。

　　结业典礼上午9点开始，由加拿大约克大学教育学院副院长Laura Crane主持，约克大学教育学院负责人之一Shirley博士发表了热情洋溢的讲话，她总结了一个多月以来全体学员的学习情况，提了两点希望，希望大家一如既往地坚持英语教育教学理论的学习，希望大家有机会再来加拿大，再来苏安。班主任Jenny代表苏安学院谈了自己的内心感受，她感谢学院给了她为大家服务的机会，也感谢学员们对她工作的支持。A班和B班的学员代表也上台作了发言，畅谈了此次苏安之行精神上和物质上的收获，表达了对苏安学院各位领导、工作人员、授课教师以及中国江苏省和加拿大安大略省教育主管部门的感激之情，并且表达了对苏安学院最诚挚的祝愿。

　　典礼在热烈而又友好的气氛中进行着，外面连绵不断的细雨敲打屋檐，树叶的沙沙声好似在奏响一曲温婉的结业之歌。

　　结业典礼的高潮是颁发结业证书。按照约克大学教育学院的学习纪律，学员无故缺席3次及以上不予发授结业证书，若出现作业抄袭、未交现象，则扣发结业证书。没有拿到结业证书的学员翘首以盼，已经拿到的兴高采烈，一个接一个地与约克大学的Laura、Maggie、Sheena合影。100个学员，约克大学的老师有这份耐心真不简单！

　　最开心的时刻在典礼结束之后，苏安学院副院长杨晓波女士细心地切好结业蛋糕并送到我们手上，浓浓的奶香和温暖的友情萦绕在每个人的心头。大家笑着，闹着，吃着蛋糕，谈着话，合着影，仿佛要把对苏安的记忆都定格在这一刻。

　　晚上的离别酒会更是让我们难以忘却。

　　苏安学院准备了丰盛的菜肴，醇香的美酒，用最朴实、最真诚的方式欢送我们这些即将回家的学子。

酒会现场觥筹交错，笑语欢声，快乐感染了在场的每一个人，厨房的工作人员也跑出来望着大家开心地笑了。

有的学员喝多了，拉着班主任 Jenny 的手聊个不停；有的学员兴奋地喊着，甚至流下了眼泪；有的学员奔东奔西，照片拍起来没完没了；有的学员跑到舞台上唱起了卡拉 OK。大家动情的投入其中，无拘无束，肆无忌惮，用最最独特的方式与苏安说再见。

苏安之行不仅是事业中的一次培训，而且是人生中的一段经历，它让我们看到了许多，学到了许多，体验到了许多，也感悟到了许多。

时间虽然短暂，但绝对不虚此行！也许很多年后，想起苏安，还会勾起在异国他乡的这段独特的回忆。

感谢约克大学！感谢苏安学院！

写着写着，突然有了些许伤感！

印象

时间：2011.8.10

飞机呼啸而起，我们终于飞离多伦多国际机场。

心中带走的是思念，留下的是不舍。不舍加拿大的蓝天，不舍加拿大的碧水，不舍加拿大的飞瀑，不舍加拿大的高塔……

太多太多的不舍，印象深刻。

印象之自然环境。"蓝天白云，森林草地，长河瀑布，空气洁净"这是对加拿大的客观描述；"松鼠小鸟悠闲漫步，人与自然和谐共处"这是对加拿大的真实写照。而加拿大人对自然环境的保护也是不遗余力的。住宅周围的树木，谁砍伐谁违法；在森林区内抽烟罚款5000加元。在多伦多岛上，我就看见需要扶正的小树苗上缠绕着橡皮圈，然后才是铁丝绑带。在卡萨罗马古堡花园内，我也亲眼看见两名工人将水枪插入土里，浇灌小树苗。

印象之加国人民。加拿大人热情善良，文明知礼，让位、让路、自动排队现象屡见不鲜。人民崇尚自由和平，举国不设防，防务靠美国。到了周末，家家户户外出休闲、野餐、泛舟、打棒球等，悠闲自得，与世无争。商店周末12点才开门，下午5点就关门了。

印象之多元文化。加拿大地广人稀，欢迎移民。各民族各种族都有，很多人"乡音未改鬓毛衰"。但由于文化习俗的不同，仍有白人、黑人、华人各自的聚居区。在种族歧视和消除本国印第安人贫困问题上，加拿大政府还做得远远不够。

印象之外卖快餐。在加拿大，最受大众青睐的是 Tim Hortons，Burger King，Wendy's 三家西式快餐店，门口经常有长龙般的候食队伍。而在中国深受欢迎的麦当劳、肯德基、必胜客，在加拿大市场有限，尤其是必胜客，基本是"门前冷落鞍马稀"。

印象之教育环境。加拿大的学校没有围墙、没有校门，学校与周围的道路、街区、商店等浑然一体。学校课程设置非常广泛，范围几乎覆盖各行各业，而且是与地方社会经济特点密切相关的实用性课程。考试方式因人而异，学生也有成绩单，但教师往往根据不同情况的学生，分别写明学生的强项、弱项以及下一步学习计划。社会也为教育提供了良好的环境，城市博物馆、展览馆、艺术中心、运动场馆等，都向学生免费开放；官方不给学校排名；家长委员会直接参与学校管理；每所学校都成立学校议会，由社区成员、家长、校长、教师和学生组成，议会的职能之一是制定《学生守则》（含基本道德行为要求和违纪处罚规定）。

印象之公共设施。加拿大公共设施的完善、成熟和人性化世界闻名。停车场、购物中心、街道、学校等公共设施的细微之处无不体现出对残疾人的照顾。图书馆、社区服务机构提供的全面周到的服务让人感到既贴心又舒心。很多公共设施，如健身房、游泳池、网球场等都是免费开放。

印象之经济状况。多伦多作为安大略省省会、加拿大最大的城市，每年的GDP 约占整个安大略省的80%，而安大略省每年的 GDP 占加拿大的50%以上，所以在加拿大有"一城养一省，一省养一国"。

印象之城市面貌。在多伦多、蒙特利尔等世界名城，许多建筑都是 20 世纪六七十年代的，公路也有五六十年的历史。很多街区"三线"也未落地，木质的电线杆子饱经沧桑。虽说市中心矗立着许多高楼大厦，但与中国上海、美国纽约等国际都市相差甚远，唯一值得称道的是城市独特的人文底蕴与多元文化。

印象之街道地名。加拿大的很多街道地名源于英国王室，如 King Street（国王大道），Queen Street（皇后大道）；Victoria（维多利亚），Prince Albert（阿尔伯特亲王城），Prince Edward Island（爱德华王子岛）等。也有一些与美国、英国的地名雷同，如 Charlottetown（夏洛特城），London（伦敦），York（约克），Edmonton（埃德蒙顿）等。

印象之黄色校车。加拿大最牛的就是校车，可以在大街小巷畅通无阻。根据加拿大交通法规定，当校车停下来，紧急红灯闪烁，车内伸出"STOP"字样的横栏时，校车后面的所有车辆都必须停下，且不能从旁边的车道绕过去超车。迎面而来的车辆也必须停下，直到校车上的紧急灯熄灭，横杆收回方可前进。否则不但罚款，而且还计入不良驾驶记录。加拿大的校车也被誉为世界第一安全校车，都是按照装甲车的标准造的。校车颜色、款式和配备都是统一的，每个座位都配备了安全带。据统计，迄今为止还没有校车车祸导致重大伤亡的记录。我们国家屡屡发生校车安全事故到底谁之罪？

印象之福利待遇。加拿大是高税收高福利国家，政府每月提供 18 岁以下孩子 300 加元牛奶金，幼儿园到高中全部实行义务教育，公办学校书本费全免，所有医院对加拿大公民免费（效率不高）。

印象之个人信用。在加拿大，诚信是全社会的一个基本信条，不能随意违犯，否则会付出极高的代价。加拿大人的信用是有分值的，900 分，只减不加，信用值一旦低于 680 分，买房买车时，银行就不会同意贷款，所以加拿大人是很看重信用的。政府对假货的打击力度也很强，顾客买到假货就等于中了大奖了。

印象之加航"空嫂"。在加拿大的航班上，很少能看到年轻的"空姐"，很多空乘人员都是年龄比较大的"空嫂"，有些甚至是头发花白的"空婆"。飞行途中，"空嫂"、"空婆"一会儿送饮品，一会儿送食物。遇到离开座位的乘客，她们会亲切地问需要什么帮助，有时甚至会停下来聊上几句。很多乘客认为这些"空嫂"、"空婆"们耐心细致的服务，比起年轻貌美的"空姐"更能让他们轻松愉快。

加拿大的生活像一曲歌谣，美妙的音乐让我喜悦；加拿大的生活像一首诗词，婉约的内容让我陶醉；加拿大的生活像一串葡萄，饱满的果实让我回味。

就让这印象，永留心上！别了，美丽的加拿大！

归途

时间：2011.8.11

坐在飞机上，思绪万千。作为江苏省赴加拿大考察学习的一支初中英语教师队伍，我们这些天学到了什么，带回些什么？

加拿大和中国，两个历史不同、文化不同、信仰不同、体制不同的国家在教育方面有着太多的不同之处，加拿大的教育制度和许多做法值得我们思考与借鉴。

加拿大联邦政府不设教育部，由各省行使教育权利。全国没有统一的课程和教材，各省自行设置课程，自行编制教材。课程和教材能最大程度地满足学生的不同需求，能最大限度地开发学生的潜能。联邦政府也从不比较省与省之间的教育状况；中国现在基本上不强调全国用统一的教材，但各级教材必须遵照教育部统一颁布的课程标准进行编制。各级政府之间都在竞争所谓的"教育强省""教育强市""教育强县""教育强镇"。

加拿大中小学的学校规模都比较小，班级学生数一般在20人左右，最多不超过30人。学生独立自主意识强，很多问题都是在老师的鼓励启发下自己解决。"升学率"这个词也不存在于加拿大的中小学校，无论是校长、老师还是家长，都没有"升学率"这个概念。学生的知识水平、综合素养、人格养成才是衡量学校教育的准绳；中国中小学的学校规模大，特别是实验小学、示范初中和四星级高中都有校园面积的要求，班级学生数50人以下就算少的。学生依赖性强，很多问题都要得到老师的允许和帮助才能解决。我们衡量一个学校的优劣基本就是依据"升学率"。

在加拿大的课堂上，教师不是示范者、指导者、启发者，着重引导学生自己知识认识并掌握。教师素质的排序是：对学生需求的敏感—热情—耐心—规范标准—条理性。以高压逼迫学生学习和获取高分，这在文化上无法被加拿大人所接受；在中国的课堂上，教师是表演者，教师对课堂过程控制得越好，越说明这是一名有着丰富教学经验的教师。教师素质的排序是：条理清楚—热情

—规范标准—对学生需求的敏感—耐心。能否逼迫学生学习和获取高分，也常常作为一项标准来考量教师的"水平"。

加拿大的父母希望自己的孩子独立自主、自尊自信，让孩子有更多的时间参与社会实践，不帮孩子安排课外辅导，不增加孩子的学业负担；中国父母都希望自己的孩子将来成龙成凤，把孩子的学习当作头等大事，健康快乐放在第二位，不让孩子参与社会活动，只求孩子一门心思读好书。

加拿大的学生没有太多的外部压力，学习的动力仅来自自身需求，相信天赋，喜欢从理解的角度学习，强调个人的努力，集体主义观念不如中国学生。加拿大也没有"高考"这一概念。中学生想要读大学，不用参加统一的入学考试，只需要向大学提交高中各科的成绩单（任何中学给学生打出的分数都是科学慎重的）、综合素质报告等材料就可以了。很多学生往往会收到好几所大学的预录取通知书，每个大学都会提出最后的平均成绩要求；中国学生内外压力都很沉重。内部压力是自己想学，争取考上名牌大学，而高考则是中国大学选拔人才所谓最放心、最安全的方法。外部压力是父母老师的殷切期望和社会上的"成绩好就是好学生"的扭曲人才观。中国学生善于重复性的记忆学习，相信勤能补拙。

加拿大的高中学习其实也很紧张，大部分学生既要完成高中的课程学习，还要为申请著名的大学作准备，选修大学的课程。加拿大的高中学生追求的不仅仅是分数，更多的是释放自己的能量，展现最优秀的自己，申请大学就是说服大学给自己学习机会，让大学相信自己是值得培养的可造之才；中国的高中往往把3年的功课压缩到2年学完，之后的时间全部用于复习，进行题海战术，保证高考成绩。这种做法短期内是能看到"成效"，但功利性太强，往往容易挫伤学生的学习积极性和创造力，不利于学生的终身学习。

当然，一个更好的教育体系应该建立在东西方融合的基础上。各国教育均有优劣，我们应该用比较的态度、世界的眼光和开阔的胸怀看待不同国家不同地区的教育体系，扬长避短，洋为中用。教育的真正目的就在于不断地发现学生的价值，教育的真正价值就在于不断地发挥学生的潜能，教育的真正意义就在于不断地发展学生的个性……

想着想着，昏昏睡意涌了上来。再醒来时，已到了祖国的领空。

耳边又响起歌手王杰的歌声："回家的感觉就在那不远的前方，古老的歌曲在唱着童年的梦想，走过的世界不管多辽阔，心中的思念还是相同的地方……"

出了机场，便看见翘首以盼的妻儿，不禁泪流满面！

中国，我回来了！

附:《读者剧场》原创剧本

Reader's Theatre Script —— Queen's Palace
Screenwriter & Director:Ken Cho（曹刚）

Narrator 1:Queen's Palace, by James, Roy, Angela, Zoe, Gaya and Shirley.

Narrator 2:The ship looking for the Pirate Queen's long – life spring lost its direction on the sea. Five days had passed, they still couldn't find any land. The captain was making coffee in the cabin. The professor was reading an old map. The two sailors were standing watch on the deck. Suddenly, the wind was blustering.

Sailor A:（Surprisedly）Come on, Captain, what's that?

Narrator 1:The captain hurried to the deck and looked carefully.

Captain:（Loudly）Oh, my God! Dra⋯Dra⋯Dragon, a dragon! Stop, stop the ship!

Narrator 2:The captain cried loudly, but it was too late. The dragon leapt out of water and attacked the ship.

Captain:Fire! Fire!（Gunshot）

Narrator 1:The dragon got very wild, and it broke the ship's mast and poop using its tail. But the captain hit the dragon in the mouth. A shiny ball fell down on the deck.

Professor:（Excitedly）Bedad!!! Bead of dragon, a magic bead in the legend. It's said that it can open the gate of treasure.

Captain:Watch out, Professor.

Narrator 2:The dragon lost its bead and became crazy. It churned the seawater and made a large whirlpool.

Sailor B:（Screamed）Captain, the ship is sinking.

Sailor A / Professor: Help! Help!

Captain: Grasp the shipboard! Grasp firmly!

Narrator 1: The ship finally disappeared into the seawater. The sea calmed down as if nothing had happened.

Narrator: 2: Nobody knew how long had passed. The insensible crew finally woke up.

Sailor A: Where are we?

Sailor B: Wow! Our ship!

Narrator 1: All the people looked in the direction that the sailor pointed. Their broken ship was on the beach. The blue ocean was peaceful and rimless. Above the ocean was blue seawater instead of blue sky.

Captain: (Seriously) Professor, where are we?

Professor: We're in different space – time.

Sailor A: Different space – time?

Professor: Yes. We're in another world. In fact, I don't know where here is.

Narrator 2: Hearing what the professor said, the sailor cried.

Sailor B: (Crying) I want to go home. My wife, my daughter, my sheep, my…

Captain: (Interrupting) Shut up! (Turning to Professor) Professor, we must find a way out.

Professor: So we must.

Narrator 1: The professor looked around, and then he pointed to the mountain in the distance.

Professor: Let's go to the mountain over there. Maybe we'll find something helpful.

Narrator 2: A group of people walked to the mountain. The captain saw a large pole standing at the foot of the mountain. The professor also saw it.

Captain: Professor, it seems there are some words on the pole.

Professor: Yes, it is a totem pole.

Narrator 1: The professor put on his glasses and took out a magnifier. Then he studied the words and a strange sign on the totem pole.

Professor: Look! This used to be the Pirate Queen's family sign. And the words mean "Heaven gate opens, dawn suddenly appears".

Sailor A: But what does it mean?

Professor: (Smiling) Don't let the cat out of the bag. Look around, maybe there's a cave nearby.

Narrator 2: All the people dispersed to look for the cave. The seawater above seemed turbulent.

Captain: (Loudly) Come on, here's a cave.

Narrator 1: All the people gathered near the captain and looked at the professor. The professor stooped down into the cave.

Professor: Follow me! Mind your feet.

Narrator 2: They walked towards the recess of the cave. Suddenly, the sailor kicked something and he picked it up.

Sailor B: (Screaming) Ahh! A skull.

Narrator 1: The scream flushed out thousands of bats. The professor hurried to evade, but clumsily he bumped into the stone wall. The wall fell down. A large hall appeared in front of them. On the ceiling of the hall, they were surprised to see another Pirate Queen's family sign.

Professor: (Excitedly) This must be the Pirate Queen's palace in the legend.

Captain: Pirate Queen's palace?

Professor: Yes, perhaps Heaven Gate is in the hall.

Sailor A: Is it that gate? At the corner.

Narrator 2: Everybody looked at the corner of the hall. There was a small stone gate. They walked to the gate and saw a strange circle on the gate. In the middle of the circle was a small hole.

Sailor B: (Surprisedly) Is this the exit?

Professor: (Loudly) Don't touch it.

Narrator 1: The professor took out the bead of dragon and put it in the small hole. It started to glitter and the gate opened. Everyone was very nervous and hastily wondered what was behind the gate. Suddenly, there was a blustering wind again.

Capital: What a strong wind!

Professor: Look out!

All: Ahh…

Narrator 2: A strong wind took them into the gate. They all passed out. When they came to themselves, they found they were on the ship. The captain was making coffee in the cabin. The professor was reading an old map. The two sailors were standing watch on the deck.

(End)

PS: This script is written according to the five signs given by Sheena.